"은퇴후 2막을
꿈꾸는 당신에게"

인생 2막 자격증 44선

— 한반도 지음

 (주) 입시진로연구소

인생 2막 자격증 44선

펴 낸 날 2024년 11월 14일
펴 낸 이 김형규
펴 낸 곳 ㈜입시진로연구소
등록번호 제2017-000027호
대표전화 02-6081-8908　　**홈페이지** www.ipsijinro.com
주　　소 서울특별시 강서구 방화대로47가길 41, 1013호

이 책에 실린 모든 글과 사진, 일러스트를 포함한 디자인 및 편집 형태, 배포에 대한 권리는 ㈜입시진로연구소에 있으므로 무단으로 전재하거나 복제, 배포할 수 없습니다.

머리말 Preface

　은퇴는 누구에게나 중요한 전환점이지만, 그 이후의 삶을 어떻게 설계할지에 대한 고민은 여전히 많은 이들에게 막연하고 두려운 과제일 수 있습니다. 그동안 오랜 기간 동안 일하며 쌓아온 경험과 기술이 있지만, 은퇴 후에는 더 이상 안정적인 소득을 보장받지 못한다는 현실이 다가오기 때문입니다. 특히 급변하는 경제 환경 속에서 은퇴 후의 경제적 안정성을 확보하는 일은 그 어느 때보다도 중요한 과제가 되었습니다.

　이러한 고민 속에서 자격증은 은퇴 후 경제적 안정을 위한 실질적인 해답이 될 수 있습니다. 자격증은 단순히 새로운 분야에 도전하는 수단을 넘어, 은퇴 후에도 지속적으로 소득을 창출할 수 있는 중요한 도구입니다. 특히 은퇴 이후의 삶에서는 기존의 직업적 경계를 넘어 보다 유연하고 다양한 방식으로 경제적 기회를 모색할 필요가 있습니다. 자격증을 통해 우리는 새로운 전문성을 확보하고, 그 전문성을 기반으로 새로운 일자리나 창업의 기회를 찾을 수 있습니다.

　이 책은 바로 그런 필요에 응답하고자 기획되었습니다. 은퇴 후 경제적 자립을 위한 여러 자격증을 소개하고, 그 자격증을 통해 어떻게 실질적인 수입을 얻을 수 있을지를 구체적으로 안내합니다. 시대의 변화에 맞춰 수요가 높아지고 있는 자격증을 중심으로, 관련 직업군과 시장의 전망, 그리고 준비 과정에서 필요한 실질적인 정보까지 세세하게 다룹니다. 독자들은 이 책을 통해 자신에게 맞는 자격증을 찾고, 은퇴 후에도 경제적 안정과 더불어 삶의 의미를 찾는 길을 모색할 수 있을 것입니다.

　자격증은 개인의 성장을 돕는 도구일 뿐만 아니라, 현실적인 경제적 보탬이 될 수 있습니다. 오늘날의 시장은 단순한 학력이나 경력보다는 실질적인 능력을 요구하며, 특히 특정 분야에서의 자격증 소지자는 그 분야에서 신뢰할 수 있는 전문가로 인정받습니다. 이는 곧, 은퇴 후에도 안정적인 수입을 유지할 수 있는 발판이 될 수 있다는 의미입니다. 또한 자격증을 통해 얻는 전문성은 고용의 문을 여는 열쇠일 뿐만 아니라, 프리랜서, 컨설팅, 교육 등의 형태로 유연하게 일할 수 있는 기회를 제공합니다.

이 책에서 다루는 자격증들은 다양한 경제적 기회를 제공하는 데 중점을 두고 있습니다. 기술 기반 자격증부터 서비스업, 창업 관련 자격증까지 폭넓은 분야를 다루며, 각 자격증이 어떤 경제적 이점을 제공할 수 있는지 명확하게 설명하고 있습니다. 또한, 자격증을 취득한 후 실질적으로 수입을 창출하는 방법에 대한 현실적인 조언도 아끼지 않았습니다. 이를 통해 은퇴 후에도 경제적인 면에서 자립할 수 있는 구체적인 방안을 제시하고자 합니다.

은퇴는 끝이 아니라 새로운 출발입니다. 우리는 은퇴 후에도 여전히 성장할 수 있고, 배울 수 있으며, 새로운 경제적 기회를 만들어갈 수 있습니다. 자격증은 그 여정을 함께할 수 있는 중요한 도구입니다. 이 책에서 다루는 다양한 자격증들이 여러분의 새로운 도전을 위한 안내서가 될 것입니다. 은퇴 후에도 경제적 안정과 더불어 의미 있는 삶을 지속하고자 하는 분들께, 이 책이 실질적인 도움이 되길 바랍니다. 이제 자격증을 통해 여러분의 새로운 경제적 기회를 향해 함께 나아가 봅시다!

차 례 Contents

Part 1. 국가자격증

1. 공인중개사 ·················· 3
2. 주택관리사 ·················· 11
3. 지게차운전기능사 ·············· 18
4. 요양보호사 ·················· 26
5. 사회복지사 ·················· 31
6. 조경기능사 ·················· 37
7. 전기기능사 ·················· 43
8. 소방안전관리자2급 ············· 49
9. 산업안전기사 ················· 55
10. 산업안전산업기사 ············· 60
11. 손해평가사 ·················· 66
12. 방수기능사 ·················· 72
13. 건축도장기능사 ··············· 76
14. 굴착기운전기능사 ············· 81
15. 건축기사 ···················· 87
16. 전기산업기사 ················· 93
17. 토목기사 ···················· 98
18. 직업상담사2급 ················ 105
19. 용접기능사 ·················· 111
20. 정보처리기사 ················· 117
21. 거푸집기능사 ················· 125
22. 한식조리기능사 ··············· 132
23. 양식조리기능사 ··············· 144
24. 떡제조기능사 ················· 155
25. 제빵기능사 ·················· 163
26. 컴퓨터활용능력2급 ············ 173
27. 농산물품질관리사 ············· 178
28. 사회조사분석사2급 ············ 184
29. 공조냉동기계기능사 ··········· 190
30. 미용사(피부) ················· 195
31. 미용사(네일) ················· 203
32. 경비지도사 ·················· 211
33. 경매사 ······················ 216
34. 수산물품질관리사 ············· 222
35. 관광통역안내사 ··············· 227
36. 보세사 ······················ 233
37. 생활스포츠지도사2급 ·········· 239
38. 운전학과강사 ················· 246
39. 손해사정사 ·················· 253
40. 평생교육사 ·················· 260
41. 한국어교원 자격증 ············ 267

Part 2. 민간 자격증

42. 색채심리상담사 ··············· 275
43. 장애인재활상담사2급 ·········· 285
44. 노인심리상담사 ··············· 293

인생 2막 자격증 44선

국가자격증

1. 공인중개사
2. 주택관리사
3. 지게차운전기능사
4. 요양보호사
5. 사회복지사
6. 조경기능사
7. 전기기능사
8. 소방안전관리자2급
9. 산업안전기사
10. 산업안전산업기사
11. 손해평가사
12. 방수기능사
13. 건축도장기능사
14. 굴착기운전기능사
15. 건축기사
16. 전기산업기사
17. 토목기사
18. 직업상담사2급
19. 용접기능사
20. 정보처리기사
21. 거푸집기능사
22. 한식조리기능사
23. 양식조리기능사
24. 떡제조기능사
25. 제빵기능사
26. 컴퓨터활용능력2급
27. 농산물품질관리사
28. 사회조사분석사2급
29. 공조냉동기계기능사
30. 미용사(피부)
31. 미용사(네일)
32. 경비지도사
33. 경매사
34. 수산물품질관리사
35. 관광통역안내사
36. 보세사
37. 생활스포츠지도사2급
38. 운전학과강사
39. 손해사정사
40. 평생교육사
41. 한국어교원 자격증

인생 2막 자격증 44선

1 공인중개사

공인중개사는 부동산 중개 육성 및 공정한 거래 전문 인력 양성을 위해 제정된 제도이다. 자격증 취득 후 토지 및 건축물의 다양한 정보 수집, 중개대상물 매매 희망액 파악, 계약체결 등을 수행할 수 있다.

시험과목 및 방법

구분	시험과목	문항수	시험시간	시험방법
제1차시험 1교시	1. 부동산학개론(부동산감정평가론 포함) 2. 민법 및 민사특별법 중 부동산 중개에 관련되는 규정	과목당 40문항 (1번~80번)	100분 (09:30~11:10)	객관식 5지 선택형
제2차시험 1교시	1. 공인중개사의 업무 및 부동산 거래신고 등에 관한 법령 및 중개실무 2. 부동산공법 중 부동산중개에 관련되는 규정	과목당 40문항 (1번~80번)	100분 (13:00~14:40)	
제2차시험 2교시	1. 부동산공시에 관한 법령(부동산등기법, 공간정보의 구축 및 관리 등에 관한 법률) 및 부동산 관련 세법	40문항 (1번~40번)	50분 (15:30~16:20)	

시험과목 세부내용

구분	시험과목	시험범위	출제비율
제1차 (2과목)	① 부동산학개론	1. 부동산학개론	85%내외
		2. 부동산감정평가론	15%내외

	② 민법 및 민사특별법 중 부동산 중개에 관련되는 규정	1. 민법의 범위
		  1) 총칙 중 법률행위
		  2) 질권을 제외한 물권법
		  3) 계약법 중 총칙·매매·교환·임대차
			85%내외

		2. 민사특별법의 범위
		  1) 주택임대차보호법
		  2) 집합건물의 소유 및 관리에 관한 법률
		  3) 가등기담보 등에 관한 법률
		  4) 부동산 실권리자명의 등기에 관한 법률
		  5) 상가건물 임대차보호법
			15%내외

구분	시험과목	시험범위	출제비율
제2차 1교시 (2과목)	① 공인중개사의 업무 및 부동산 거래신고에 관한 법령 및 중개실무	1. 공인중개사법 2. 부동산 거래신고 등에 관한 법률	70%내외
		3. 중개실무	30%내외
	② 부동산공법 중 부동산 중개에 관련되는 규정	1. 국토의 계획 및 이용에 관한 법률	30%내외
		2. 도시개발법 3. 도시 및 주거환경정비법	30%내외
		4. 주택법 5. 건축법 6. 농지법	40%내외
제2차 2교시 (1과목)	① 부동산공시에 관한 법령(부동산등기법, 공간정보의 구축 및 관리 등에 관한 법률) 및 부동산 관련 세법	1. 부동산등기법	30%내외
		2. 공간정보의 구축 및 관리 등에 관한 법률 제2장제4절 및 제3장	30%내외
		3. 부동산 관련 세법(상속세, 증여세, 법인세, 부가가치세 제외)	40%내외

※ 답안작성 시 법령이 필요한 경우는 시험시행일 현재 시행되고 있는 법령을 기준으로 작성

합격기준

구분	합격결정기준
1차 시험	매 과목 100점을 만점으로 하여 매 과목 40점 이상, 전 과목 평균 60점 이상 득점한 자
2차 시험	매 과목 100점을 만점으로 하여 매 과목 40점 이상, 전 과목 평균 60점 이상 득점한 자

※ 제1차 시험에 불합격한 자의 제2차 시험에 대하여는 「공인중개사법」시행령 제5조제3항에 따라 이를 무효로 함

시험일정 (※ 원서접수시간은 원서접수 첫날 09:00부터 마지막 날 18:00까지임)

구분	접수기간	시험일정	합격자 발표
2024년 35회 1차	08.05~08.09	10.26	11.27
2024년 35회 2차	08.05~08.09	10.26	11.27

> **응시수수료**

- 1차: 13,700원
- 2차: 14,300원
- 1, 2차 동시 응시자: 28,000원

> **TIP**

공인중개사 시험은 합격자가 많아지면서 경쟁이 심화되고 있다. 이에 따라 시험 난이도도 높아지고 있으며, 앞으로도 더욱 어려워질 것으로 예상된다. 현재 1차 시험은 비교적 쉽게 출제되지만, 2차 시험은 변별력을 높이기 위해 더욱 어렵게 출제되는 경향이 있다. 다음은 1차 및 2차 시험 과목별 효율적인 공부법이다.

[1차 시험]
1. 부동산학개론
   - 핵심 내용: 부동산학개론 및 부동산감정평가론에서는 용어와 이론의 정확한 이해가 중요하다. 법적인 내용이 없어 비교적 쉽게 느껴질 수 있지만, 부동산금융론 파트의 계산 문제는 연습이 필요하다.
   - 공부 전략: 경제학을 전공한 수험생은 수월할 수 있지만, 복잡한 계산 문제에 자신이 없다면 과감히 포기하고 민법에 시간을 더 투자하는 전략도 유효하다.
2. 민법 및 민사특별법
   - 핵심 내용: 이 과목은 법률 용어와 판례의 정확한 이해가 필수적이며, 난이도가 높은 편이다.
   - 공부 전략: 처음부터 암기하기보다는 이론서를 여러 번 읽어 흐름을 이해한 후 세부 항목을 자세히 공부해야 한다. 판례 위주의 공부와 기출문제를 반복해서 풀어 보는 것이 중요하며, 과락이 자주 발생하는 과목이므로 주의가 필요하다.

[2차 시험]
1. 공인중개사의 업무 및 부동산 거래 신고 등에 관한 법령 및 중개실무
   - 핵심 내용: 과거에는 비교적 수월했으나, 최근 들어 난이도가 높아지고 있다. 시험범위는 적지만, 꼼꼼히 읽고 암기해야 하는 내용이 많다.
   - 공부 전략: 요약집 등을 활용해 내용을 완벽히 암기하고, 문제의 단어와 문장을 꼼꼼히 분석하는 것이 중요하다.
2. 부동산공법
   - 핵심 내용: 2차 시험에서 가장 어려운 과목으로, 방대한 시험범위가 특징이다.
   - 공부 전략: 국토계획법, 주택법, 건축법을 먼저 학습하고, 중요한 부분을 중심으로 과락을 피할 정도로만 공부한 후 다른 과목에서 점수를 보충하는 전략이 효율적이다. 난이도가 다른 문제들 중에서는 쉬운 문제부터 해결하는 것이 좋다.
3. 부동산 공시에 관한 법령 및 부동산 관련 세법
   - 핵심 내용: 지적법 파트가 비교적 수월하므로, 이 부분에서 최대한 점수를 확보하는 것이 중요하다. 시험 당일까지 개정된 법령을 반드시 확인해야 한다.
   - 공부 전략: 이해를 바탕으로 하되, 암기가 필수적으로 동반되어야 한다.

자격증 취득 후 하는 일

1. 부동산 중개업
- **핵심 업무:** 부동산 중개업은 주택, 상가, 토지, 오피스텔 등 부동산의 매매, 임대차 계약을 중개하는 업무이다. 공인중개사 자격증을 취득한 후, 공인중개사사무소를 개업하여 중개업무를 수행할 수 있다. 고객이 원하는 부동산을 소개하고, 거래가 원활히 이루어질 수 있도록 중개 및 관련 서류를 작성하는 역할을 한다.
- **소득 구조:** 중개 수수료가 주요 수입원이다. 중개 수수료는 거래 금액에 따라 차등 적용되며, 성과에 따라 수익이 크게 달라질 수 있다.

2. 부동산 컨설팅
- **핵심 업무:** 부동산 컨설팅은 고객의 부동산 투자나 개발, 자산관리와 관련된 전략을 제시하는 업무이다. 투자 분석, 개발 기획, 부동산 가치 평가, 시장 동향 분석 등을 통해 고객에게 최적의 부동산 전략을 제공한다.
- **활용 분야:** 대규모 상업용 부동산, 개발사업, 자산관리회사(AMC) 등에서의 컨설팅 업무가 있으며, 대기업이나 금융기관에서의 부동산 투자 관련 자문 역할도 수행할 수 있다.

3. 부동산 경매 및 공매 대행
- **핵심 업무:** 부동산 경매 및 공매 대행은 경매나 공매 절차를 통해 부동산을 매입하려는 고객을 대신해 필요한 절차를 대행하는 업무이다. 물건 분석, 입찰 대행, 낙찰 후 권리 분석 및 소유권 이전 등 경매와 관련된 전반적인 업무를 처리한다.
- **전문성 요구:** 경매와 공매는 법률적 지식이 필수적이므로 공인중개사 자격증 외에도 경매 관련 전문 지식을 갖추는 것이 유리하다.

4. 부동산 개발
- **핵심 업무:** 부동산 개발업무는 토지 개발, 재개발, 재건축, 상업시설 개발 등의 프로젝트를 기획하고 실행하는 역할을 한다. 개발 계획 수립, 인허가 절차, 시공 관리, 분양 및 판매 전략 수립 등 프로젝트 전반을 관리한다.
- **활용 분야:** 부동산 개발회사, 건설회사, 자산관리회사 등에서 개발 관련

직무를 수행할 수 있다. 공인중개사 자격은 이러한 업무에서 전문성을 인정받을 수 있는 기반이 된다.

5. 부동산 자산관리

- **핵심 업무:** 부동산 자산관리는 고객의 부동산 자산을 관리하고, 수익성을 높이는 역할을 한다. 임대 관리, 유지 보수, 리모델링, 임대료 책정, 임차인 관리 등 부동산 운영에 관한 전반적인 업무를 수행한다.
- **고객군:** 개인 투자자, 법인, 펀드 운영사 등 다양한 고객의 자산을 관리할 수 있으며, 대규모 상업용 부동산이나 복합단지의 관리 업무도 맡을 수 있다.

6. 부동산 관련 공기업 및 공공기관 취업

- **핵심 업무:** 국토교통부, 한국토지주택공사(LH), 서울주택도시공사(SH) 등에서 부동산 관련 업무를 수행할 수 있다. 도시개발, 주택정책, 토지관리, 공공임대주택 운영 등 다양한 공공부문의 부동산 업무에 참여할 수 있다.
- **채용 과정:** 공인중개사 자격증은 이러한 공기업 및 공공기관에서 관련 분야에 지원할 때 가산점이 부여되거나 우대받을 수 있다.

7. 부동산 투자

- **핵심 업무:** 공인중개사 자격을 활용해 직접 부동산 투자를 진행할 수 있다. 부동산 매매, 임대, 개발 등 다양한 방식으로 투자 활동을 전개할 수 있으며, 부동산 시장의 흐름과 법률적 지식을 바탕으로 보다 전략적인 투자 결정을 내릴 수 있다.
- **활용 방안:** 투자자로서의 활동뿐만 아니라, 투자 관련 자문을 제공하거나 투자조합, 리츠(REITs) 등에서 관리자의 역할을 할 수도 있다.

8. 부동산 교육 및 강사

- **핵심 업무:** 부동산 관련 학원, 대학, 전문 교육기관에서 강사로 활동할 수 있다. 공인중개사 시험 준비생들을 대상으로 강의를 하거나, 부동산 관련 실무교육, 자격증 강의를 진행할 수 있다.
- **필요 역량:** 교육 경력과 함께 공인중개사 자격증을 갖춘 경우, 전문 강사로서의 활동을 통해 수익을 창출할 수 있다.

9. 기타 부동산 관련 업무

- **주요 활동**: 상가나 오피스텔 분양, 부동산 경영 자문, 부동산 관련 IT 서비스 기획 등 다양한 영역에서 공인중개사 자격증을 활용할 수 있다.
- **창업 및 사업 기회**: 부동산과 관련된 다양한 사업을 창업하거나 기존 사업을 확장하는 데 공인중개사 자격증이 큰 도움이 될 수 있다.

공인중개사 자격증은 부동산 분야에서 활동할 수 있는 기회를 넓혀주는 중요한 자격이다. 자격증 취득 후 다양한 진로를 모색할 수 있으며, 각 분야에서의 전문성을 높이기 위해 지속적인 학습과 경험이 필요하다.

공인중개사 전망

공인중개사의 전망은 부동산 시장의 동향, 정부 정책, 경제 상황 등에 영향을 많이 받는다.

1. 부동산 시장의 지속적인 수요

- **주택 수요**: 우리나라의 경우 인구 고령화, 1인 가구 증가 등의 요인으로 주택 수요는 꾸준히 유지될 것으로 보인다. 특히 수도권을 중심으로 한 주거 수요는 앞으로도 지속될 가능성이 크다.
- **상업용 부동산**: 비대면 경제 활성화로 오피스 및 상업용 부동산의 형태가 변화하고 있지만, 여전히 대도시에서는 오피스와 상업시설에 대한 수요가 존재한다.

2. 정부의 부동산 정책 변화

- **규제와 완화**: 정부의 부동산 정책은 시장에 큰 영향을 미친다. 최근 몇 년간 다양한 부동산 규제 정책이 시행되었고, 이에 따라 공인중개사들의 활동 범위도 영향을 받았다. 향후 규제 완화나 신규 개발 정책이 시행될 경우, 공인중개사들의 업무 기회가 늘어날 수 있다.
- **부동산 거래 활성화 정책**: 거래세 인하나 주택 공급 확대 정책 등이 시행될 경우, 공인중개사들의 업무량이 증가할 가능성이 있다.

3. 부동산 디지털화와 온라인 플랫폼의 성장

- **온라인 부동산 플랫폼**: 기술 발전과 함께 부동산 거래가 온라인 플랫폼을 통해 이루어지는 경우가 많아졌다. 이에 따라 공인중개사들은 디지털 환경에서의 경쟁력을 갖추는 것이 중요해졌다. 온라인을 활용한 마케팅, 상담, 계약 관리 등이 요구된다.
- **비대면 거래** 증가: 코로나19 이후 비대면 부동산 거래가 증가하면서, 공인중개사들은 이를 지원하는 기술을 익히고 활용해야 하는 상황이다.

4. 고령화와 주택 형태의 변화

- **고령화 사회**: 고령화가 진행되면서 실버타운, 고령자 주택 등 특화된 부동산에 대한 수요가 늘어날 가능성이 크다. 이에 따라 공인중개사들은 새로운 주택 유형에 대한 지식과 경험을 쌓아야 할 필요가 있다.
- **1인 가구** 증가: 1인 가구의 증가로 인해 소형 주택, 원룸, 오피스텔 등의 수요가 늘어날 것으로 예상되며, 이러한 부동산의 중개업무가 중요해질 수 있다.

5. 경쟁 심화

- **공인중개사 수** 증가: 공인중개사 자격증을 취득한 인원이 매년 증가하면서 경쟁이 심화되고 있다. 이에 따라 기존의 중개업체와 차별화된 서비스를 제공하거나, 특정 분야에서 전문성을 강화하는 전략이 필요하다.
- **서비스 고도화**: 단순한 중개 업무를 넘어, 부동산 컨설팅, 자산 관리, 법률 자문 등 다양한 서비스를 제공하여 경쟁력을 높이는 것이 중요하다.

6. 전문성의 필요성 증가

- **세분화된 전문** 지식: 부동산 거래는 점점 더 복잡해지고 있으며, 법률적, 금융적 지식이 중요해지고 있다. 따라서 공인중개사들은 이러한 전문 지식을 지속적으로 학습하고, 고객에게 고품질의 서비스를 제공할 수 있어야 한다.
- **경험과 네트워크**: 다양한 거래 경험과 부동산 관련 네트워크는 공인중개사로서의 가치를 높이는 중요한 요소이다. 지역사회에서 신뢰를 쌓고, 지속적으로 네트워크를 확장하는 것이 중요하다.

7. 글로벌 및 국내 경제 상황

- **경제 성장률**: 국내외 경제 상황이 부동산 시장에 영향을 미친다. 경제가 성장하는 시기에는 부동산 거래가 활성화되며, 공인중개사들에게 유리한 환경이 조성된다.
- **금리 변동**: 금리 인상 또는 인하에 따라 부동산 구매력과 시장의 활기가 달라질 수 있으며, 이는 공인중개사들의 활동에 직접적인 영향을 미친다.

② 주택관리사

주택관리사의 정식 명칭인 주택관리사보는 공동주택 전문 인력 양성을 위해 제정된 제도이다. 자격증 취득 후 경비 및 청소 직원 감독, 노무, 인사 등을 수행할 수 있다. 주택관리사는 아파트와 같은 공동주택의 시설 유지 및 입주자 편의를 제공하는 직업으로, 정년이 없어서 은퇴 후에 많은 분들이 주택관리사 자격증을 취득하고 있다. 자격증 취득 후에 아파트 관리사무소, 주택관리조합, 건설업체, 지방자치단체 등에서 일할 수 있다.

시험과목 및 방법

구분		시험과목	시험시간	시험방법
제1차 시험	1교시	1. 회계원리 2. 공동주택시설개론 (목구조·특수구조를 제외한 일반건축구조와 철골구조, 홈네트워크를 포함한 건축설비개론 및 장기수선계획 수립 등을 위한 건축적산을 포함한다)	09:30~ 11:10 (100분)	과목별 40문항 (총 120문항) 객관식 5지선택형
	2교시	3. 민법 (총칙, 물권, 채권 중 총칙·계약총칙·매매·임대차·도급·위임·부당이득·불법행위)	11:40~ 12:30 (50분)	
제2차 시험		1. 주택관리 관계법규 「주택법」, 「공동주택관리법」, 「민간임대주택에 관한 특별법」, 「공공주택특별법」, 「건축법」, 「소방기본법」, 「화재의 예방 및 안전관리에 관한 법률」, 「소방시설 설치 및 관리에 관한 법률」, 「승강기 안전관리법」, 「전기사업법」, 「시설물의 안전 및 유지관리에 관한 특별법」, 「도시 및 주거환경정비법」, 「도시재정비 촉진을 위한 특별법」, 「집합건물의 소유 및 관리에 관한 법률」 중 주택관리에 관련되는 규정 2. 공동주택관리실무 [시설관리, 환경관리, 공동주택회계관리, 입주자관리, 공동주거관리이론, 대외업무, 사무·인사관리, 안전·방재관리 및 리모델링, 공동주택 하자관리(보수공사 포함) 등]	09:30~ 11:10 (100분)	과목별 40문항 - 객관식 24문항, 주관식 16문항 (총 80문항) 객관식 5지선택형 및 주관식 (단답형 또는 기입형)

※ 배점: 1,2차 공통으로 과목당 40문제, 문제당 2.5점씩이며 주관식 단답형 문제는 부분점수 있음.

시험과목 세부내용

구분	시험과목	시험범위별 출제비율
1차	1. 회계원리	■ 세부과목 구분 없이 출제
	2. 공동주택시설개론	■ 목구조·특수구조를 제외한 일반건축구조와 철골구조, 장기수선계획 수립 등을 위한 건축적산: 50% 내외
		■ 홈네트워크를 포함한 건축설비개론 : 50% 내외
	3. 민법	■ 총칙: 60% 내외
		■ 물권, 채권 중 총칙·계약총칙·매매·임대차·도급·위임·부당이득·불법행위: 40% 내외
2차	1. 주택관리 관계법규 : 다음의 법률 중 주택관리에 관련되는 규정	■ 「주택법」, 「공동주택관리법」, 「민간임대주택에 관한 특별법」, 「공공주택 특별법」: 50% 내외
		■ 「건축법」 ■ 「소방기본법」, 「화재의 예방 및 안전관리에 관한 법률」, 「소방시설 설치 및 관리에 관한 법률」 ■ 「승강기 안전관리법」 ■ 「전기사업법」 ■ 「시설물의 안전 및 유지관리에 관한 특별법」 ■ 「도시 및 주거환경정비법」 ■ 「도시재정비 촉진을 위한 특별법」 ■ 「집합건물의 소유 및 관리에 관한 법률」: 50% 내외
	2 공동주택관리실무	■ 공동주거관리이론 ■ 공동주택회계관리·입주자관리, 대외업무, 사무·인사관리: 50% 내외
		■ 시설관리, 환경관리, 안전·방재관리 및 리모델링, 공동주택 하자관리(보수공사 포함) 등: 50% 내외

※ 시험과 관련하여 법률, 회계처리기준 등을 적용하여 정답을 구하여야 하는 문제는 시험시행일 현재 시행 중인 법령 등을 적용하여 정답을 구해야 함

합격기준

구분	협격결정기준
1차시험	과목당 100점을 만점으로 하여 모든 과목 40점 이상, 전 과목 평균 60점 이상 득점한자

구분	합격결정기준
2차시험	선발예정인원의 범위내에서 합격자 결정점수(과목당 100점을 만점으로 하여 모든 과목 40점 이상, 전 과목 평균 60점 이상 득점한자. 다만, 모든 과목 40점 이상이고 전 과목 평균 60점 이상의 득점을 한 사람의 수가 선발예정인원에 미달하는 경우에는 모든 과목 40점 이상을 득점한자로 함.) 이상을 얻은 사람으로서 전과목 총득점의 고득점자 순으로 결정 * 동점자로 인하여 선발예정인원을 초과하는 경우에는 그 동점자를 모두 합격자로 결정. 이 경우 동점자의 점수는 소수점 이하 둘째자리까지만 계산하며, 반올림은 하지 않음.

면제대상자

■ 제1차 시험에 합격한 자에 대하여는 다음 회의 시험에 한하여 제1차 시험을 면제함

시험일정

구분	원서접수	시행지역	시험일자	합격자발표
1차시험	05.13~05.17	수험자 직접선택	06.29	07.31
2차시험	08.12~09.19	수험자 직접선택	09.28	12.11

응시수수료

■ 1차: 21,000원
■ 2차: 14,000원

TIP

주택관리사보 시험은 주택 관리와 관련된 전문 지식을 평가하는 시험으로, 합격하기 위해서는 각 과목별로 효율적인 학습 전략을 세우는 것이 중요하다.
1. 회계원리
   ■ 과목 개요
      회계원리는 주택 관리에 필요한 회계 지식을 다루는 과목으로, 재무회계와 관리회계의 기본 개념과 원리를 이해하고, 이를 실무에 적용하는 능력을 평가한다.
   ■ 공부 방법
      • 기본 개념 이해: 회계의 기본 원리와 개념(자산, 부채, 자본, 수익, 비용 등)을 철저히

이해하는 것이 중요하다. 기초적인 회계 용어와 개념을 숙지한 후, 회계 처리 절차를 학습하는게 좋다.
- **분개 연습**: 회계원리에서는 분개(거래를 기록하는 것)가 핵심이다. 다양한 사례를 통해 분개 연습을 많이 하고, 분개의 원리를 이해하고 적용할 수 있도록 한다.
- **재무제표 분석**: 재무상태표, 손익계산서 등 주요 재무제표를 분석하고 해석하는 연습이 필요하다. 각 계정 항목의 의미를 이해하고, 재무제표 상의 숫자들을 해석하는 능력을 키워야 한다.
- **기출문제 풀이**: 회계원리 과목도 기출문제를 통해 출제 경향을 파악하고, 자주 나오는 문제 유형을 반복적으로 연습하는 것이 중요하다. 특히 계산 문제는 시간을 두고 풀어보며 실전 감각을 익혀야 한다.

2. 공동주택시설개론

■ 과목 개요
공동주택의 시설 관리에 필요한 기초적인 지식과 원리를 다루는 과목이다. 건축, 전기, 설비, 소방 등 다양한 분야의 기초적인 내용을 포함하고 있으며, 이론적인 부분과 실무적인 부분을 모두 공부해야 한다.

■ 공부 방법
- **이론 정리**: 건축, 전기, 설비, 소방 등 각각의 분야별로 기초 이론을 확실히 이해하는 것이 중요하

자격증 취득 후 하는 일

주택관리사보를 취득한 후, 주택관리사보가 수행하는 업무는 공동주택의 관리 및 유지보수에 관련된 다양한 역할을 포함한다. 주택관리사보는 주로 공동주택(아파트, 연립주택 등)에서 관리 업무를 담당하며, 그 주요 역할과 업무는 다음과 같다.

1. 공동주택 관리

■ **일상 관리**: 공동주택의 일상적인 관리 및 운영을 담당한다. 이는 청소, 경비, 시설 유지보수 등 주택의 전반적인 관리와 관련된 업무를 포함한다.

■ **시설 관리**: 엘리베이터, 보일러, 정화조 등 주요 시설의 점검 및 유지보수를 관리한다. 시설의 고장이나 문제 발생 시 신속히 조치를 취한다.

2. 재무 관리

■ **예산 관리**: 공동주택의 운영 및 유지보수를 위한 예산을 작성하고 관리한다. 이를 통해 재무 상태를 점검하고, 예산 초과나 부족을 방지한다.

■ **회계 관리**: 관리비의 수입과 지출을 기록하고 정산한다. 입주민으로부터의

관리비 수납과 관련된 업무를 처리하며, 관련 서류를 작성하고 보관한다.

3. 입주민과의 소통

- **민원 처리**: 입주민의 민원이나 요청사항을 접수하고 처리한다. 문제 해결을 위한 조치를 취하며, 입주민과의 원활한 소통을 유지한다.
- **공지 및 회의**: 입주민들에게 중요한 공지사항을 전달하고, 필요 시 입주자 대표 회의를 개최하여 의견을 수렴하고 조율한다.

4. 법규 준수 및 안전 관리

- **법적 요구 사항 준수**: 주택관리와 관련된 법률과 규정을 준수하며, 이를 입주민과 관리 직원에게 안내한다. 법적 문제 발생 시 적절한 조치를 취한다.
- **안전 점검**: 공동주택의 안전 상태를 점검하고, 필요한 안전 장치를 설치 및 유지보수한다. 화재, 사고 등의 위험을 예방하기 위한 안전 관리 업무를 수행한다.

5. 계약 및 협력업체 관리

- **계약 관리**: 외부 업체와의 계약을 체결하고, 계약 사항을 관리한다. 청소, 경비, 시설 유지보수 등 외부 서비스를 관리한다.
- **협력업체 관리**: 협력업체의 업무 수행 상태를 점검하고, 문제 발생 시 해결책을 모색한다.

6. 교육 및 훈련

- **직원 교육**: 관리사무소 직원 및 관련 인력에 대한 교육을 실시하여, 업무의 효율성을 높이고 전문성을 유지한다.

7. 문서 관리 및 보고

- **문서 관리**: 관리와 관련된 모든 문서와 기록을 정확히 작성하고 보관한다. 회계 장부, 계약서, 회의록 등 다양한 문서를 체계적으로 관리한다.
- **보고 및 감사**: 관리 업무와 재무 상태를 정기적으로 보고하고, 외부 감사에 대비하여 관련 자료를 준비한다.

주택관리사보는 공동주택의 효율적 관리와 입주민의 만족도를 높이는 중요한 역할을 수행한다. 이들은 공동주택의 운영을 원활히 하고, 문제를 예방하며 해결하기 위해 전문적인 지식과 실무 능력을 지속적으로 개발해야 한다.

주택관리사보 전망

1. 산업 성장과 수요
- **주거 환경의 복잡성 증가**: 공동주택의 설계와 기술이 발전함에 따라, 관리 업무도 점점 더 복잡해지고 있다. 이에 따라 전문적인 관리 인력에 대한 수요가 증가하고 있다.
- **고령화 사회**: 고령화 사회가 진행됨에 따라, 노인 주거 복지와 관련된 관리가 중요해지고 있다. 이는 주택관리사보의 역할을 더욱 강조하고 있다.

2. 법규와 규제의 변화
- **강화된 법규와 규제**: 공동주택 관리에 관련된 법규와 규제가 강화됨에 따라, 법규 준수를 위한 전문적인 지식과 경험을 갖춘 주택관리사보의 수요가 증가하고 있다.
- **안전 관리 강화**: 화재, 지진 등 재난 대비와 관련된 법규가 강화되면서, 안전 관리와 관련된 업무의 중요성이 커지고 있다.

3. 기술 발전
- **스마트 관리 시스템**: IoT(사물인터넷)와 스마트 빌딩 관리 시스템의 도입으로, 기술적인 관리 업무가 중요해지고 있다. 이는 주택관리사보가 기술적 이해도를 높이고 새로운 시스템을 효과적으로 활용할 수 있는 능력을 요구한다.

4. 노동 시장과 직업 안정성
- **경쟁과 직업 안정성**: 주택관리사보의 직업 안정성은 비교적 높은 편이지만, 시장 경쟁이 치열해질 수 있다. 전문성과 경험을 갖춘 인력이 선호되며, 지속적인 교육과 자격증 갱신이 필요하다.
- **자격증 필요성**: 주택관리사보 자격증은 공동주택 관리 분야에서 필수적인 자격증으로, 자격증 보유는 취업 기회를 넓히는 데 도움이 된다.

5. 미래 전망
- **주택 관리의 중요성 증대**: 공동주택의 관리와 유지보수는 주거의 안전과 편리성을 보장하는 데 중요한 역할을 하므로, 주택관리사보의 중요성이

계속해서 커질 것이다.
- **전문성 향상**: 주택관리사보는 계속해서 전문성을 향상시켜야 하며, 최신 관리 기술과 법규에 대한 이해를 바탕으로 변화하는 시장 요구에 적응해야 한다.

결론

주택관리사보의 전망은 전반적으로 긍정적이며, 전문성과 기술적 역량이 강화됨에 따라 안정적이고 성장 가능한 직업이 될 것이다. 법규의 강화와 기술 발전에 대응하기 위한 지속적인 교육과 자격증 유지가 중요하며, 이에 따라 주택관리사보는 지속적으로 발전할 수 있는 기회를 가지게 된다.

지게차운전기능사

　지게차운전기능사는 지게차 안전 운행과 작업능력 향상, 전문 인력 양성을 위해 제정된 제도이다. 자격증 취득 후 원료, 자재, 상산품 적재 및 운반 등을 수행할 수 있다. 지게차운전기능사는 우리나라에서 취업이 가장 잘 되는 자격증이다. 그래서 은퇴 후 지게차 자격증을 취득하는 분들이 많다. 실제로 우리나라 50세 이상 남성이 가장 많이 취득한 자격증이 지게차 운전기능사이다. 마트, 물류센터, 건설업, 제조업, 항만 등 지게차가 필요한 곳이 많아 취업이 쉽기 때문이다.

시험과목 및 방법

구분	시험과목	시험방법		
		문제형식	문항수	시험시간
필기시험	지게차주행 화물적재 운반 하역 안전관리	객관식 4지 택일형	60문항	60분
실기시험	지게차 운전작업 및 도로주행	작업형	-	10~30분정도

합격기준

필기시험	100점을 만점으로 하여 과목당 40점 이상, 전과목 평균 60점 이상
실기시험	100점을 만점으로 하여 과목당 40점 이상, 전과목 평균 60점 이상

필기시험일정

회별	원서접수	필기시험
제 1 회	01.03~01.04	01.08~01.12
제 2 회	01.09~01.10	01.15~01.19

회별	원서접수	필기시험
제 3 회	01.16~01.17	01.22~01.26
제 4 회	01.23~01.24	01.29~02.02
제 5 회	01.30~01.31	02.05~02.07
제 6 회	02.14~02.15	02.20~02.23
제 7 회	02.28~02.29	03.05~03.08
제 8 회	03.50~03.06	03.11~03.15
제 9 회	03.14~03.15	03.20~03.22
제 10 회	03.19~03.20	03.25~03.29
제 11 회	03.26~03.27	04.01~04.05
제 12 회	04.02~04.03	04.08~04.09, 04.11~04.12
제 13 회	04.11~04.12	04.17~04.19
제 14 회	04.16~04.17	04.22~04.26
제 15 회	04.23~04.24	04.29~04.30, 05.02~05.03
제 16 회	05.02~05.03	05.08~05.10
제 17 회	05.16~05.17	05.22~05.24
제 18 회	05.21~05.22	05.27~05.31
제 19 회	05.28~05.29	06.03~06.05, 06.07
제 20 회	06.04~06.05	06.10~06.14
제 21 회	06.11~06.12	06.17~06.21
제 22 회	06.18~06.19	06.24~06.28
제 23 회	06.25~06.26	07.01~07.05
제 24 회	07.02~07.03	07.08~07.12
제 25 회	07.16~07.17	07.22~07.26
제 26 회	07.23~07.24	07.29~08.02
제 27 회	07.30~07.31	08.05~08.09
제 28 회	08.06~08.07	08.12~08.14
제 29 회	08.13~08.14	08.19~08.23
제 30 회	08.20~08.21	08.26~08.30
제 31 회	08.27~08.28	09.02~09.06
제 32 회	09.03~09.04	09.09~09.13
제 33 회	09.24~09.25	09.30~10.02
제 34 회	10.15~10.16	10.21~10.25
제 35 회	10.22~10.23	10.28~11.01

회별	원서접수	필기시험
제 36 회	10.29~10.30	11.04~11.08
제 37 회	11.05~11.06	11.11~11.15
제 38 회	11.12~11.13	11.18~11.22
제 39 회	11.19~11.20	11.25~11.29
제 40 회	11.26~11.26	12.02~12.06
제 41 회	12.03~12.04	12.09~12.13
제 42 회	12.10~12.11	12.16~12.20
제 43 회	12.17~12.18	12.23~12.24

실기시험일정

회별	원서접수	실기시험	합격자발표	미시행일
제 1 회	01.04~01.05	01.15~01.26	02.01(목)	01.21
제 2 회	01.18~01.19	01.29~02.08	02.15(목)	02.03
제 3 회	02.01~02.02	02.19~02.29	03.07(목)	02.25
제 4 회	02.15~02.16	03.04~03.15	03.21(목)	03.09
제 5 회	03.07~03.08	03.19~03.29	04.04(목)	03.24
제 6 회	03.21~03.22	04.01~04.12	04.18(목)	04.06, 04.10
제 7 회	04.04~04.05	04.15~04.30	05.09(목)	04.21, 04.27~04.28
제 8 회	04.18~04.19	05.02~05.17	05.23(목)	05.05~05.06, 05.11~05.12, 5.15
제 9 회	05.09~05.10	05.20~05.31	06.05(수)	05.26
제 10 회	05.23~05.24	06.10~06.21	06.27(목)	06.15
제 11 회	06.13~06.14	06.24~07.05	07.11(목)	06.30
제 12 회	06.27~06.28	07.08~07.19	07.25(목)	07.13
제 13 회	07.11~07.12	07.22~08.02	08.08(목)	07.28
제 14 회	07.25~07.26	08.05~08.16	08.22(목)	08.10, 08.15
제 15 회	08.08~08.09	08.19~08.30	09.05(목)	08.25
제 16 회	08.22~08.23	09.02~09.13	09.26(목)	09.07
제 17 회	09.06~09.06	09.23~10.04	10.17(목)	09.29, 10.03
제 18 회	09.26~09.27	10.15~10.25	10.31(목)	10.19
제 19 회	10.17~10.18	10.28~11.08	11.14(목)	11.03
제 20 회	10.31~11.01	11.11~11.22	11.28(목)	11.16

회별	원서접수	실기시험	합격자발표	미시행일
제 21 회	11.14~11.15	11.25~12.06	12.12(목)	12.01
제 22 회	11.28~11.29	12.09~12.20	12.26(목)	12.14

응시수수료

- **필기시험** : 14,500원
- **실기시험** : 25,200원

　지게차 자격증 실기시험 합격기준은 100점 만점 60점이며 화물하차 작업 55점, 화물상차 작업 45점으로 시험이 이뤄진다. 지게차를 직접 운행하면서 도로주행 및 운전작업을 약 4분정도 진행한다. 아래는 실기시험 도면 개요이다.

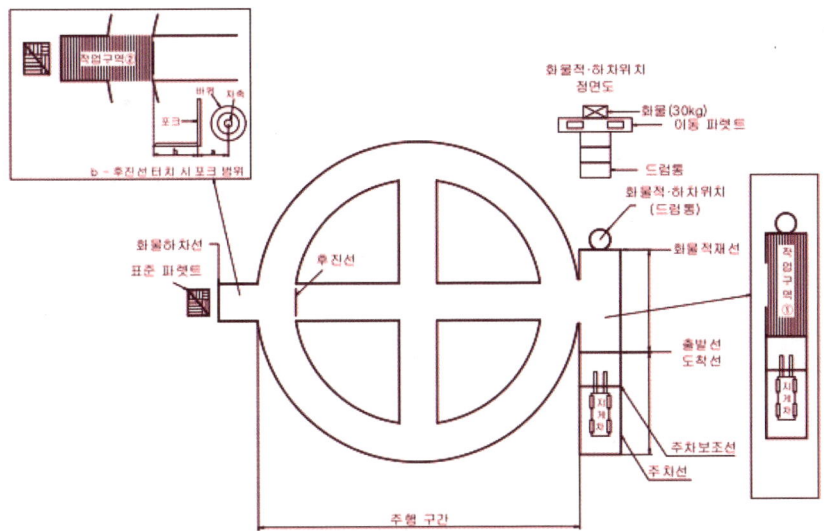

TIP

필기시험
- 기초 지식 및 참고 자료: 산업안전산업기사, 유압, 기계 관련 산업기사 자격증을 가진 경우 별도의 깊이 있는 학습 없이도 합격할 수 있으나, 기본적인 공부는 필요하다. 지게차운전기능사 필기시험은 기출문제 중심으로 공부하는 것이 효과적이다.
- 독학 방법: 책을 구매하여 독학하는 방법을 추천하며, 기출문제와 자주 나오는 공식,

문제 유형을 중점적으로 연습한다. 과락이 없는 기능사 시험에서는 자신 있는 과목에서 고득점을 목표로 하며, 취약한 과목에 지나치게 많은 시간을 투자하기보다는 강점을 살리는 것이 유리하다.
- 계산기 사용: 허용된 공학용 계산기만 사용 가능하며, 큐넷에서 허용된 계산기 목록을 확인하고, 필요한 경우 계산기 매뉴얼을 참고하여 초기화 및 감독위원의 확인을 받는다. 기술사, 기사, 기능장 등급의 경우, 큐넷 공지사항에서 계산기 사용에 대한 별도의 공지가 있을 수 있다.

실기시험
- 실습 및 학원 선택: 실제 지게차 운전 연습이 필요하다. 거주지와 가까운 학원을 선택하여 등록하며, 시험장이면서 학원인 장소에서 연습하는 것이 가장 좋다. 시험장과 학원이 다른 경우, 사용하는 지게차 기종이 다를 수 있으므로 원서접수 전에 시험장 지게차 기종을 확인해야 한다.
- 운전 연습: 실기시험은 4분 안에 시험 과제와 도로 주행을 마쳐야 합격한다. 연습 시에는 3분 30초 안에 실습을 마치는 것을 목표로 하여 안정적인 합격을 준비한다. 유튜브에서 "지게차 실기"를 검색하여 관련 영상을 참고하고, 최신순 또는 조회수가 높은 영상을 선택하여 시청하는 것도 도움이 된다.
- 복장 및 장비: 실기시험 시 긴팔 상의, 긴 바지, 작업화를 착용해야 하며, 끈이나 장신구, 악세사리는 감점의 원인이 될 수 있으니 주의해야 한다.

자격증 취득 후 하는 일

지게차운전기능사 자격증을 취득한 후에는 다양한 업무와 역할을 수행할 수 있다. 이 자격증은 주로 물류와 관련된 분야에서 중요한 역할을 하며, 다음과 같은 업무를 담당할 수 있다.

1. 물류 및 창고 관리

- **지게차 운전**: 지게차를 사용하여 물건을 이동시키고, 적재 및 하역 작업을 수행한다. 창고나 물류센터에서 물건을 적절한 위치에 배치하고, 필요 시 운반한다.
- **재고 관리**: 재고의 입출고를 기록하고 관리하며, 물품의 수량과 상태를 점검한다. 재고 변동을 실시간으로 관리하여 원활한 물류 흐름을 유지한다.

2. 시설 관리

- **장비 점검 및 유지보수**: 지게차와 관련된 장비의 정기 점검 및 유지보수를 실시한다. 고장 발생 시 문제를 진단하고, 필요한 수리를 진행하거나 전문 기술자에게 의뢰한다.

- **안전 관리**: 작업 환경의 안전을 유지하기 위해 지게차 운전 시 안전 수칙을 준수하며, 정기적인 안전 점검을 실시한다. 위험 요소를 사전에 제거하고, 사고 예방을 위한 조치를 취한다.

3. 작업 조정 및 협력

- **작업 계획 수립**: 지게차를 사용할 작업의 계획을 수립하고, 작업 우선순위를 정하여 효율적으로 업무를 수행한다. 물류 작업의 흐름을 조정하여 생산성을 높인다.
- **팀 협력**: 물류팀, 창고 관리팀 등과 협력하여 작업을 수행한다. 다른 직원들과의 원활한 커뮤니케이션을 통해 작업의 효율성을 높인다.

4. 문서 관리 및 보고

- **작업 기록 작성**: 지게차 운전 및 물류 작업에 대한 기록을 작성하고, 이를 관련 부서에 보고한다. 작업의 진행 상황 및 문제 발생 시 상세히 기록하여 후속 작업에 참고한다.
- **보고서 작성**: 작업 진행 상황, 재고 상태, 장비 점검 결과 등을 상급자에게 보고하며, 필요한 경우 개선 사항을 제안한다.

5. 법규 준수 및 교육

- **법적 요구 사항 준수**: 지게차 운전과 관련된 법규를 준수하고, 필요한 인증이나 자격을 유지한다. 법적 요구 사항에 맞게 작업을 수행하여 법적 문제를 예방한다.
- **직원 교육**: 새로운 직원이나 다른 직원에게 지게차 운전 및 안전 교육을 실시하여, 모든 직원이 안전하고 효율적으로 작업을 수행할 수 있도록 돕는다.

지게차운전기능사는 물류 및 창고 관리에서 중요한 역할을 하며, 안전하고 효율적인 작업 환경을 유지하기 위해 필요한 전문 지식과 기술을 활용한다.

지게차운전기능사의 전망

지게차운전기능사의 전망은 여러 가지 요소에 의해 영향을 받을 수 있다.

현재와 미래의 산업 동향을 고려할 때, 지게차운전기능사의 전망은 다음과 같은 몇 가지 주요 요인으로 설명될 수 있다.

1. 물류 산업의 성장
- **전자상거래의 확대**: 온라인 쇼핑과 전자상거래의 급격한 성장으로 물류와 창고 관리의 중요성이 증가하고 있다. 이에 따라 지게차를 포함한 물류 장비의 수요가 지속적으로 증가할 것으로 보이다.
- **물류센터 및 창고의 확대**: 대형 물류센터와 창고가 계속해서 건설되고 있으며, 이러한 시설에서 지게차 운전 및 관리가 필수적이다. 이로 인해 지게차운전기능사의 필요성이 높아질 것이다.

2. 기술 발전
- **자동화와 로봇화**: 지게차와 같은 물류 장비의 자동화가 진행되고 있으며, 자동화된 지게차나 로봇 시스템의 도입이 늘어나고 있다. 이는 지게차운전기능사에게 새로운 기술 습득과 적응을 요구할 수 있지만, 동시에 새로운 직무 기회를 창출할 수 있다.
- **스마트 물류**: IoT(사물인터넷), 데이터 분석 등의 기술이 물류 분야에 도입되면서 지게차의 운전과 관리에도 혁신적인 변화가 예상된다. 기술적 변화에 대한 적응이 중요해질 것이다.

3. 안전 및 규제 강화
- **안전 규제 강화**: 지게차 운전과 관련된 안전 규제가 강화되고 있으며, 이는 지게차운전기능사가 더욱 중요해지는 이유 중 하나이다. 안전 교육과 규정을 준수하며 사고를 예방하는 역할이 커질 것이다.
- **환경 규제**: 환경 보호와 관련된 규제가 강화되면서, 친환경 지게차나 전기 지게차의 수요가 증가할 수 있다. 이는 새로운 기술에 대한 이해와 적응을 요구할 수 있다.

4. 고령화와 인력 부족
- **인력 부족 문제**: 전반적인 고령화와 인력 부족으로 인해 지게차운전기능사의 수요가 지속적으로 높아질 수 있다. 특히 물류 분야에서의 전문 인력 부족이 문제로 지적되고 있다.
- **전문 인력 필요**: 고령화로 인한 퇴직자 수가 증가하면서, 새로운 인력 수급이

중요해질 것이며, 이는 지게차운전기능사에게 기회가 될 수 있다.

5. 직무 안정성 및 경력 개발

- **직무 안정성**: 물류 분야는 기본적으로 필수적인 업무가 많아 상대적으로 안정적인 직업으로 평가될 수 있다. 특히 물류와 창고 관리가 중요한 기업에서의 직무 안정성이 클 수 있다.
- **경력 개발**: 지게차운전기능사로서 경력을 쌓은 후에는 물류 관리, 창고 관리자, 안전 관리자 등 다양한 직무로의 경력 개발이 가능하다. 이러한 경력 개발 기회는 개인의 직무 만족도와 직업적 성장을 지원할 수 있다.

요약

지게차운전기능사의 전망은 물류 산업의 성장, 기술 발전, 안전 및 규제 강화, 인력 부족 문제 등 여러 요인에 의해 긍정적으로 평가된다. 물류와 창고 관리의 중요성이 계속해서 증가함에 따라 지게차운전기능사의 수요는 꾸준히 유지될 것으로 보인다. 기술 변화에 적응하고 지속적으로 전문성을 개발하는 것이 미래에 더욱 중요한 요소가 될 것이다.

4 요양보호사

요양보호사는 성인 신체활동 및 일상생활 지원 전문 인력 양성을 위해 제정된 제도이다. 자격증 취득 후 가사활동 지원, 요양보호서비스 계획 수립, 식사와 복약보조, 정서적 지원, 환경 관리 등을 수행할 수 있다. 요양보호사는 교육과정 이수자를 대상으로 한국보건의료인국가시험원이 주체하는 국가시험을 통과하면 발급되는 국가전문자격이다.

시험과목 및 방법

시험종별	시험 과목 수	문제수	배점	총점	문제형식
필기	1	35	1점/1문제	35점	객관식 5지선다형
실기	1	45	1점/1문제	45점	객관식 5지선다형

시험과목 세부내용

구분	시험과목(문제수)	시험형식	입장시작시간	입장완료시간	중도퇴실 가능시간	시험시간
오전	1. 보호론(필기시험)(35) 1) 요양보호와 인권 2) 노화와 건강 증진 3) 요양보호와 생활지원 4) 상황별 요양보호 기술 2. 실기시험 (45) 1) 신체활동지원 서비스 2) 가사 및 일상생활지원 서비스 3) 상황별 요양보호지원 서비스	객관식	09:20~	~09:40	11:00~	10:00 ~ 11:30 (90분)
오후	1. 보호론(필기시험)(35) 1) 요양보호와 인권 2) 노화와 건강 증진 3) 요양보호와 생활지원 4) 상황별 요양보호 기술 2. 실기시험 (45) 1) 신체활동지원 서비스 2) 가사 및 일상생활지원 서비스 3) 상황별 요양보호지원 서비스	객관식	12:50~	~13:10	14:30~	13:30 ~ 15:00 (90분)

합격기준

필기시험	100점을 만점으로 하여 60점 이상
실기시험	100점을 만점으로 하여 60점 이상

시험일정

회차	시험일정 공개일	원서접수	시험일정	합격자발표
1회차	01.16(화)	01.16~03.22	02.06~03.29, 03.16(토)	시험 응시 익일 오전 10시
2회차	03.04(월)	03.04~04.16	04.01~04.23, 04.20(토)	
3회차	04.01(월)	04.01~05.24	05.02~05.31, 05.25(토)	
4회차	05.02(목)	05.02~06.14	06.03~06.21, 06.15(토)	
5회차	06.03(월)	06.03~07.12	07.01~07.19, 0713(토)	
6회차	07.01(월)	07.01~08.23	08.01~08.30, 08.10(토)	
7회차	08.01(목)	08.01~09.23	09.02~09.30, 09.28(토)	
8회차	09.02(월)	09.02~10.18	10.01~10.25, 10.19(토)	
9회차	10.01(화)	10.01~11.15	11.01~11.22(토)	
10회차	11.01(금)	11.01~12.13	12.02~12.20	

응시수수료

- 32,000원

TIP

시험 준비:
- 시험 일정 및 준비: 최근 코로나19로 인해 시험이 1교시와 2교시가 연달아 진행된다. 따라서, 시험 전에 식사와 화장실 용무를 모두 마치고 시험에 임하는 것이 좋다. 시험 중에는 화장실을 사용할 수 없으므로 사전에 준비해 두어야 한다.
- 시험 시간: 시험은 총 80문제로 구성되며, 90분 동안 진행된다. 시간 부족을 고려하여 충분히 연습하고, 문제를 빠르게 풀 수 있는 연습을 해두는 것이 중요하다.

시험 방식:
- CBT 방식: 2023년부터는 컴퓨터 기반 시험(CBT) 방식으로 전환되었다. 이는 상시 시험으로 진행되며, 컴퓨터를 사용하여 시험을 본다.
- 기출문제 연습: CBT 방식에 익숙해지기 위해 시험 전 기출문제를 풀어보는 것이 좋다.

이를 통해 시험의 형식에 적응하고, 문제 유형을 파악할 수 있다.
이러한 준비를 통해 시험에 대한 불안감을 줄이고, 자신감을 가지고 응시할 수 있다.

자격증 취득 후 하는 일

1. 일상 생활 지원
- **식사 지원**: 식사 준비, 식사 보조, 영양 상태 모니터링.
- **욕창 예방 및 관리**: 환자의 피부 상태를 점검하고, 욕창 예방을 위한 체위 변경.
- **청소 및 환경 정리**: 거주 환경의 청결 유지, 개인 위생 관리.

2. 개인 건강 관리
- **약물 관리**: 정해진 약물 복용 시간에 맞춰 약물을 투여하거나 복용을 돕다.
- **체온 및 혈압 측정**: 환자의 건강 상태를 모니터링하고, 이상이 있을 경우 보고한다.
- **기본적인 건강 체크**: 환자의 신체 상태를 정기적으로 확인하고 이상 징후를 기록한다.

3. 정서적 지원 및 사회적 활동
- **정서적 지원**: 정서적 안정과 사회적 상호작용을 제공하며, 심리적 지원을 한다.
- **사회적 활동 참여**: 환자가 사회적 활동에 참여할 수 있도록 돕고, 활동의 기회를 제공한다.

4. 가족 및 관리팀과의 협력
- **가족과의 소통**: 환자의 상태나 필요 사항을 가족에게 보고하고, 가족과 협력하여 최상의 돌봄을 제공한다.
- **다른 의료 전문가와 협력**: 의사, 간호사 등과 협력하여 종합적인 돌봄을 제공한다.

5. 문서 작업 및 기록 관리

- **일일 기록 작성**: 환자의 상태 변화나 돌봄 활동을 기록한다.
- **보고서 작성**: 정기적인 보고서 작성 및 제출, 필요한 경우 의료 기록을 업데이트한다.

6. 긴급 상황 대응

- **응급 처치**: 응급 상황 발생 시 즉각적인 처치와 적절한 조치를 취한다.
- **응급 연락**: 긴급 상황 발생 시 적절한 의료 기관이나 가족에게 연락을 한다.

7. 교육 및 자기 개발

- **지속적인 교육**: 최신 요양 보조 기술과 정보를 습득하기 위해 지속적으로 교육을 받는다.
- **자기 개발**: 전문성을 향상시키기 위해 관련 분야의 지식과 기술을 습득한다.

요양보호사는 환자의 신체적, 정서적, 사회적 요구를 충족시키며, 전반적인 복지를 지원하는 중요한 역할을 맡고 있다.

요양보호사 전망

요양보호사 직업의 전망은 여러 가지 요인에 의해 영향을 받고 있으며, 현재와 미래에 걸쳐 안정적인 직업 전망을 가지고 있다. 주요 전망 요소는 다음과 같다.

1. 고령화 사회

- **노인 인구 증가**: 전 세계적으로 고령화가 진행됨에 따라 노인 인구가 급격히 증가하고 있다. 이에 따라 노인 돌봄 서비스의 수요가 증가할 것이다.
- **장기 요양 서비스 필요**: 노인 인구의 증가로 인해 장기 요양 서비스의 필요성이 커지고, 이는 요양보호사의 수요를 증가시키는 요인이 된다.

2. 정신적 및 신체적 지원의 필요

- **정신 건강 관리**: 노인들의 정신 건강 문제도 증가하고 있으며, 이는 요양보호사의 역할을 확대시키는 요소이다.
- **신체적 지원**: 노인의 신체적 건강 문제로 인해 지속적인 지원과 돌봄이 필요하다.

3. 법적 및 정책적 지원

- **정책 지원**: 정부의 노인 복지 정책 강화와 지원 확대는 요양보호사 직업의 안정성과 전망을 좋게 만듭니다.
- **인력 양성**: 정부와 민간 부문에서 요양보호사를 위한 교육 및 훈련 프로그램을 강화하고 있어, 자격을 갖춘 인력을 지속적으로 공급할 수 있다.

4. 산업 성장

- **요양시설의 증가**: 요양원, 요양병원, 가정 내 요양 서비스 등 다양한 형태의 요양 시설과 서비스가 확대되고 있다.
- **비즈니스 기회**: 요양 관련 서비스와 제품의 수요가 증가하면서 관련 사업 기회도 증가한다.

5. 직업 안정성

- **높은 수요**: 노인과 장애인을 대상으로 하는 서비스의 수요가 계속 증가함에 따라 직업 안정성이 높아질 것으로 예상된다.
- **다양한 근무 환경**: 요양보호사는 가정, 요양원, 병원 등 다양한 환경에서 근무할 수 있어 직업의 유연성과 안정성이 있다.

6. 전문성의 필요성

- **전문 지식의 중요성**: 요양보호사는 단순한 신체적 돌봄을 넘어서 심리적, 사회적 지원까지 수행하기 때문에 전문성의 중요성이 증가하고 있다.
- **교육 및 인증**: 지속적인 교육과 자격 인증을 통해 전문성을 높일 수 있으며, 이는 직업적 성장과 발전에 도움이 된다.

7. 사회적 인식 변화

- **사회적 존중**: 요양보호사의 역할과 중요성에 대한 사회적 인식이 높아짐에 따라 직업에 대한 존중과 가치가 증가하고 있다.

종합적으로, 요양보호사 직업은 고령화 사회와 관련된 다양한 요인으로 인해 안정적이고 성장 가능성이 높은 직업군으로 평가된다. 노인 돌봄 및 지원의 필요성이 증가함에 따라 요양보호사의 수요는 지속적으로 증가할 것으로 예상되며, 전문성을 갖춘 요양보호사에게는 더 많은 기회와 발전이 주어질 것이다.

5 사회복지사

　사회복지사 1급은 사회복지 전문 인력 양성을 위해 제정된 제도이다. 자격증 취득 후 심리 안정, 교육 및 훈련, 정서순화, 대인관계기술 습득 등을 수행할 수 있다. 사회복지사는 경력이나 나이 제한이 없어 60대가 많이 취득하는 자격증이다. 아동, 청소년, 장애인, 노인 복지, 의료 복지, 정신 건강 복지 등 다양한 복지 분야에서 일할 수 있다. 단순히 복지관이나 요양시설 뿐 아니라, 기업 사회복지재단, 아동/청소년 시설 등에서도 일할 수 있다.
　사회복지사 2급 자격증은 평생교육원 등에서 사회 복지 과목을 수강하면 취득할 수 있다.
　사회복지사 1급 자격증은 시험 쳐서 취득해야 한다. 1급 자격증이 있어야 사회복지센터 등을 설립할 수 있다.

시험과목 및 방법

시험과목수	문제수	배점	총점	문제형식
3과목(8영역)	200	1점/1문제	200점	객관식 5지 택1형

시험과목 세부내용

구분	시험과목	세부영역	입실시간	시험시간
1교시	사회복지기초 (50문항)	인간행동과 사회환경 (25문항) 조사론 (25문항)	09:00	09:30~10:20 (50분)
휴식시간 10:20~10:40 (20분)				
2교시	사회복지실천 (75문항)	실천론 (25문항) 실천기술론 (25문항) 지역사회복지론 (25문항)	10:40	10:50~2:05 (75분)
휴식시간 12:05~12:25 (20분)				
3교시	사회복지정책과 제도 (75문항)	정책론 (25문항) 행정론 (25문항) 법제론 (25문항)	12:25	12:35~13:50 (75분)

사회복지사 1급 합격기준

구분	합격 결정 기준
필기시험	※ 매 과목 4할 이상, 전 과목 총점의 6할 이상을 득점한 자를 합격예정자로 결정한다. ■ 사회복지사 1급 합격예정자에 대해서는 한국사회복지사협회에서 응시자격 서류 심사를 실시하며, 심사결과부적격사유에 해당되거나, 응시자격 서류를 정해진 기한 내에 제출하지 않은 경우 합격예정을 취소함. ■ 최종합격자 발표 후라도 제출된 서류 등의 기재사항이 사실과 다르거나 응시자격 부적격사유가 발견될 때에는 합격을 취소함.(신원조회 실시)

시험일정

구분	접수기간	시험일정	합격자 발표
2024년 22회 필기	12.04~12.08	01.13	03.20

응시수수료

■ 필기시험: 25,000원

TIP

1교시: 사회복지 기초
- 주요 과목: 인간행동과 사회환경, 사회복지조사론.
- 학습 방법:
  - 인간행동과 사회환경: 학자, 주요 이론, 핵심 개념을 연계하여 암기. 발달 단계, 성격 이론, 환경 체계의 개념을 확실히 이해하는 것이 중요하다. 출제 난이도는 연도에 따라 다를 수 있다.
  - 사회복지조사론: 조사 방법, 조사 설계, 자료 수집 및 표본 추출 방법 등 전반적인 내용을 반복 학습. 다양한 문제 유형을 풀어보는 것이 필요하다.
  - 전략: 1교시는 상대적으로 쉬운 편이므로, 이 과목에서 높은 점수를 확보하는 것이 안정적인 합격에 유리하다.

2교시: 사회복지 실천론
- 주요 과목: 사회복지실천론, 사회복지실천기술론, 지역사회복지론.
- 학습 방법:
  - 사회복지실천론: 실천 개념, 역사, 과정 등을 체계적으로 정리하고, 기법과 기술에 대한 사례 문제를 공부한다.
  - 사회복지실천기술론: 개인, 집단, 가족 관련 내용을 포괄적으로 학습. 실천 모델과 기술

에 대한 사례 중심의 학습이 필요하다.
- 지역사회복지론: 최근 출제 경향이 응용 문제 위주이므로 전반적인 이론을 꼼꼼히 학습하고, 사례 문제를 많이 풀어보는 것이 중요하다.
- 전략: 이 과목들은 다른 과목에 비해 고득점이 수월할 수 있으므로, 해당 과목에서 높은 점수를 목표로 설정하는 것이 좋다.

3교시: 사회복지 정책과 제도
- 주요 과목: 사회복지정책론, 사회복지행정론, 사회복지법제론.
- 학습 방법:
  - 사회복지정책론: 기출문제를 바탕으로 학습하며, 최근 이슈와 관련된 문제도 대비한다. 정책의 역사, 가치, 모형, 정책 발전 이론 및 사회보장론 등을 주요 학습 내용으로 한다.
  - 사회복지행정론: 각 장의 이론과 기법에 대한 정의와 특징을 학습한다. 사회복지 조직과 전달 체계 관련 문제를 준비하는 것이 중요하다.
  - 사회복지법제론: 총론과 각론으로 나누어 학습하며, 총론의 비중이 높다. 중요 조문과 시행령, 시행규칙을 학습하고, 지엽적인 연도 문제는 대략적인 순서로 파악하는 것도 방법이다.
  - 전략: 행정론은 상대적으로 쉬운 편이므로 고득점을 목표로 하고, 법제론은 철저한 학습이 필요하다.
- 종합 학습 전략
  - 학습 순서: 기본 이론 → 기출문제 → 문제 풀이 순서로 2회 이상 반복 학습.
  - 학습 순서: 인간행동과 사회환경 → 사회복지실천론 → 사회복지실천기술론 → 지역사회복지론 → 사회복지법제론 → 사회복지정책론 → 사회복지행정론 → 사회복지조사론

이러한 학습 방법을 통해 사회복지사 1급 자격증 취득을 효과적으로 준비할 수 있다.

자격증 취득 후 하는 일

사회복지사 자격증을 취득한 후에는 다양한 분야에서 사회복지 서비스를 제공하는 전문적인 역할을 수행하게 된다. 주요 직무와 활동은 다음과 같다.

1. 사례 관리 및 상담

- **개인 및 가족 상담**: 개인이나 가족의 문제를 상담하고, 해결 방안을 모색한다. 심리적, 정서적 지원을 제공하며, 필요시 외부 자원과 연계한다.
- **문제 해결**: 경제적 어려움, 건강 문제, 가정 내 폭력 등 다양한 문제를 파악하고 해결하기 위한 계획을 수립한다.

2. 복지 서비스 제공

- **복지 프로그램 운영**: 노인, 아동, 장애인, 저소득층 등 다양한 계층을 위한 복지 프로그램을 기획하고 운영한다.
- **서비스 연계**: 지역 사회 자원과 연계하여 서비스 제공 네트워크를 구축하고, 필요한 지원을 제공한다.

3. 행정 및 관리

- **사례 기록 및 보고**: 클라이언트의 상황을 기록하고, 진행 상황을 보고한다. 이를 통해 서비스의 연속성과 품질을 보장한다.
- **프로그램 평가 및 개선**: 운영 중인 프로그램의 효과성을 평가하고, 필요한 개선점을 도출하여 프로그램의 질을 향상시킨다.

4. 교육 및 훈련

- **대상 교육**: 클라이언트와 그 가족을 대상으로 다양한 교육 및 훈련 프로그램을 제공하여 자기 관리 능력을 높이고, 자립을 지원한다.
- **전문가 교육**: 동료 사회복지사나 관련 직종 종사자를 위한 교육과 훈련을 진행하여 전문성을 강화한다.

5. 정책 개발 및 Advocacy

- **정책 제안**: 사회복지 정책의 개발 및 개선을 위한 연구와 제안을 한다. 복지 정책의 변화와 개선을 위해 의견을 제시하고, 정책 결정에 참여한다.
- **사회적 문제 해결**: 사회적 약자와 소외 계층의 권리를 옹호하며, 사회적 문제 해결을 위해 활동한다.

6. 자원 개발 및 모금

- **자원 개발**: 사회복지 기관의 재정적, 인적 자원을 개발하고 확보하기 위한 노력을 한다. 기부자와 후원자를 모집하고 관리한다.
- **모금 활동**: 필요한 자금을 확보하기 위해 다양한 모금 활동을 기획하고 실행한다.

7. 연구 및 평가

- **사회복지 연구**: 사회복지 관련 문제를 연구하고, 새로운 방법론과 해결책을

모색한다.
- **서비스 평가**: 제공되는 서비스의 효과성을 평가하고, 결과를 분석하여 향후 개선 방향을 제시한다.

8. 법적 요구 사항 준수

- **법적 규정 준수**: 사회복지와 관련된 법률과 규정을 준수하며, 클라이언트의 권리를 보호한다.
- **문서 관리**: 클라이언트 관련 문서와 기록을 정확히 관리하고 보관한다.

이러한 업무를 통해 사회복지사는 다양한 사회적 요구에 부응하며, 사회의 약자와 소외된 사람들을 지원하고 삶의 질을 향상시키는 중요한 역할을 수행한다.

사회복지사 전망

여러 요인에 따라 긍정적이고 다양한 기회가 있는 분야이다. 다음은 사회복지사 직업의 전망과 관련된 주요 포인트이다.

1. 노령화 사회의 증가

- **고령 인구 증가**: 세계적으로 노령화가 진행됨에 따라 노인 복지와 관련된 서비스의 수요가 증가하고 있다. 이는 노인 요양, 건강 관리, 자립 지원 등 다양한 분야에서 사회복지사의 필요를 높인다.
- **노인 복지 정책 강화**: 정부와 지방 자치단체는 노인 복지를 위한 정책과 프로그램을 강화하고 있으며, 이에 따른 사회복지사 수요도 증가하고 있다.

2. 사회적 문제의 복잡화

- **경제적 불평등과 빈곤**: 경제적 불평등과 빈곤 문제는 사회복지사의 역할을 더욱 중요하게 만든다. 저소득층, 무주택자, 실업자 등을 지원하기 위한 사회복지 서비스의 수요가 증가하고 있다.
- **정신 건강 문제**: 정신 건강 문제가 사회적 이슈로 대두되면서 정신 건강 지원, 상담, 치료 서비스의 필요성이 커지고 있다.

3. 정책 및 제도 변화

- **복지 정책의 확대**: 복지 정책의 확대와 함께 새로운 프로그램과 서비스가

도입되고 있으며, 이는 사회복지사에게 다양한 기회를 제공한다.
- **법적 요구 사항 강화**: 사회복지 서비스의 질을 높이기 위해 법적 요구 사항이 강화되고 있으며, 이를 충족하기 위해 전문 사회복지사의 역할이 더욱 중요해지고 있다.

4. 기술의 발전
- **디지털 기술의 활용**: 디지털 기술의 발전으로 사회복지 서비스의 접근성과 효율성이 증가하고 있다. 온라인 상담, 데이터 분석, 정보 관리 등에서 기술적 역량이 중요한 역할을 하고 있다.
- **빅데이터와 AI**: 빅데이터와 인공지능 기술이 사회복지 정책 수립과 서비스 제공에 활용되며, 새로운 형태의 지원 방법이 모색되고 있다.

5. 직무 다각화
- **다양한 분야의 진출**: 사회복지사는 보건복지, 교육, 상담, 정책 개발 등 다양한 분야에서 활동할 수 있으며, 직무의 범위가 넓어지고 있다.
- **전문 분야의 확대**: 특정 분야(예: 아동 보호, 장애인 지원, 중독 치료 등)에서 전문성을 가진 사회복지사의 필요가 증가하고 있다.

6. 개인적 보람과 직업 만족도
- **사회적 기여**: 사회복지사는 사회적 약자를 돕고 사회적 문제를 해결하는 데 기여함으로써 높은 직업 만족도를 느낄 수 있다.
- **성장 기회**: 사회복지 분야에서는 지속적인 학습과 연구를 통해 전문성을 강화하고 직업적 성장을 이룰 수 있는 기회가 많다.

7. 국제적 기회
- **해외 진출 가능성**: 국제 사회복지 기구나 NGO에서 활동하며 글로벌 복지 문제를 다루는 기회도 있으며, 국제적인 경험을 쌓을 수 있는 기회가 있다.
- 종합적으로 볼 때, 사회복지사의 직업 전망은 긍정적이며, 다양한 사회적 요구와 정책 변화에 따라 지속적으로 성장할 것으로 예상된다. 사회복지 분야에 대한 관심과 전문성을 갖춘 인재에게는 많은 기회와 도전이 제공된다.

6 조경기능사

　조경기능사란 조경 지식 및 기술 전문 인력 양성을 위해 제정된 제도이다. 자격증 취득 후 설계, 시공, 주문, 관리, 마감, 조정 및 감독 등을 수행할 수 있다. 조경기능사는 공원, 아파트 등에서 조경 시공, 관리 업무를 하는 일이다. 조경기능사를 취득하면 조경 시설물 공사업체, 공원, 학교, 아파트 관리부서, 현충원 같은 국가가 큰 공원이나 정원 같은 곳에서도 일할 수 있다. 그리고 아파트 단지 내에도 나무를 많이 심어서 아파트 시설관리 쪽에서도 조경기능사를 우대한다고 한다. 귀농, 귀촌하시는 분들이 집 마당에 나무를 심고 관리하려고 조경기능사를 따기도 한다.

시험과목 및 방법

구분	시험과목	시험방법		
		문제형식	문항수	시험시간
필기시험	조경일반 조경재료 조경시공및관리	객관식 4지 택일형	60문항	60분
실기시험	도면작업 수목감별 조경시공작업	작업형	–	3시간 30분 이내

합격기준

필기시험	100점을 만점으로 하여 60점 이상
실기시험	100점을 만점으로 하여 60점 이상

시험일정

구분	필기원서접수	필기시험	필기 합격발표	실기원서접수	실기시험	최종합격자 발표일
1회	01.02~ 01.05	01.21~ 01.24	01.31	02.05~ 02.08	03.16~ 04.07	04.17
2회	03.12~ 03.15	03.31~ 04.04	04.17	04.23~ 04.26	06.01~ 06.16	07.03
3회	05.28~ 05.31	06.16~ 06.20	06.26	07.16~ 07.19	08.17~ 09.03	09.25
4회	08.20~ 08.23	09.08~ 09.12	09.25	09.30~ 10.04	11.09~ 11.24	12.11

응시수수료

- 필기: 14,500원
- 실기: 30,400원

TIP

필기시험

필기시험 구성: 필기시험은 조경일반, 조경재료, 조경시공 및 관리 과목으로 이루어진다. 각 과목의 범위가 넓지 않기 때문에 최근 5회분의 기출문제를 중심으로 공부하면 무난히 준비할 수 있다.

1. 조경일반:
   조경일반은 동서양의 조경 역사와 관련 인물들을 다루는 개론 과목이다. 이해보다는 암기가 중요하며, 시대별 순서를 파악할 수 있도록 시대표를 만들어 공부하는 것이 좋다.
2. 조경재료:
   조경재료 과목은 조경기능사 시험 과목 중 가장 무난하지만 출제 비율이 높다. 기출문제를 반복적으로 풀어보고, 암기 노트를 활용해 학명은 몰라도 기출문제를 통해 충분히 공부하면 고득점이 가능하다.
3. 조경시공:
   조경시공 과목은 시공법과 조경계획론에 초점을 맞추어야 하며, 조경법규의 개정 사항을 잘 정리해 두는 것이 중요하다.

실기시험

실기시험 구성: 실기시험은 도면작업, 수목감별, 조경실무 작업형 시험으로 구성된다. 총 3시간 30분 내외로 작업해야 하며, 시간 분배와 집중력이 필요하다. 조경 업무 경험이 없으면 강의를 활용하여 범위를 줄여서 공부하는 것이 좋다.

학원에서 실습장 제공 시, 모의시험처럼 임하는 것도 유용하다.
1. 도면작업:
   조경계획도의 평면도와 단면도를 2시간 30분 이내로 완성해야 한다. 실제 시험처럼 시간 내에 작업을 완성하는 연습을 하고, 머릿속에서 큰 도면을 그리며 시간을 줄이는 연습이 중요하다.
2. 수목감별:
   안정적인 점수를 받기 위해 수목감별 과목의 기출 유형을 중심으로 공부하고, 나무의 사진을 보고 구별하는 연습을 한다. 시험에서는 20개의 수목 사진을 약 20초간 보여주며 주관식으로 정답을 작성해야 한다. 사진만으로 나무의 이름을 맞추는 것이 어려운 만큼 다른 과목에 비해 더 많은 준비가 필요할 수 있다.
3. 조경실무작업:
   최근에는 2~3명이 한 조를 이루어 작업을 진행하는 방식으로, 교목식재, 벽돌쌓기, 판석포장, 잔디종자 파종 등에서 2종류의 작업을 평가받다. 보도블럭포장, 수목식재 등 무작위로 주어진 두 가지 작업을 시공해야 한다.
4. 실기시험 참고사항:
   조경실무 작업에서는 삽, 전자가위, 망치, 톱 등의 기구를 사용하며, 안전등급은 '경고'에 해당한다. 작업복과 안전화 등 보호 장비는 필수이며, 채점 요소에 보호구 착용, 정리정돈, 안전 수칙 준수 등이 포함될 수 있다. 실기 시험 중 안전에 유의하여 시험을 치르는 것이 중요하다.

자격증 취득 후 하는 일

조경기능사 자격증을 취득한 후, 다음과 같은 다양한 업무를 수행할 수 있다. 조경기능사는 주로 조경 관련 업무를 전문적으로 다루며, 조경 설계와 시공, 유지보수 등 다양한 분야에서 활동할 수 있다.

1. 조경 설계 및 시공

- **조경 설계**: 조경 설계 도면을 읽고 해석하여, 식물 배치, 경관 디자인, 공간 활용 등을 계획한다.
- **조경 시공**: 설계 도면에 따라 실제 조경 작업을 수행한다. 이는 식물 식재, 경로 포장, 수목 이식, 조경 구조물 설치 등을 포함한다.

2. 식물 관리

- **식물 유지보수**: 식물의 생육 상태를 점검하고, 필요한 비료, 물주기, 가지치기, 병해충 관리 등을 실시한다.
- **식물 선택 및 배치**: 조경 환경에 적합한 식물을 선택하고 적절히 배치하여 조경 효과를 극대화한다.

3. 조경 시설물 관리

- **시설물 유지보수**: 조경 시설물(예: 벤치, 분수, 조명 등)의 점검 및 수리를 진행한다.
- **시설물 설치 및 조정**: 새로운 조경 시설물을 설치하고, 필요에 따라 조정 및 개조 작업을 수행한다.

4. 조경 작업 관리

- **작업 계획 수립**: 조경 작업의 계획을 수립하고, 필요한 자재 및 인력을 배치한다.
- **작업 현장 관리**: 현장에서 작업이 원활히 진행되도록 관리하고, 품질을 유지하며, 안전사고를 예방한다.

5. 조경 프로젝트 지원

- **프로젝트 협력**: 조경 설계자나 프로젝트 매니저와 협력하여 조경 프로젝트를 지원하고, 설계 계획을 실현한다.
- **현장 조정**: 현장 상황에 따라 설계 도면을 조정하고, 필요한 개선 작업을 제안한다.

6. 조경 관련 행정 업무

- **보고서 작성**: 작업 진행 상황, 유지보수 이력, 문제 발생 사항 등을 보고서로 작성한다.
- **자료 관리**: 조경 작업과 관련된 자료와 문서를 체계적으로 관리하고 보관한다.

7. 고객 대응

- **고객 상담**: 조경 서비스와 관련하여 고객과 상담하고, 요구사항을 반영하여 작업을 진행한다.
- **문제 해결**: 고객의 불만이나 문제를 해결하기 위해 적극적으로 대응한다.

8. 안전 관리

- **안전 점검**: 작업 중 안전 점검을 실시하고, 안전 수칙을 준수한다.
- **위험 관리**: 작업 중 발생할 수 있는 위험 요소를 미리 파악하고 예방 조치를

취한다.

조경기능사는 조경 작업의 전문성을 바탕으로 다양한 조경 관련 업무를 수행하며, 공공기관, 조경 업체, 건설 회사 등에서 활동할 수 있다. 이 직무는 조경 환경을 개선하고, 미적 가치와 기능성을 높이는 데 중요한 역할을 한다.

조경기능사 전망

1. 도시화와 환경 관심 증가

- **도시화와 인프라 개발**: 도시화가 진행되면서 도시 및 지역 개발 프로젝트가 증가하고 있다. 이러한 프로젝트에는 조경 설계와 시공이 필수적이므로 조경기능사에 대한 수요가 높다.
- **환경 보호 및 녹색 공간 확대**: 환경 보호와 지속 가능한 개발에 대한 관심이 커지면서 공공 및 민간 부문에서 녹색 공간과 공원의 중요성이 강조되고 있다. 이에 따라 조경기능사의 역할이 더욱 중요해지고 있다.

2. 조경 관련 산업 성장

- **조경 산업 확대**: 조경 산업은 공공 공원, 정원, 상업 시설 등 다양한 분야에서 활동하고 있다. 조경기능사는 이러한 분야에서 필요로 하는 전문 인력으로서 역할을 하고 있다.
- **부동산 및 건설업 연계**: 부동산 개발과 건설 프로젝트가 활성화되면서 조경기능사의 수요도 증가하고 있다. 특히, 고급 주택단지, 상업시설, 리조트 등에서 조경 설계와 관리가 중요시되고 있다.

3. 전문성 강화 및 자격 요건

- **전문성 요구 증가**: 조경 분야의 전문성이 강화되면서 조경기능사의 기술과 자격이 중요해지고 있다. 따라서 자격증을 보유한 전문 인력에 대한 수요가 증가하고 있다.
- **지속적인 교육과 기술 향상**: 조경 관련 기술과 자격증이 점점 더 전문화되고 있으며, 지속적인 교육과 기술 향상이 필요한 직무로 인식되고 있다.

4. 사회적 인식 변화

- **미관과 기능성을 고려한 조경**: 현대 사회에서 조경은 단순히 미적인 요소를 넘어서 기능성과 환경적 요소를 고려한 설계가 중요시되고 있다. 이에 따라 조경기능사는 복합적인 요구에 부응할 수 있는 역량을 갖추어야 한다.
- **건강과 웰빙**: 조경이 사람들의 건강과 웰빙에 미치는 영향이 강조되면서, 공공공간의 조경과 관리에 대한 관심이 높아지고 있다.

5. 해외 진출 가능성

- **글로벌 프로젝트**: 조경기능사의 기술과 경험을 활용하여 해외 프로젝트에 참여할 기회도 있으며, 글로벌 시장에서의 가능성이 열려 있다.

7 전기기능사

전기기능사는 전기 지식 및 기술 전문 인력 양성을 위해 제정된 제도이다. 자격증 취득 후 제작, 제조, 운전, 보수 등을 수행할 수 있다. 은퇴 후 추천 자격증으로 기술 자격증이 많이 선호되고 있다. 전기기능사는 현장 수요가 많아 50대 이상 남성이 많이 취득하는 자격증 4위이다. 자격증이 있으면 전기공사 업체, 전기기기 생산업체, 전기 시설관리직 등으로 일할 수 있다. 경력을 쌓고 전기산업기사나 전기기사를 취득하면 '전기안전관리자'로 선임될 수 있다. 전기 설비 용량 1000kW 이상인 건물이나 사업장에선 전기안전관리자를 반드시 선임해야 한다. 그래서 전기 자격증이 있으면 일할 곳도 많고 연봉도 더 올라갈 수 있는 여지가 있다.

시험과목 및 방법

구분	시험과목	시험방법		
		문제형식	문항수	시험시간
필기시험	① 전기이론 ② 전기기기 ③ 전기설비	객관식 4지 택일형	60문항	60분
실기시험	전기설비작업	작업형	-	5시간 정도

합격기준

필기시험	100점을 만점으로 하여 60점 이상
실기시험	100점을 만점으로 하여 60점 이상

시험일정 (※ 원서접수시간은 원서접수 첫날 10:00부터 마지막 날 18:00까지임)

구분	필기원서접수	필기시험	필기 합격발표	실기원서접수	실기시험	최종합격자 발표일
1회	01.02~01.05	01.21~01.24	01.31	02.05~02.08	03.16~04.07	04.09
2회	03.12~03.15	03.31~04.04	04.17	04.23~04.26	06.01~06.16	06.26
3회	05.28~05.31	06.16~06.20	06.26	07.16~07.19	08.17~09.03	09.11
4회	08.20~08.23	09.08~09.12	09.25	09.30~10.04	11.09~11.24	12.04

응시수수료

- 필기: 14,500원
- 실기: 106,200원

TIP

필기시험

전기기능사 필기시험은 1. 전기이론, 2. 전기기기, 3. 전기설비의 세 가지 과목으로 나뉜다. 전기이론은 대학교 수준의 회로이론과 전자기학 기초 수준이며, 조문은 특성화고등학교 교과에 맞춰 출제된다. 필기시험의 합격 기준은 60문제 중 36문제 이상, 즉 60점 이상 맞는 것이다. 과락이 없으므로 자신 있는 과목에서 고득점을 목표로 하는 것이 효과적이다.

공부 방법

- 기출문제 활용: 기출문제를 중심으로 자주 출제되는 문제 유형을 반복적으로 풀어보는 것이 중요하다. 최소 7회분, 가능하면 10회분 이상 풀어보는 것을 추천한다. 오답을 정리하고, 왜 그 답이 아닌지 이해하는 것도 중요하다.
- 이론 학습: 기본 개념과 공식을 암기해야 한다. 방대한 내용이므로, 기출문제를 통해 자주 나오는 핵심 내용에 집중하는 것이 효율적이다.
- 계산기 사용: 허용된 공학용 계산기만 사용할 수 있으며, 큐넷에서 허용 기종을 확인할 수 있다. 허용군 외 계산기를 사용하고자 하는 경우, 매뉴얼과 감독위원 확인 후 사용이 가능한다.
- 시험 결과: 필기시험은 CBT 형식으로, 답안 제출 직후 결과를 알 수 있다. 합격 시에는 파란색으로 점수가, 불합격 시에는 붉은색으로 점수가 표시된다.

실기시험
실기시험은 작업형으로 약 5시간 동안 진행된다. 직접 회로를 제작하는 과정으로, 독학이 어려운 시험이다. 따라서 전문 학원을 통해 준비하는 것이 좋다.

준비 방법
- 학원 선택: 거주지와 가까운 학원을 선택하고, 시험장과 수업장이 같은 곳이라면 더욱 유리하다. 학원에서는 점수 기준표를 제공받을 수 있다.
- 실습 연습: 실기시험에서는 회로도를 받아 나무 합판에 시퀀스 회로를 만든다. 일반적인 작업 순서는 제도 → 제어판 배선 → 배관 작업 → 입선 작업 → 테스트이다. 각 순서별로 시간을 체크하여 연습하는 것이 중요하다.
- 제어판 작업: 1시간 30분~2시간
- 배관 작업: 1시간
- 입선 및 기구 설치: 50분~1시간
- 최종 점검 및 문제 수정: 10~20분
 - 총 작업 시간은 4시간~4시간 20분 내외가 안정적인 합격을 위한 시간이다.
- 체력 관리: 긴 시험 시간 동안 체력 소모에 유의하고, 중간에 점심을 먹을 시간도 부족할 수 있음을 유념해야 한다.
- 시험 도면: 시험 날짜에 따라 도면이 바뀌지 않으므로, 후기에 참고할 수 있다.
- 작동 여부: 전기기능사 채점 기준에 따르면, 회로가 요구대로 작동되면 25점을 얻는다. 한 곳이라도 작동하지 않으면 오작동으로 간주되어 채점 대상에서 제외된다.
- 준비물: 시험 준비물은 자주 확인하여 구비해야 한다. 문제나 사유에 따라 물품 수량 및 품목이 변경될 수 있으므로, 정기적인 확인이 필수다.

이와 같은 방법으로 효율적으로 공부하고 준비하면 전기기능사 시험에서 좋은 결과를 얻을 수 있다.

자격증 취득 후 하는 일

전기기능사 자격증을 취득한 후에는 다양한 분야에서 일할 수 있으며, 전기 관련 업무를 수행하는 데 필수적인 자격을 갖추게 된다. 주요 활동 분야와 직무는 다음과 같다.

1. 전기설비 유지보수 및 관리

- **설비 점검**: 전기설비 및 배전반, 회로 차단기 등 전기 장비의 정기적인 점검과 유지보수를 수행한다.
- **고장 수리**: 전기 장비의 고장이나 문제를 진단하고 수리한다.
- **업그레이드 및 교체**: 낡은 전기 장비를 교체하거나 업그레이드하여 효율성을 높인다.

2. 전기설비 설치

- **설계 및 설치**: 전기 설계도를 기반으로 전선, 조명, 콘센트 등을 설치한다.
- **설비 시공**: 전기 배선 작업 및 전기 장비 설치를 포함한 시공 작업을 수행한다.

3. 산업 및 건축 현장 작업

- **산업 현장**: 공장, 제조업체 등 산업 현장에서 전기 설비를 유지보수하고 설치한다.
- **건축 현장**: 건물의 전기 설비를 설치하고 점검하는 역할을 한다.

4. 전기 안전 관리

- **안전 점검**: 전기설비의 안전성을 점검하고, 전기 사고를 예방하기 위한 조치를 취한다.
- **안전 교육**: 전기 작업에 관련된 안전 교육을 실시하고, 안전 수칙을 준수하도록 지도한다.

5. 전기 설계 및 컨설팅

- **설계 작업**: 전기 설비와 회로의 설계를 진행하고, 설계도면을 작성한다.
- **컨설팅**: 전기 설비의 효율성과 안전성을 높이기 위한 조언과 컨설팅을 제공한다.

6. 전기기기 검사 및 시험

- **기기 시험**: 전기 기기의 성능 및 안전성을 시험하고, 기준에 맞는지 확인한다.
- **검사 보고서 작성**: 시험 결과를 기록하고, 검사 보고서를 작성하여 제출한다.

7. 전자기기 및 자동화 시스템 작업

- **전자기기 작업**: 전자기기와 관련된 전기 작업을 수행한다.
- **자동화 시스템**: 자동화 시스템의 전기적 부분을 설치하고 유지보수한다.

8. 전기기기 판매 및 서비스

- **판매**: 전기기기 및 관련 부품을 판매한다.
- **고객 지원**: 제품에 대한 고객 지원과 문제 해결을 제공한다.

9. 자격증 추가 취득 및 전문성 강화

- **전문 분야 자격증**: 전기기사, 전기산업기사 등 추가 자격증을 취득하여 전문성을 강화할 수 있다.
- **계속 교육**: 최신 기술과 법규를 반영하기 위한 교육과 학습을 지속적으로 수행한다.

전기기능사 자격증은 다양한 분야에서 유용하게 활용될 수 있으며, 안정적인 직업을 제공하는 동시에, 전기 관련 분야에서의 전문성을 더욱 강화하는 기회를 제공한다.

전기기능사 전망

전기기능사 자격증의 전망은 전기 및 전자 분야의 기술 발전과 산업 수요에 따라 다각적으로 평가할 수 있다. 최근의 기술 발전과 산업 트렌드를 고려할 때 전기기능사의 전망은 다음과 같다.

1. 산업 및 건축 분야의 지속적인 수요

- **건축 및 인프라**: 건물 및 인프라의 전기설비 설치와 유지보수는 계속해서 중요한 역할을 하며, 건축 프로젝트가 지속적으로 진행됨에 따라 전기기능사의 수요는 안정적이다.
- **산업 현장**: 공장과 산업 시설에서의 전기설비 점검 및 유지보수는 필수적이며, 산업 자동화와 기계화가 진행됨에 따라 전기기능사의 역할이 중요해지고 있다.

2. 전기차 및 신재생 에너지 분야의 성장

- **전기차**: 전기차의 보급이 증가하면서 충전 인프라의 설치와 유지보수에 대한 수요가 증가하고 있다. 전기기능사는 전기차 충전소의 설치 및 관리에 참여할 수 있다.
- **신재생 에너지**: 태양광 패널, 풍력 발전기 등 신재생 에너지 관련 설비의 설치와 유지보수는 성장하는 분야로, 전기기능사의 수요가 늘어날 것으로 예상된다.

3. 스마트 기술 및 IoT의 확산

- **스마트 홈**: 스마트 홈 기술의 발전으로 전기설비와 관련된 새로운 기술이 도입되고 있으며, 전기기능사는 이러한 최신 기술에 대한 이해와 적용 능력이 필요하다.
- **IoT와 자동화**: IoT(사물인터넷) 및 자동화 시스템의 확산으로 전기기술의 적용 분야가 확대되며, 관련 기술의 숙련된 전문가에 대한 수요가 증가하고 있다.

4. 에너지 효율성과 환경 규제

- **에너지 효율**: 에너지 절약 및 효율성 향상을 위한 전기설비의 개선과 관련된 규제가 강화되며, 이를 위한 전기기능사의 역할이 중요해지고 있다.
- **환경 규제**: 환경 보호와 관련된 규제에 따라 전기설비의 설치 및 유지보수는 더욱 철저하게 이루어져야 하며, 이를 위한 전문 기술자에 대한 수요가 있다.

5. 자격증 및 기술력의 중요성

- **전문 자격증**: 전기기능사 자격증은 전기 분야에서의 기본 자격을 증명하며, 이후 전기기사, 전기산업기사 등의 추가 자격증을 취득하면 더 높은 직무와 보상을 받을 수 있다.
- **기술력 향상**: 기술력과 경험을 쌓아가면서 다양한 분야의 전문성을 갖춘 전기기능사는 더 넓은 직무 기회를 가질 수 있다.

6. 고용 안정성

- **고용 안정성**: 전기기능사는 다양한 분야에서 필요로 하는 기술직으로, 산업의 변화와 관계없이 비교적 안정적인 고용 기회를 제공받는다.
- 종합적으로 볼 때, 전기기능사의 전망은 긍정적이며, 특히 기술 발전과 환경 변화에 대응하는 능력과 전문성을 갖춘 인재는 더욱 많은 기회를 갖게 될 것이다. 전기기능사는 변화하는 산업 트렌드에 맞춰 지속적으로 기술을 업그레이드하고, 새로운 분야에 도전하는 것이 중요하다.

8 소방안전관리자2급

　소방안전관리자는 소방시설 유지관리, 소방계획서 작성 및 시행, 화기감독, 피난, 방화시설 유지관리 등의 업무를 하는 직업이다. 화재예방 법률에 따라 빌딩, 건설현장, 물류창고, 아파트, 공장 등에 소방안전관리자 선임이 의무화되었다. 그래서 소방안전관리자의 수요는 계속 늘어나므로 은퇴 후 재취업하기 좋은 자격증이다. 소방안전관리자는 3급, 2급, 1급, 특급이 있다. 건물의 규모와 관리 범위에 따라 급수가 달라진다. 소방 관련 학과나 업무를 한적이 없는 일반인의 경우 한국소방안전원에서 주관하는 교육을 들으면 시험에 응시할 수 있다. 한국소방안전원에서 발급하는 소방청 공인 국가전문자격사이다.

시험과목 및 방법

구분	내용	시험방법	배점	문항수	시험시간
1과목	소방안전관리자 제도	객관식 (선택형, 4지1선택)	1문제당 4점	50문항 (과목별 25문항)	1시간 (60분)
	소방관계법령(건축관계법령 포함)				
	소방학개론				
	화기취급 감독 및 화재위험 작업 허가, 관리				
	위험물, 전기, 가스안전관리				
	피난시설, 방화구획, 및 방화시설의 관리				
	소방시설의 종류 및 기준				
	소방시설(소화설비, 경보설비, 피난구조설비)의 구조				
2과목	소방시설(소화설비, 경보설비, 피난구조설비)의 점검, 실습, 평가				
	소방계획 수립 이론, 실습, 평가(화재안전취약자의 피난계획 등 포함)				
	자위소방대 및 초기대응체계 구성 등 이론, 실습, 평가				
	작동기능점검표 작성 실습, 평가				
	응급처치 이론, 실습, 평가				
	소방안전교육 및 훈련 이론, 실습, 평가				
	화재 시 초기대응 및 피난 실습, 평가				
	업무 수행기록의 작성, 유지 실습, 평가				

2급 소방안전관리자 응시자격

소방안전관리자 급수	내용
소방안전관리자 2급	① 소방안전관리학과를 전공한 대학을 졸업한 사람 ② 소방안전 관련 과목을 6학점 이상 이수하고 졸업한 사람 ③ 소방서나 소방본부에서 1년 이상 보조업무로 화재진압 등 실무경력이 있는 사람 ④ 의용소방대원으로 3년 이상 근무한 사람 ⑤ 군부대나 의무소방대에서 대원으로 1년 이상 실무경력이 있는 사람 ⑥ 자체소방대의 대원으로 3년 이상 근무한 경력이 있는 사람 ⑦ 소방안전관리대상물의 소방안전관리에 대한 강습교육을 수료한 사람

합격기준

필기시험	100점을 만점으로 하여 과목당 40점 이상, 전과목 평균 70점 이상

시험일정

	6월일정	7월일정	8월일정	9월일정	10월일정	11월일정	12월일정
공고	04.30	05.31	06.28	07.31	08.30	09.30	10.31
접수시작	05.17	06.13	07.18	08.14	09.12	10.17	11.14

매월 일정이 있으며 말일에 공고가 나는 편이며, 다음달 중순쯤 접수가 시작되는 경향이 있다.

취득방법 및 응시비용

구분	시험내용	비용
특급	한국소방안전원 강습 20일(160시간)→접수→필기시험→합격→자격증 발급	96만원
1급	한국소방안전원 강습 10일(80시간)→접수→필기시험→합격→자격증 발급	48만원
2급	한국소방안전원 강습 4일(40시간)→접수→필기시험→합격→자격증 발급	24만원
3급	한국소방안전원 강습 3일(24시간)→접수→필기시험→합격→자격증 발급	14만 4천원

> **TIP**
>
> **1과목: 이론 시험**
> - **교재 및 강의 활용**: 한국소방안전원 홈페이지에서 소방안전관리자 교재를 다운로드하여 정독한다. 어려운 경우 인터넷 강의의 핵심 공략을 참고해 기출문제 경향을 파악하는 것도 좋다.
> - **문제 읽기**: 문제를 꼼꼼히 읽어야 한다. 문제에는 난이도를 높이기 위해 함정이 있을 수 있으므로, 단위와 세부 사항을 정확히 확인해야 오답을 방지할 수 있다.
> - **용어 익히기**: 소방 관련 용어가 생소하다면 먼저 용어를 익히세요. 단순 암기보다는 이해하며 암기하는 방법이 효과적이다.
> - **벌금 및 자격 이해**: 벌금과 자격 관련 사항을 정확히 숙지하는 것이 중요하다. 관련 정보를 잘 구분하여 정리하고 공부해야 한다.
> - **기출문제 반복 학습**: 기출문제를 최소 3회분 풀어보며 문제와 해답을 묶어 공부한다. 이후 해답을 보지 않고 반복적으로 풀어보는 것이 기억에 도움이 된다.
> - **요약노트 작성**: 자주 나오는 부분을 요약하여 정리한다. 요약한 내용을 출력해 자주 보고 암기해야 한다.
> - **오답노트 활용**: 헷갈렸던 이론, 용어, 암기 내용을 정리하여 오답노트를 만듭니다. 오답을 확인하고 이해를 높이는 것이 중요하다.
> - **법령 업데이트 확인**: 소방관계법령은 시간이 지남에 따라 변경될 수 있으므로, 최신 정보를 수시로 확인하며 공부한다.
>
> **2과목: 이론 및 실습 시험**
> - **이론 시험**: 2과목에서도 이론이 평가되며, 상대평가가 아닌 절대평가로 진행된다. 문제 출제 유형은 소화기구와 같은 기구나 설비에 대한 것이 많으며, 기구의 종류, 원리, 점검 방식에 대한 이해가 필요하다.
> - **실습 시험**: 실습 시험에서는 소방시설의 구조, 소방 계획 수립, 작동 기능 점검표, 응급처치, 화재 대응 및 피난과 관련된 실습을 평가한다. 실습은 평소에 꾸준히 연습하며 준비하는 것이 좋다. 시험 중 긴장을 피하고 자신감을 가지고 진행하는 것이 중요하며, 실수하더라도 자연스럽게 처리하는 것이 중요하다.

자격증 취득 후 하는 일

2급 소방안전관리자 자격증을 취득한 후에는 다음과 같은 역할과 업무를 수행할 수 있다.

1. 소방안전 관리 및 점검

- **소방 안전 점검**: 소방시설의 작동 상태를 주기적으로 점검하고, 소방 설비가 정상적으로 작동하는지 확인한다.
- **안전 점검 및 유지보수**: 화재 안전을 보장하기 위해 소방 장비와 설비의 정기적인 유지보수와 점검을 수행한다.

- **위험 요소 파악**: 화재 발생의 위험 요소를 사전에 파악하고, 이를 예방하기 위한 조치를 마련한다.

2. 화재 예방 및 대응
- **화재 예방 교육**: 직원이나 주민들에게 화재 예방과 대응 방법에 대한 교육을 제공한다.
- **화재 대피 계획 수립**: 화재 발생 시 대피 경로와 대피 계획을 수립하고, 이를 실제 상황에서 효과적으로 활용할 수 있도록 훈련한다.

3. 소방 시설 관리
- **소방 시설 유지보수**: 소방 시설의 점검 및 유지보수를 관리하고, 필요 시 수리 및 교체를 주관한다.
- **소방 기기 관리**: 소화기, 스프링클러, 화재 감지기 등의 소방 기기가 제대로 작동하는지 확인하고, 필요한 경우 수리나 교체를 진행한다.

4. 법적 요구사항 준수
- **법규 준수**: 관련 법규와 규정을 준수하며, 법적 요구사항에 맞게 소방 안전 관리 업무를 수행한다.
- **보고서 작성 및 제출**: 소방 안전 점검 결과와 관련된 보고서를 작성하여 관련 기관에 제출한다.

5. 위기 관리 및 대응
- **화재 발생 시 대응**: 화재 발생 시 신속하게 대응하고, 상황을 통제하며, 피해를 최소화한다.
- **사고 조사**: 화재나 사고 발생 후 원인을 조사하고, 재발 방지를 위한 개선 방안을 제시한다.

6. 소방 교육 및 훈련
- **정기 교육 실시**: 직원이나 주민들에게 소방 안전 교육을 정기적으로 실시한다.
- **훈련 및 연습**: 화재 대피 훈련, 응급처치 훈련 등을 주기적으로 실시하여 실제 상황에서의 대응 능력을 강화한다.

7. 소방 안전 정책 수립 및 실행

- **안전 정책 개발**: 조직 내 소방 안전 정책을 개발하고, 이를 실행하여 전반적인 안전 수준을 높인다.
- **안전 지침 제공**: 소방 안전과 관련된 지침을 제공하고, 이를 준수하도록 유도한다.

2급 소방안전관리자는 이러한 업무를 통해 소방 안전을 유지하고, 조직 내에서 효과적인 소방 안전 관리를 수행할 수 있다.

소방안전관리자2급 전망

2급 소방안전관리자의 전망은 다음과 같은 주요 요소에 따라 긍정적이며, 다양한 분야에서 안정적인 경로를 제공한다.

1. 높은 수요와 안정성

- **법적 요구사항**: 많은 기업과 기관에서는 법적으로 소방 안전 관리자를 두어야 한다. 2급 소방안전관리자는 이러한 요구를 충족시킬 수 있어 지속적인 수요가 예상된다.
- **안전 의식의 증가**: 사회 전반적으로 안전 의식이 높아지면서, 소방 안전의 중요성도 커지고 있다. 이에 따라 전문 소방안전 관리자의 역할이 강화되고 있다.

2. 다양한 직무와 업종

- **공공기관**: 지방자치단체, 교육청 등 공공기관에서 소방 안전 관리 업무를 수행할 수 있다.
- **민간기업**: 대기업, 중소기업, 상업시설 등에서 소방 안전 관리자 역할을 맡아 소방 시설 관리와 안전 점검을 담당한다.
- **건축 및 시설 관리**: 건설사나 시설 관리 회사에서 건물의 소방 안전 계획 수립과 점검을 수행한다.

3. 경력 발전 기회

- **상위 자격증 취득**: 2급 소방안전관리자로서 경험을 쌓은 후, 1급 소방안전

관리자나 다른 관련 자격증을 취득하여 경력 발전이 가능하다.
- **관리직 승진**: 현장에서의 경험을 바탕으로 상위 관리직으로 승진할 수 있으며, 더 많은 책임을 맡게 된다.

4. 근무 환경과 조건

- **안정적인 근무 환경**: 소방 안전 관련 업무는 대체로 안정적인 근무 환경을 제공한다. 공공기관이나 대기업의 경우, 정규직으로 안정된 근무를 할 수 있다.
- **복리후생**: 공공기관이나 대기업에서는 좋은 복리후생과 안정된 근무 조건을 제공하는 경우가 많다.

5. 사회적 기여

- **사회적 안전 기여**: 화재 예방과 대응을 통해 사회의 안전을 강화하는 중요한 역할을 수행한다. 이러한 기여는 개인의 직업적 만족감을 높이는 요소가 될 수 있다.

6. 기술 및 법규 변화

- **기술 발전**: 소방 안전 분야의 기술 발전과 새로운 법규의 변화에 따라 지속적인 학습과 적응이 필요하다. 새로운 기술과 법규에 대한 이해가 필요하며, 이는 전문가로서의 경쟁력을 높이는 요소이다.
- 2급 소방안전관리자는 안정적인 직무와 다양한 경로를 통해 경력을 발전시킬 수 있으며, 사회적으로 중요한 역할을 수행함으로써 직업적 보람을 느낄 수 있는 기회를 제공한다.

9 산업안전기사

생산관리에서 안전을 제외하고는 생산성 향상이 불가능하다는 인식속에서 산업현장의 근로자를 보호하고 근로자들이 안심하고 생산성 향상에 주력할 수 있는 작업환경을 만들기 위하여 전문적인 지식을 가진 기술인력을 양성하고자 제정된 자격증이다.

시험과목 및 방법

구분	시험과목	시험방법		
		문제형식	문항수	시험시간
필기시험	산업재해 예방 및 안전보건교육 인간공학 및 위험성 평가관리 기계·기구 및 설비 안전관리 전기설비 안전관리 화학설비 안전관리 건설공사 안전관리	객관식 4지 택일형	120문항	3시간
실기시험	산업안전실무	복합형	-	2시간 30분 정도 (필답형: 1시간 30분, 작업형 : 1시간 정도)

합격기준

필기시험	100점을 만점으로 하여 과목당 40점 이상, 전과목 평균 60점 이상
실기시험	100점을 만점으로 하여 60점 이상

응시자격

유사자격 소지자	산업기사 + 유사 직무분야 실무경력 1년 기능사 + 유사 직무분야 실무경력 3년 동일 및 유사 분야 기사 자격증 소지자 동일 및 유사 분야 외국자격 소지자

관련학과 졸업자	관련학과 졸업자 또는 졸업예정자 3년제 전문대학 졸업자 + 실무경력 1년 2년제 전문대학 졸업자 + 실무경력 2년 기사 수준의 기술훈련과정 이수자 산업기사 수준의 기술훈련과정 이수자 + 실무경력 2년
실무 경력자	유사 직무분야 실무경력 4년 이상

시험일정

구분	필기원서접수	필기시험	필기합격발표	실기원서접수	실기시험	최종합격자 발표일
1회	01.23~01.26	02.15~03.07	03.13	03.26~03.29	04.27~05.17	06.18
2회	04.16~04.19	05.09~05.28	06.05	06.25~06.28	07.28~08.14	09.10
3회	06.18~06.21	07.05~07.27	08.07	09.10~09.13	10.19~11.08	12.11

응시수수료

- 필기: 19,400원
- 실기: 34,600원

TIP

공부 순서는 아래와 같이 하는게 좋다.
- 안전관리론 → 인간공학 및 시스템 안전공학 → 기계위험방지기술 → 전기위험방지기술 → 화학설비위험방지기술 → 건설안전기술

공부 방법론 다음과 같다.
- 안전관리론
  - 내용: 산업안전 개론, 안전보건법령, 재해구성 비율법칙 등
  - 방법: 교재와 기출문제를 통해 기본 이론을 확실히 익히고, 필기시험과 실기시험 연계를 고려하여 철저히 이해하며 공부한다.
- 인간공학 및 시스템 안전공학
  - 내용: 인체 기능, 손상 발생 전도, 기계 시스템 및 작업환경 관리
  - 방법: 이론 정리 후, 관련 공식을 암기하고 문제 풀이를 통해 공식 적용 연습을 한다.
- 기계위험방지기술
  - 내용: 기계 운영 시 주의사항, 안전 수칙, 성능 기준 등

- 방법: 기계 사용과 안전 대책에 대한 내용 정리와 암기를 통해 실전 대비한다.
- 전기위험방지기술
  - 내용: 전기 장치의 이론, 사용 규칙, 위험 조치
  - 방법: 전기 공학적 지식과 전류, 전압 계산 문제를 정확히 풀어내는 연습이 필요하다.
- 화학설비위험방지기술
  - 내용: 위험물질 종류, 발열 및 폭발 위험, 화재 예방 규칙
  - 방법: 난이도에 따라 전략적으로 공부하며, 난이도가 높을 경우 집중력 있게 대비한다.
- 건설안전기술
  - 내용: 건축 시공 시 안전 준수 사항, 장비 사용 방법
  - 방법: 많은 암기 과목이므로 기출문제와 암기 노트를 활용하여 준비한다. 건설안전기사 자격증을 고려하는 수험생은 이 과목 면제를 활용할 수 있다.
- 실기시험 대비
  - 필답형: 과년도 문제 다회독 및 암기 노트 활용. 자주 틀리는 문제는 이론으로 돌아가 재학습한다.
  - 작업형: 동영상 자료를 통해 기계 이미지를 미리 파악하고 연습한다. 실제 기계의 이미지를 떠올리면 답 암기가 쉬워지고 실수를 줄일 수 있다.

산업안전기사는 암기와 이해가 중요한 시험으로, 전략적인 공부와 반복 학습이 필요하다. 각 과목별 출제 경향에 맞추어 준비하는 것이 효과적이다.

자격증 취득 후 하는 일

1. 안전 관리 및 감독

- **업무 내용**: 작업장에서 안전 규정을 준수하도록 관리하고, 사고를 예방하기 위한 안전 계획을 수립한다.
- **책임**: 위험 요소를 평가하고, 안전 장비와 절차를 점검하며, 근로자들에게 안전 교육을 실시한다.

2. 산업 안전 컨설팅

- **업무 내용**: 기업이나 조직에 산업 안전 관련 조언과 솔루션을 제공한다.
- **책임**: 안전 개선 방안 제시, 안전 시스템 설계 및 평가, 사고 예방 전략 개발 등의 업무를 수행한다.

3. 안전 교육 및 훈련

- **업무 내용**: 근로자 및 관리자를 대상으로 안전 교육 및 훈련을 실시한다.
- **책임**: 안전 절차와 규정, 응급처치 및 사고 대응 방법 등을 교육한다.

4. 안전 점검 및 감사

- **업무 내용**: 작업 현장 및 설비의 안전 점검 및 감사를 수행한다.
- **책임**: 법적 기준과 회사의 안전 규정을 준수하는지 확인하고, 불합격 항목에 대해 시정 조치를 권고한다.

5. 사고 조사 및 분석

- **업무 내용**: 산업 재해나 사고 발생 시 원인을 조사하고 분석한다.
- **책임**: 사고의 원인을 파악하고, 재발 방지를 위한 개선 조치를 제안한다.

6. 법적 요구사항 준수

- **업무 내용**: 산업안전보건법 및 관련 법규를 준수하도록 관리한다.
- **책임**: 법적 요구사항을 확인하고, 이를 준수하기 위한 내부 정책 및 절차를 마련한다.

7. 위험 평가 및 관리

- **업무 내용**: 잠재적인 위험 요소를 평가하고 이를 관리하기 위한 계획을 수립한다.
- **책임**: 위험 요소를 식별하고, 이를 관리하기 위한 조치를 제안하며, 실행한다.

산업안전기사 자격증을 가진 직무 예시

- **산업 안전 관리자**: 다양한 산업 분야에서 안전 관리 및 감독을 담당한다.
- **안전 컨설턴트**: 기업에 안전 관련 조언을 제공하고, 개선 방안을 제시한다.
- **안전 교육 강사**: 안전 교육 및 훈련 프로그램을 설계하고 실시한다.
- **안전 감사원**: 안전 점검 및 감사를 수행하며, 법적 준수를 확인한다.

산업안전기사는 다양한 산업 및 분야에서 필요한 안전 전문가로, 사고 예방과 안전 관리를 통해 작업 환경의 안전성을 높이는 중요한 역할을 한다.

산업안전기사 전망

산업안전기사의 전망은 전반적으로 긍정적이며, 다음과 같은 이유로 그 중요성이 계속 증가하고 있다.

1. 안전 및 보건 규제 강화

- **법규 변화**: 산업안전보건법을 비롯한 안전 관련 법규가 강화되고 있으며, 기업들은 법적 요구 사항을 준수하기 위해 전문 인력을 필요로 한다.
- **규제 준수**: 규제 강화로 인해 안전 관리의 중요성이 커지고 있으며, 이를 지원할 전문가의 수요가 증가하고 있다.

2. 산업 재해 예방 필요성 증가

- **사고 예방**: 산업 재해와 사고를 예방하기 위한 노력은 기업의 중요한 과제이다. 산업안전기사는 이러한 재해를 예방하고 안전한 작업 환경을 만드는 데 핵심적인 역할을 한다.
- **비용 절감**: 안전사고를 줄이면 기업의 보험료와 손해 배상 비용을 절감할 수 있어, 기업들은 안전 관리에 더 많은 투자를 하게 된다.

3. 다양한 산업 분야에서의 수요

- **제조업, 건설업**: 제조업, 건설업 등 위험도가 높은 산업 분야에서 특히 수요가 높다. 이들 분야는 안전 관리가 필수적이기 때문에 산업안전기사의 역할이 중요하다.
- **서비스업, 에너지 산업**: 최근에는 서비스업과 에너지 산업 등 다양한 분야에서도 안전 관리가 중요시되고 있어, 산업안전기사가 필요로 하는 분야가 넓어지고 있다.

4. 글로벌화와 국제 기준

- **국제 기준**: 글로벌화로 인해 국제 안전 기준에 대한 이해와 준수가 필요하다. 산업안전기사는 국제 기준을 준수하는 역할을 하며, 글로벌 기업에서도 필요로 한다.
- **해외 진출**: 국내 기업이 해외로 진출하면서 국제 안전 기준을 충족하기 위한 전문가 수요가 증가하고 있다.

5. 직무의 전문성과 책임 증가

- **전문성 강화**: 산업안전기사의 전문성이 강화됨에 따라, 더욱 높은 수준의 안전 관리와 컨설팅을 요구하는 경향이 있다.
- **책임 확대**: 사고 예방과 안전 관리에 대한 책임이 커지면서, 산업안전기사의 역할과 중요성이 더욱 부각되고 있다.

산업안전산업기사

산업안전산업기사는 산업현장에서 근로자가 안전한 작업환경에서 근무할수 있도록 점검하고 대책을 마련하는 전문인력이다. 안전관리자는 모든 산업분야서 필요한 필수인력으로 산업안전산업기사 자격증을 취득하면 여러 분야로 취업이 가능하다.

시험과목 및 방법

구분	시험과목	시험방법		
		문제형식	문항수	시험시간
필기 시험	1. 산업재해 예방 및 안전보건교육 2. 인간공학 및 위험성 평가관리 3. 기계·기구 및 설비 안전관리 4. 전기 및 화학설비 안전 관리 5. 건설공사 안전 관리	객관식 4지 택일형	100문항 (과목당 20문항)	2시간 30분 (과목당 30분)
실기 시험	산업안전실무	복합형	-	2시간 정도 (필답형: 1시간, 작업형 : 1시간 정도)

합격기준

구분	시험과목	시험방법		
		문제형식	문항수	시험시간
필기 시험	1. 산업재해 예방 및 안전보건교육 2. 인간공학 및 위험성 평가관리 3. 기계·기구 및 설비 안전관리 4. 전기 및 화학설비 안전 관리 5. 건설공사 안전 관리	객관식 4지 택일형	100문항 (과목당 20문항)	2시간 30분 (과목당 30분)
실기 시험	산업안전실무	복합형	-	2시간 정도 (필답형: 1시간, 작업형 : 1시간 정도)

응시자격

유사자격 소지자	1. 기능사 + 유사 직무분야 실무경력 1년 2. 동일 및 유사 분야 산업기사 자격증 소지자 3. 동일 및 유사 분야 외국자격 소지자
관련학과 졸업자	1. 관련학과 졸업자 또는 졸업예정자 2. 관련학과 전문대학 졸업자 3. 산업기사 수준의 기술훈련과정 이수자
실무 경력자	유사 직무분야 실무경력 2년 이상

시험일정

구분	필기원서접수	필기시험	필기 합격발표	실기원서접수	실기시험	최종합격자 발표일
1회	01.23~01.26	02.15~03.07	03.13	03.26~03.29	04.27~05.17	06.18
2회	04.16~04.19	05.09~05.28	06.05	06.25~06.28	07.28~08.14	09.10
3회	06.18~06.21	07.05~07.27	08.07	09.10~09.13	10.19~11.08	12.11

응시수수료

- 필기: 19,400원
- 실기: 34,600원

TIP

산업안전산업기사는 어려운 시험은 아니지만, 만만하지도 않다. 특히 4년제 대학 졸업생들이 많이 취득하는 자격증으로, 비전공자의 경우 화학과 전기에 대한 기초 부족으로 인해 까다로울 수 있다. 시험에는 많은 양의 암기와 계산 문제가 포함되어 있으며, 기초를 다지고 기출문제를 중심으로 공부하는 것이 효율적이다.

필기시험
산업안전산업기사 시험은 필기와 실기로 나누어져 있으며, 각 과목별로 효율적인 학습 방법이 필요하다.
1. 안전관리론

- 내용: 산업안전의 기본 개념, 안전보건법령, 재해 예방 원칙 등.
- 이론 정리: 기본 개념과 법령을 확실히 이해한다.
- 기출문제: 기출문제를 통해 자주 나오는 이론과 법령을 집중적으로 학습한다.
- 암기: 주요 법령과 규정을 요약하여 암기한다. 암기 노트를 활용하여 자주 복습한다.

2. 인간공학 및 시스템 안전공학
   - 내용: 인간공학의 원리, 시스템 안전 공학의 절차와 개념, 인체의 기능과 손상 발생 전도 등.
   - 이론 학습: 인간공학과 시스템 안전공학의 기본 이론을 철저히 학습한다.
   - 공식 암기: 자주 출제되는 공식과 그 적용 방법을 암기한다.
   - 문제 풀이: 공식과 이론을 적용한 문제를 풀어보며 실전 감각을 기른다.

3. 기계위험방지기술
   - 내용: 기계의 위험 방지, 기계 안전 수칙, 성능 기준 등.
   - 암기: 기계의 안전 수칙과 장치 종류를 확실히 암기한다.
   - 문제 풀이: 기계 안전과 관련된 문제를 많이 풀어보며 이해도를 높인다.
   - 기계 사용 시 주의사항: 기계 사용 시의 안전 대책과 절차를 반복 학습한다.

4. 전기위험방지기술
   - 내용: 전기 안전 장치, 전기 공학적 지식, 위험 방지 조치 등.
   - 기본 개념: 전기 공학의 기초 지식을 확립한다.
   - 문제 풀이: 전류, 전압 등 계산 문제를 집중적으로 연습한다.
   - 이론 및 규칙 암기: 전기 안전 장치와 관련된 이론과 규칙을 철저히 암기한다.

5. 화학설비위험방지기술
   - 내용: 화학물질의 위험도, 화학물질의 발열 및 폭발 위험, 위험 예방 장치 등.
   - 법령 학습: 산업안전보건법령과 관련된 내용을 공부한다.
   - 위험도 분석: 화학물질의 위험도를 구분하고, 화재 예방 규칙을 학습한다.
   - 기출문제 풀이: 기출문제를 통해 난이도를 파악하고, 다양한 문제를 풀어본다.

6. 건설안전기술
   - 내용: 건설 현장의 안전 관리, 시공 시 주의사항, 장비 사용법 등.
   - 암기: 건설 현장에서의 안전 수칙과 장비 사용법을 암기한다.
   - 기출문제 풀이: 기출문제를 풀어보며 출제 경향을 파악한다.
   - 교재 활용: 교재에서 제공하는 주요 내용을 정리하여 학습한다.

실기시험
- 필답형: 기출문제를 중심으로 암기와 이론 학습을 병행한다.
- 작업형: 실기 교재와 온라인 자료를 활용해 연습한다. 기계나 장비의 이미지를 기억하며 실습을 반복한다.

이러한 학습 방법을 통해 각 과목의 주요 내용을 체계적으로 이해하고 준비할 수 있다.

자격증 취득 후 하는 일

산업안전산업기사 자격증을 취득한 후에는 다양한 분야에서 전문적인 역할을 수행할 수 있다. 산업안전산업기사는 주로 산업현장에서의 안전 관리와 관련된

업무를 맡게 된다. 다음은 자격증 취득 후 가능한 주요 직무와 역할이다:

1. 산업안전 관리

- **안전 관리 계획 수립**: 산업 현장에서의 안전 관리 계획과 정책을 수립하고, 이를 실행한다.
- **위험 평가 및 분석**: 작업 환경과 공정에서의 위험 요소를 평가하고 분석하여 위험을 최소화한다.
- **안전 교육**: 직원들에게 안전 교육을 실시하고, 안전 규정과 절차를 교육한다.

2. 안전 점검 및 감사

- **정기 점검**: 작업장과 기계, 장비의 안전 상태를 정기적으로 점검하여 법적 요구 사항과 안전 규정을 준수하는지 확인한다.
- **안전 감사**: 내부 안전 감사와 외부 감사에 대응하고, 안전 관리 시스템의 개선점을 제시한다.

3. 사고 예방 및 대응

- **사고 조사**: 산업 재해나 사고가 발생했을 때, 원인을 조사하고 재발 방지를 위한 대책을 마련한다.
- **응급 대응**: 사고 발생 시 응급 대응을 하고, 사고 후 조치 및 복구 작업을 지원한다.

4. 법규 준수 및 문서 관리

- **법령 준수**: 산업안전보건법과 관련 법규를 준수하며, 최신 법령의 변화에 따라 회사의 안전 관리 정책을 업데이트한다.
- **문서 작성 및 관리**: 안전 관련 문서, 보고서, 기록 등을 작성하고 관리한다.

5. 안전 장비 관리

- **장비 점검**: 안전 장비와 보호 장구의 상태를 점검하고 유지 관리한다.
- **구매 및 설치**: 필요한 안전 장비와 보호 장구를 구매하고 설치한다.

6. 컨설팅 및 교육

- **안전 컨설팅**: 외부 기업이나 조직에 대한 안전 컨설팅을 제공하고, 안전 관리 시스템 구축을 지원한다.

- **교육 및 훈련**: 산업안전 관련 교육 프로그램을 개발하고 실시한다.

7. 프로젝트 안전 관리

- **건설 및 공사 현장 관리**: 건설 현장 및 대형 프로젝트에서의 안전 관리 업무를 수행한다.
- **위험 관리**: 프로젝트 진행 중 발생할 수 있는 위험 요소를 사전에 분석하고, 대응 방안을 마련한다.

산업안전산업기사 자격증을 취득하면 다양한 산업 분야에서 안전 관리 전문가로 활동할 수 있으며, 특히 대형 기업, 건설 현장, 제조업체 등에서 중요한 역할을 수행할 수 있다. 또한, 이 자격증은 안전 관리 분야에서 경력을 쌓고 전문성을 인정받는 데 도움이 된다.

산업안전산업기사 전망

산업안전산업기사의 전망은 매우 긍정적이다. 이 자격증을 보유한 전문가들은 산업 현장에서 필수적인 역할을 수행하기 때문에 다양한 기회가 있다.

1. 산업 안전 및 보건의 중요성 증가

- **규제 강화**: 산업안전보건법과 관련 법규가 강화됨에 따라, 기업들은 법적 요구 사항을 준수하기 위해 전문적인 안전 관리 인력을 필요로 한다.
- **사고 예방의 중요성**: 산업 재해와 사고 예방의 중요성이 커지면서, 안전 관리의 필요성이 더욱 강조되고 있다.

2. 다양한 산업 분야에서의 수요

- **제조업**: 제조업체는 공정의 안전성을 확보하기 위해 산업안전산업기사의 역할이 필수적이다.
- **건설업**: 건설 현장에서는 안전 관리와 관련된 업무가 중요한 만큼, 건설 산업에서의 수요도 높다.
- **화학 및 에너지 산업**: 위험 물질을 다루는 화학 및 에너지 산업에서 안전 관리 전문가의 수요가 증가하고 있다.

3. 경력 개발과 연계

- **승진 기회**: 산업안전산업기사 자격증을 보유하면 안전 관리 부서에서의 승진 기회가 증가하며, 더 높은 직책으로의 진출이 가능해진다.
- **전문성 인정**: 자격증을 통해 안전 관리 분야의 전문성을 인정받아 경력 개발에 도움이 된다.

4. 글로벌 진출 가능성

- **국제 표준**: 국제적으로도 안전 관리 기준이 중요해지면서, 해외에서의 안전 관리 전문가 수요가 증가하고 있다.
- **글로벌 기업**: 해외에 진출하는 글로벌 기업에서 산업안전산업기사 자격증이 유용하게 활용될 수 있다.

5. 고용 안정성

- **지속적인 수요**: 안전 관리의 중요성은 지속적으로 강조되고 있으며, 따라서 산업안전산업기사의 역할과 수요는 꾸준히 유지될 것으로 예상된다.
- **법적 요구**: 법적 요구 사항과 규제에 따라 안전 관리 전문가의 필요성이 계속해서 증가할 것이다.

6. 교육 및 컨설팅 기회

- **안전 교육**: 다양한 산업 분야에서 안전 교육과 훈련을 제공하는 기회가 많다.
- **컨설팅 서비스**: 안전 관리 시스템 구축 및 개선을 위한 컨설팅 기회도 증가하고 있다.

결론

산업안전산업기사는 산업 전반에서 안전과 관련된 다양한 역할을 수행할 수 있으며, 안전 관리의 중요성이 계속해서 부각됨에 따라 전망이 밝다. 자격증 취득 후 안정적인 직업 기회를 제공받을 수 있고, 경력 발전과 글로벌 진출의 기회도 열려 있다.

손해평가사

손해평가사는 농작물보험과 가축재해보험, 농업인안전보험, 농기계 종합보험 등 다양한 농어업재해보험 분야에 대한 사고내용을 접수하고, 보상 여부를 확인하는 일을 한다. 손해를 직접 조사하기도 하고, 보험사와 농·어업 관련 분쟁을 해결하기도 한다. 농어업재해보험과 관련된 거의 모든 분야에 종사할 수 있는 자격증이다. 최근 이상 기후로 자연재해가 빈번해지며 농어업재해보험 종목과 가입자 수가 날이 갈수록 늘어나고 있다.

시험과목 및 방법

구 분	시험과목	문항수	시험시간	시험방법
제1차 시험	① 상법 보험편 ② 농어업재해보험법령(「농어업재해보험법」, 「농어업재해보험법 시행령」 및 농림축산식품부 장관이 고시하는 손해평가 요령을 말한다.) ③ 농학개론 중 재배학 원예작물학	과목별 25문항 (총 75문항)	90분	객관식 4지 택일형
제2차 시험	① 농작물재해보험 및 가축재해보험의 이론과 실무 ② 농작물재해보험 및 가축재해보험 손해평가의 이론과 실무	과목별 10문항	120분	단답형, 서술형

합격기준

구 분	합 격 결 정 기 준
제1차 시험	매 과목 100점을 만점으로 하여 매 과목 40점 이상과 전 과목 평균 60점 이상을 득점한 사람을 합격자로 결정
제2차 시험	매 과목 100점을 만점으로 하여 매 과목 40점 이상과 전 과목 평균 60점 이상을 득점한 사람을 합격자로 결정

시험일정 (※ 원서접수시간은 원서접수 첫날 09:00부터 마지막 날 18:00까지임)

구분	접수기간	서류제출기간	시험일정	합격자 발표
10회 1차	04.29~05.03	04.24~05.03	06.08	07.10
10회 2차	07.22~07.26		08.31	11.13

응시수수료

- 1차: 20,000원
- 2차: 33,000원

TIP

1차 시험
- 상법 보험편
  - 문제의 논제 및 법리적 의도 파악: 법 과목은 용어가 낯설고 난이도가 높을 수 있다. 정확한 답을 요구하므로 법률 용어와 상법의 기본 원칙을 확실히 숙지해야 한다.
  - 용어 정리 및 문제 풀이: 법률 용어를 익히고 기본 원칙을 이해한 후 문제 풀이를 통해 법리적 의도를 명확히 파악하는 것이 중요하다.
- 농어업재해보험법령 및 평가요령
  - 용어 익숙함: 범위가 적어 학습 부담이 적지만, 법령 간의 연결관계를 이해하고 정확히 암기하는 것이 필요하다.
  - 최신 개정법령 숙지: 최신 개정법령의 출제가 많으므로, 최신 개정법령을 미리 숙지해 두는 것이 중요하다.
- 농학 개론 중 재배학 및 원예 작물학
  - 시간 투자: 난이도가 높아 많은 시간을 투자해야 하는 과목이다.
  - 재배학: 식용작물 품종, 육종, 재배환경, 재배기술, 병충해 특징 등을 정확히 암기해야 한다.
  - 원예학: 원예작물의 생태적 분류, 채소, 과일, 화훼의 재배 및 관리, 농업시설 구조 등을 철저히 암기해야 한다.

2차 시험
종합적 준비: 2차 시험은 이론과 실무가 겹치는 부분이 많아, 1과목과 2과목을 하나의 과목처럼 준비하는 것이 좋다. 독학보다는 인강이나 학원 강의를 통해 준비하는 것이 효율적이다.
시험 유형: 120분의 서술형 시험으로, 1과목은 이론 중심, 2과목은 실무 중심으로 출제된다. 두 과목 모두 단답형과 서술형 문제로 출제된다.

10주 준비 계획 (단기 합격 목표 시):
- 1주: 시험 전반 내용을 파악하고 시간 분배 및 계획을 수립한다.

- 2주: 2과목을 중심으로 교재를 3~5회독 한다.
- 3~5주: 매일 공부량을 할당하고 포인트를 잡아 공부하며 강의 수강을 병행한다.
- 6~7주: 정리한 내용을 암기하고 이해도를 높이다. 작물 파트별 점검 및 계산식, 조사방법을 공부한다.
- 8~9주: 본격적인 암기와 모의고사 시작. 시간 재기와 오답노트 작성을 통해 문제 풀이 연습을 한다.
- 10주: 반복 학습하여 시험 준비를 마무리한다.

자격증 취득 후 하는 일

손해평가사 자격증을 취득한 후에는 다양한 역할과 업무를 수행할 수 있다. 손해평가사는 주로 보험 관련 분야에서 활동하며, 다음과 같은 주요 업무를 수행한다.

1. 보험 손해 평가

- 보험 청구 심사: 보험 사고가 발생했을 때, 청구된 손해액의 적정성을 평가한다. 이 과정에서 사고의 원인, 피해 정도, 수리 비용 등을 검토하여 보험금 지급 여부를 결정한다.
- 손해 조사: 손해가 발생한 현장을 방문하여 사고 원인, 피해 범위, 손해액 등을 조사한다. 필요한 경우, 관련 전문가와 협력하여 정확한 평가를 진행한다.

2. 보험 회사와의 협력

- 손해 배상 관련 자문: 보험 회사에 손해 배상과 관련된 자문을 제공한다. 이를 통해 손해의 원인 규명, 피해 범위 설정, 보험금 산정 등에 도움을 준다.
- 보험 계약 체결 지원: 보험 계약 체결 시, 고객에게 필요한 정보와 조언을 제공하여 계약 조건을 명확히 하고, 적절한 보험 상품을 추천한다.

3. 법률 및 규정 준수

- 법률 검토: 관련 법규와 규정을 검토하여 손해 평가가 법적으로 적합하게 이루어지도록 한다. 법적 분쟁이 발생할 경우, 법적 절차에 따라 대응한다.
- 보고서 작성: 손해 평가 결과를 바탕으로 보고서를 작성하여 보험 회사나 고객에게 전달한다. 이 보고서는 보험금 지급 결정, 법적 분쟁 해결 등에 활용된다.

4. 분쟁 해결 및 조정

- **분쟁 조정**: 보험금 지급과 관련하여 발생할 수 있는 분쟁을 해결하기 위해 중재하거나 조정 역할을 수행한다. 고객과 보험 회사 간의 의견 차이를 조율하여 합리적인 해결책을 제시한다.
- **소송 지원**: 법적 분쟁이 발생할 경우, 법원이나 관련 기관에 제출할 서류를 준비하고, 법적 절차에 참여하여 평가 결과를 증명한다.

5. 보험 교육 및 자문

- **교육 및 훈련**: 보험사, 기업, 개인에게 손해 평가와 관련된 교육과 훈련을 제공한다. 이를 통해 보험의 이해도를 높이고, 평가 능력을 향상시킨다.
- **전문 자문**: 손해 평가와 관련된 전문적인 자문을 제공하여 보험 회사나 개인이 정확한 손해 평가를 수행할 수 있도록 돕다.

손해평가사는 주로 보험사, 손해사정 회사, 법률 사무소 등에서 활동하며, 때로는 독립적으로 프리랜서로 활동하기도 한다. 자격증 취득 후에는 손해 평가의 정확성과 신뢰성을 유지하며, 지속적인 학습과 경험을 통해 전문성을 높이는 것이 중요하다.

손해평가사 전망

손해평가사의 취업 전망은 여러 가지 요인에 의해 결정되며, 일반적으로 안정적인 전망을 가지고 있다. 다음은 손해평가사의 취업 전망에 대한 주요 사항이다.

1. 보험 산업의 성장

- **보험 수요 증가**: 다양한 분야에서 보험에 대한 수요가 증가하고 있으며, 이에 따라 손해평가사의 필요성도 증가하고 있다. 특히, 자연재해나 산업재해 등으로 인해 보험 청구가 증가하면서 손해평가사의 역할이 중요해지고 있다.
- **보험 상품 다양화**: 보험 상품의 다양화와 복잡화로 인해 전문적인 손해 평가가 필요하다. 이는 손해평가사에게 더 많은 기회를 제공한다.

2. 법률 및 규제 강화

- **법적 요구 사항**: 손해평가와 관련된 법률 및 규제가 강화됨에 따라, 정확한 손해 평가와 관련된 전문성이 요구된다. 이는 손해평가사에게 안정적인 일자리와 전문적인 역할을 제공한다.
- **규제 준수 필요**: 보험사 및 기타 관련 기관에서 법적 요구 사항을 준수하기 위해 손해평가사의 역할이 강조되고 있다.

3. 전문성 요구

- **전문 분야의 성장**: 손해평가사는 보험, 재해, 산업 안전 등 다양한 분야에서 전문성을 요구받는다. 이를 통해 각 분야의 손해 평가를 전문적으로 수행할 수 있는 기회를 가지게 된다.
- **경험과 기술의 중요성**: 경험이 많고 기술적으로 숙련된 손해평가사는 더 많은 기회를 가지며, 경력에 따라 더 높은 직급이나 보수를 받을 수 있다.

4. 기업 및 기관의 필요

- **보험사 및 손해사정 회사**: 보험사와 손해사정 회사에서 손해평가사를 적극적으로 채용하고 있으며, 이러한 기관에서의 취업 기회가 많다.
- **법률 사무소**: 법적 분쟁이 발생할 경우 손해평가사의 자문과 보고서가 필요하며, 법률 사무소에서도 손해평가사를 채용할 수 있다.

5. 프리랜서 및 독립적인 활동

- **프리랜서 기회**: 독립적으로 프리랜서로 활동하는 손해평가사도 증가하고 있으며, 다양한 프로젝트와 계약을 통해 수입을 얻을 수 있는 기회를 가지고 있다.
- **계약 기반 업무**: 특정 프로젝트나 사건에 대해 계약 기반으로 손해평가를 수행하는 기회도 존재한다.

6. 지속적인 학습과 인증

- **자격증과 인증**: 손해평가사로서 지속적인 학습과 추가 자격증 취득은 취업 기회를 넓히고 경력을 쌓는 데 도움이 된다.
- **전문성 향상**: 손해평가와 관련된 최신 기술과 법규를 학습하여 전문성을 강화하면 더 많은 취업 기회를 얻을 수 있다.

종합적으로, 손해평가사는 안정적인 취업 전망을 가지고 있으며, 보험 산업의 성장과 법적 요구 사항의 변화에 따라 앞으로도 지속적인 수요가 예상된다. 전문성 향상과 경력 관리가 중요하며, 다양한 분야에서의 활동 기회도 많다.

12 방수기능사

건축구조물의 안전도와 완성도를 높이기 위하여 지하도, 지붕, 벽, 욕조 등의 건축물에 방수작업을 하는 숙련기능인력을 양성하고자 자격증이 만들어지게 되었다. 건축구조물의 지하층, 지붕, 실내 바닥, 벽체에 모르타르, 아스팔트 등의 각종 방수재를 바르거나 도포하는 등의 업무를 수행한다. 작업의 특성상 관련 회사에 상용직으로 고용되기보다는 전문건설업체나 하도급자의 의뢰에 따라 작업을 수행하는 경우가 많다.

시험과목 및 방법

구분	시험과목	시험방법		
		문제형식	문항수	시험시간
필기시험	필기시험 없는 국가기술자격증 (과정평가형 자격 취득 가능 종목)			
실기시험	방수작업	작업형	-	2시간10분 정도

합격기준

실기시험	100점을 만점으로 하여 60점 이상

시험일정 (※ 원서접수시간은 원서접수 첫날 10:00부터 마지막 날 18:00까지임)

구분	실기원서접수	실기시험	최종합격자 발표일
1회	02.05~02.08	03.16~04.07	04.09
2회	04.23~04.26	06.01~06.16	06.26
3회	07.16~07.19	08.17~09.03	09.11
4회	09.30~10.04	11.09~11.24	12.04

응시수수료

- 실기: 62,700원

> **TIP**
>
> **안전수칙 준수:**
> - 시험장에서 보호구와 작업복 착용 등 안전사항을 철저히 지켜야 한다.
> - 시험장 시설 및 장비 사용 시 주의가 필요하며, 안전수칙이 채점 대상이 될 수 있다.
>
> **실기시험 준비:**
> - 방수기능사는 필기시험이 없고 실기시험만으로 평가된다.
> - 충분한 작업 연습이 필요하며, 사전작업을 미리 완료해야 한다.
> - 시험 시작 전 1시간 정도 일찍 도착하여 준비하는 것이 좋다.
>
> **작업 순서:**
> - 실기시험에서는 정해진 순서대로 작업을 진행해야 한다.
> - 작업 순서: 선긋기 → 시트지 절단 → 보강재 부착 → 큰 바닥 → 작은 바닥 → 큰 벽 → 작은 벽 → 겉치마 → 용유 → 철사 → 실리콘 → 해체
>
> **학원 등록 및 연습:**
> - 혼자 연습하기 어려운 경우 학원을 등록하는 것이 일반적이다.
> - 학원 등록비용이 부담스러울 수 있으므로, 1회 실습 후 유튜브 영상을 통해 이미지 트레이닝을 하는 방법도 좋다.
> - 일부 지역에서는 장소와 재료만 대여해주는 학원도 있으며, 시간당 약 15,000원으로 연습할 수 있다.

자격증 취득 후 하는 일

방수기능사 자격증을 취득한 후 할 수 있는 일들은 다음과 같다.

1. 방수 작업 수행

- **상업 및 주거용 방수**: 건물의 지붕, 벽, 바닥 등 방수가 필요한 부위에 대해 방수 작업을 수행한다.
- **시설물 방수**: 공장, 창고, 상업 시설 등 다양한 시설의 방수 작업을 담당한다.

2. 방수 자재 및 시스템 설치

- **방수 자재 설치**: 시트 방수, 액상 방수, 방수 코팅 등 다양한 방수 자재를 설치한다.
- **방수 시스템 설계**: 방수 시스템을 설계하고 설치하여 물 유입을 방지한다.

3. 방수 유지보수 및 점검

- **정기 점검**: 방수 작업이 완료된 부위의 상태를 정기적으로 점검하고 필요

시 유지보수 작업을 수행한다.
- **문제 해결**: 방수와 관련된 문제 발생 시 문제를 진단하고 해결한다.

4. 전문가 자문 및 컨설팅
- **전문가 자문**: 방수 관련 문제나 설계에 대해 전문가로서 자문을 제공할 수 있다.
- **컨설팅**: 방수 시스템의 설계와 설치 과정에서 컨설팅 서비스를 제공하여 최적의 방수 솔루션을 제안한다.

5. 자영업 및 독립 작업
- **프리랜서 또는 자영업**: 자격증을 기반으로 독립적으로 방수 작업을 수행하거나 자신만의 방수 전문 회사를 운영할 수 있다.

6. 방수 관련 교육 및 훈련
- **교육 강사**: 방수 관련 기술 및 방법에 대해 교육하거나 훈련을 제공하는 역할을 수행할 수 있다.

7. 건축 및 건설 분야의 다양한 직무
- **건축업체 근무**: 방수기술을 필요로 하는 건축업체나 건설사에서 방수 관련 직무를 맡을 수 있다.
- **건설 프로젝트 참여**: 대형 건설 프로젝트에서 방수 전문 기술자로 참여할 수 있다.

방수기능사 자격증은 방수 분야에서의 전문성을 인정받는 중요한 자격증이며, 다양한 직무와 분야에서 활용될 수 있다.

방수기능사 전망

1. 건설 및 시설 관리 분야의 지속적인 성장
- **건설 산업의 확대**: 건설 산업이 지속적으로 성장하면서 새로운 건물, 공장, 인프라 프로젝트 등에서 방수 기술의 필요성이 증가하고 있다.
- **시설 관리**: 기존 건물의 유지보수 및 관리 또한 방수 작업을 필요로 하며,

이는 지속적인 일자리를 제공한다.

2. 기후 변화와 환경 변화

- **기후 변화**: 극단적인 기후 조건(강한 비, 폭염 등)으로 인해 방수 작업의 중요성이 증가하고 있다. 특히, 폭우로 인한 물 피해를 방지하기 위한 방수 작업 수요가 늘어나고 있다.
- **환경 변화**: 환경적 요인으로 인해 방수 시스템의 업데이트와 유지보수가 필요해지며, 이에 따라 전문 기술자의 수요가 증가한다.

3. 다양한 산업에서의 수요

- **상업 및 주거용 건물**: 상업용 건물, 주거용 아파트, 고층 빌딩 등에서 방수 기술이 필수적으로 요구된다.
- **산업 시설**: 공장, 창고, 발전소 등 다양한 산업 시설에서 방수 기술이 필요하다.

4. 전문 기술자의 필요성 증가

- **전문성 요구**: 방수기능사는 전문적인 기술과 지식을 요구하는 직무로, 방수 작업의 품질을 보장할 수 있는 전문 기술자가 필요하다.
- **기술 발전**: 새로운 방수 기술과 자재의 발전에 따라 최신 기술을 이해하고 적용할 수 있는 전문가의 필요성이 커지고 있다.

5. 자영업 및 프리랜서 기회

- **독립적인 일자리**: 방수기능사 자격증을 소지한 후 자영업이나 프리랜서로 독립적으로 일할 기회가 있으며, 특정 지역에서의 방수 전문 서비스를 제공할 수 있다.

6. 시장 경쟁

- **경쟁 상황**: 방수 분야에서도 경쟁이 있을 수 있으며, 자격증과 경험이 있는 전문가가 우위를 점할 수 있다. 따라서, 지속적인 기술 연마와 경험 쌓기가 중요하다. 방수기능사의 취업 전망은 건설 산업의 성장, 기후 변화로 인한 방수 수요 증가, 다양한 산업에서의 필요성 등 여러 요인에 의해 긍정적이다. 전문 기술자의 수요가 지속적으로 증가하며, 자영업 기회도 있는 만큼, 방수기능사는 안정적인 직업 기회를 가진다고 할 수 있다.

건축도장기능사

건설공사의 급격한 증가로 인하여 도장하는 물체의 종류도 금속, 목재, 콘크리트 등으로 다양화되었으며, 그 피도물에 따라 그리고 다듬질의 정밀도에 따라 적당한 도료와 도장방법을 사용해야 한다. 이와 같이 복잡한 피도물에 대하여 적합한 도료를 선택하여 도장함으로써 건축물의 미관과 작업공정의 효율성을 도모하기 위해 건축재료와 도장에 관한 지식과 기능을 갖고 있는 숙련기능공의 양성이 필요해져서 만들어졌다. 붓, 로울러 브러쉬, 스프레이 등의 도장기기와 설비를 사용하여 페인트, 바니쉬 및 유사 재료를 건물의 외부 및 내부표면과 장식물에 칠하므로써 건물과 장식물을 보호 또는 장식하는 작업을 수행하고 있다.

시험과목 및 방법

구분	시험과목	시험방법	
		문제형식	시험시간
실기시험	건축도장 작업	작업형	6시간 정도

합격기준

실기시험	100점을 만점으로 하여 60점 이상

시험일정

■ 정기 기능사

구분	원서접수	실기시험	합격자발표
1회	02.05~02.08	03.16~04.07	04.09~06.08
2회	04.23~04.26	06.01~06.16	06.26~08.25
3회	07.16~07.19	08.17~09.03	09.11~11.10
4회	09.30~10.04	11.09~11.26	12.04~02.03

■ 상시 기능사

구분	원서접수	실기시험	합격자발표
101회	01.19	01.29~02.08	02.15~04.14
102회	02.16	03.04~03.15	03.28~05.27
103회	04.19	05.20~05.31	06.05~08.04
104회	07.12	07.22~08.02	08.08~10.07
105회	08.23	09.02~09.13	09.26~11.25
106회	09.27	10.28~11.08	11.14~01.13
107회	11.15	11.25~11.29	12.05~02.04

응시수수료

■ 실기: 75,500원

> **TIP**
>
> **실기시험**
> - 실제 연습: 실제 재료를 사용한 도장 연습이 중요하다. 거주지 근처의 학원을 선택하거나, 시험장과 수업장이 같은 곳을 선택하면 유리하다.
> 1. 독학과 연습: 유튜브를 통해 독학 후, 필요한 도구를 구매해 집에서 연습할 수 있다.
> - 실습 연습: 조색, 연마, 도안에 따라 문자와 도형을 그리는 연습이 필요하다. 시험 시간은 6시간으로 길기 때문에 체력 관리와 시간 분배 연습이 중요하다.
> - 프로페셔널 자세: 실수하더라도 프로페셔널한 자세를 유지하고, 긴장하지 않는 것이 중요하다.
> 2. 실격 사유 확인
> - 실격 사유 숙지: Q-net 홈페이지의 고객지원 → 자료실 → 공개문제에서 실격 사유를 확인한다.
> 3. 작업 주의사항
> - 작업 순서: 도면의 요구사항에 맞춰 작업 순서를 지켜야 한다. 순서가 뒤바뀌거나 과정을 건너뛰면 실격될 수 있다.
> - 조색: 주어진 색상을 정확히 조색해야 하며, 색상 차이가 나면 오작으로 실격될 수 있다.
> - 재작업 금지: 공정이 끝난 후에는 재작업, 수정작업, 누락된 부분 도장을 하면 실격된다.
> - 집중력 유지: 시험 시간이 길어 집중력이 요구된다. 문제의 의도와 작업 과정을 완전히 이해하고, 조색과 도형 연습에 집중하는 것이 좋다.

자격증 취득 후 하는 일

1. 도장 작업
- **건물 외부 및 내부 도장**: 건물의 외벽과 내벽을 도장하여 미관을 개선하고 보호하는 작업을 한다. 페인트와 기타 코팅 재료를 적용하여 방수 및 내구성을 강화한다.
- **기술적 작업**: 다양한 도장 기법과 도구를 사용하여 전문적인 마감 작업을 수행한다. 주기적인 도장 유지보수 작업도 포함된다.

2. 설계 및 준비
- **도면 분석**: 도장 작업 전 도면을 분석하여 작업 계획을 세우고, 필요한 자재와 도구를 준비한다.
- **재료 준비**: 페인트 및 기타 도장 재료를 준비하고 조색 작업을 진행한다.

3. 품질 관리
- **작업 품질 검토**: 도장 작업 후 품질을 점검하고, 표면 결함이나 불완전한 작업을 수정한다.
- **안전 관리**: 도장 작업 중 안전 규정을 준수하고, 작업 환경을 안전하게 유지한다.

4. 고객 상담 및 조언
- **고객 상담**: 고객의 요구사항을 이해하고, 적절한 도장 재료와 방법을 추천한다.
- **문제 해결**: 도장과 관련된 문제를 진단하고 해결책을 제시한다.

5. 업계 진출 및 경력 개발
- **건설 회사**: 건설 및 리모델링 회사에서 도장 작업을 담당하며, 다양한 프로젝트에 참여한다.
- **인테리어 회사**: 인테리어 디자인 회사에서 도장 및 마감 작업을 수행한다.
- **자영업**: 독립적으로 도장 서비스를 제공하거나, 전문 도장 업체를 운영할 수 있다.

6. 계속 교육 및 자격증

- **계속 교육**: 새로운 도장 기술이나 재료에 대한 교육을 통해 전문성을 유지한다.
- **추가 자격증**: 다른 관련 자격증을 취득하여 전문성을 더욱 강화할 수 있다.

건축도장기능사는 건축 및 인테리어 분야에서 중요한 역할을 맡으며, 다양한 경로로 경력을 쌓고 발전할 수 있는 기회를 가진다.

건축도장기능사 전망

1. 건설업계의 지속적인 수요

- **건축 및 리모델링**: 새로운 건축 프로젝트와 기존 건물의 리모델링 작업이 꾸준히 진행되고 있어, 도장 작업에 대한 수요가 지속적으로 있다. 특히, 상업용 건물, 주거용 건물, 공공시설 등 다양한 분야에서 도장 작업이 필요하다.
- **노후 건물 관리**: 노후화된 건물의 유지보수와 리노베이션 작업에서 도장 작업은 중요한 역할을 한다. 이는 재건축과 리모델링 시장에서 기회를 제공한다.

2. 다양한 고용 기회

- **건설 회사**: 대형 건설사와 건축 회사에서 도장 작업을 담당하는 역할이 있다. 건축물의 외벽과 내벽 도장, 방수 및 특수 코팅 작업 등이 포함된다.
- **인테리어 회사**: 인테리어 디자인과 관련된 회사에서도 도장 작업이 필요하다. 내부 공간의 디자인과 마감 작업을 진행한다.
- **전문 도장 업체**: 도장 전문 업체에서 근무하거나 독립적으로 도장 서비스를 제공하는 기회가 있다.

3. 자영업 및 프리랜서 기회

- **자영업**: 자격증을 바탕으로 독립적인 도장 서비스를 제공하거나 소규모 도장 사업을 운영할 수 있다. 지역 사회의 소규모 프로젝트에서 활동할 수 있는 기회가 있다.

- **프리랜서**: 특정 프로젝트나 고객의 요구에 따라 프리랜서로 활동할 수 있으며, 다양한 건축 및 리모델링 프로젝트에 참여할 수 있다.

4. 전문성 강화 및 경력 개발

- **전문 분야**: 특수 도장, 방수 도장, 또는 에코 도장과 같은 전문 분야로 발전할 수 있으며, 더 높은 수준의 자격증이나 교육을 통해 전문성을 강화할 수 있다.
- **경력 개발**: 경험을 쌓으면서 경영직으로 발전하거나, 교육 및 훈련 분야로 진출하여 후진 양성에 기여할 수 있다.

5. 시장 변화와 기회

- **환경 친화적 도장**: 최근에는 환경 친화적인 도장 재료와 기술에 대한 수요가 증가하고 있다. 이와 관련된 새로운 기술과 방법을 배우면 경쟁력을 높일 수 있다.
- **기술 발전**: 도장 기술의 발전과 자동화, 새로운 재료의 도입에 따라 새로운 기술을 익히는 것도 중요하다. 기술 변화에 따라 시장에서의 기회를 찾을 수 있다.

14. 굴착기운전기능사

굴착기는 주로 도로, 주택, 댐, 간척, 항만, 농지정리, 준설 등의 각종 건설공사나 광산 작업 등에 활용된다. 이에 특수한 기술을 요하며, 또한 안전운행과 기계수명 연장 및 작업능률 제고 등을 위해 숙련기능인력 양성이 필요하여 제정된 자격증이다. 건설현장의 토목 공사를 위하여 굴착기를 조종하여 터파기, 깎기, 상차, 쌓기, 메우기 등의 작업을 수행한다.

시험과목 및 방법

구분	시험과목	시험방법		
		문제형식	문항수	시험시간
필기시험	1. 굴착기 조종 2. 점검 및 안전관리	전 과목 혼합	객관식 60문항	60분
실기시험	굴착기 조정 실무	작업형	-	6분 정도

합격기준

필기시험	100점을 만점으로 하여 60점 이상
실기시험	100점을 만점으로 하여 60점 이상

시험일정

■ 필기시험일정

회별	원서접수	필기시험
제 1 회	01.03~01.04	01.08~01.12
제 2 회	01.09~01.10	01.15~01.19
제 3 회	01.16~01.17	01.22~01.26
제 4 회	01.23~01.24	01.29~02.02
제 5 회	01.30~01.31	02.05~02.07
제 6 회	02.14~02.15	02.20~02.23

회별	원서접수	필기시험
제 7 회	02.28~02.29	03.05~03.08
제 8 회	03.50~03.06	03.11~03.15
제 9 회	03.14~03.15	03.20~03.22
제 10 회	03.19~03.20	03.25~03.29
제 11 회	03.26~03.27	04.01~04.05
제 12 회	04.02~04.03	04.08~04.09, 04.11~04.12
제 13 회	04.11~04.12	04.17~04.19
제 14 회	04.16~04.17	04.22~04.26
제 15 회	04.23~04.24	04.29~04.30, 05.02~05.03
제 16 회	05.02~05.03	05.08~05.10
제 17 회	05.16~05.17	05.22~05.24
제 18 회	05.21~05.22	05.27~05.31
제 19 회	05.28~05.29	06.03~06.05, 06.07
제 20 회	06.04~06.05	06.10~06.14
제 21 회	06.11~06.12	06.17~06.21
제 22 회	06.18~06.19	06.24~06.28
제 23 회	06.25~06.26	07.01~07.05
제 24 회	07.02~07.03	07.08~07.12
제 25 회	07.16~07.17	07.22~07.26
제 26 회	07.23~07.24	07.29~08.02
제 27 회	07.30~07.31	08.05~08.09
제 28 회	08.06~08.07	08.12~08.14
제 29 회	08.13~08.14	08.19~08.23
제 30 회	08.20~08.21	08.26~08.30
제 31 회	08.27~08.28	09.02~09.06
제 32 회	09.03~09.04	09.09~09.13
제 33 회	09.24~09.25	09.30~10.02
제 34 회	10.15~10.16	10.21~10.25
제 35 회	10.22~10.23	10.28~11.01
제 36 회	10.29~10.30	11.04~11.08
제 37 회	11.05~11.06	11.11~11.15
제 38 회	11.12~11.13	11.18~11.22
제 39 회	11.19~11.20	11.25~11.29

회별	원서접수	필기시험
제 40 회	11.26~11.26	12.02~12.06
제 41 회	12.03~12.04	12.09~12.13
제 42 회	12.10~12.11	12.16~12.20
제 43 회	12.17~12.18	12.23~12.24

■ 실기시험일정

회별	원서접수	실기시험	합격자발표	미시행일
제 1 회	01.04~01.05	01.15~01.26	02.01(목)	01.21
제 2 회	01.18~01.19	01.29~02.08	02.15(목)	02.03
제 3 회	02.01~02.02	02.19~02.29	03.07(목)	02.25
제 4 회	02.15~02.16	03.04~03.15	03.21(목)	03.09
제 5 회	03.07~03.08	03.19~03.29	04.04(목)	03.24
제 6 회	03.21~03.22	04.01~04.12	04.18(목)	04.06, 04.10
제 7 회	04.04~04.05	04.15~04.30	05.09(목)	04.21, 04.27~04.28
제 8 회	04.18~04.19	05.02~05.17	05.23(목)	05.05~05.06, 05.11~05.12, 5.15
제 9 회	05.09~05.10	05.20~05.31	06.05(수)	05.26
제 10 회	05.23~05.24	06.10~06.21	06.27(목)	06.15
제 11 회	06.13~06.14	06.24~07.05	07.11(목)	06.30
제 12 회	06.27~06.28	07.08~07.19	07.25(목)	07.13
제 13 회	07.11~07.12	07.22~08.02	08.08(목)	07.28
제 14 회	07.25~07.26	08.05~08.16	08.22(목)	08.10, 08.15
제 15 회	08.08~08.09	08.19~08.30	09.05(목)	08.25
제 16 회	08.22~08.23	09.02~09.13	09.26(목)	09.07
제 17 회	09.06~09.06	09.23~10.04	10.17(목)	09.29, 10.03
제 18 회	09.26~09.27	10.15~10.25	10.31(목)	10.19
제 19 회	10.17~10.18	10.28~11.08	11.14(목)	11.03
제 20 회	10.31~11.01	11.11~11.22	11.28(목)	11.16
제 21 회	11.14~11.15	11.25~12.06	12.12(목)	12.01
제 22 회	11.28~11.29	12.09~12.20	12.26(목)	12.14

응시수수료

- 필기: 14,500원
- 실기: 27,800원

> **TIP**
>
> **필기시험**
> - 의무검정: 2017년부터 다른 건설기계 조종 관련 기능사 자격 보유자라도 필기 면제가 되지 않으므로, 모든 응시자는 필기시험을 반드시 치러야 한다.
> - 학습 방법: 암기가 중요하며, 기초 지식을 이해하기보다는 최대한 많은 범위를 암기하는 것이 효과적이다.
> - 준비 방법: 교재와 동영상 강의를 활용하여 약 일주일 정도의 집중 학습이 권장됨. 기출문제를 충분히 풀어보면 준비 기간을 단축할 수 있다.
>
> **실기시험**
> - 시험 과정:
>   - 주행시험: S자 코스 통과, 출발 지시 후 1분 이내 출발선 통과, 중간 정지선 무시 및 시간 초과 시 실격이다.
>   - 토사 이동: 4분 이내에 구덩이에서 반대편 구덩이로 토사 4회 이상 옮기기, 평탄화 후 버킷 내려놓기. 시간 초과, 줄 건드리기, 토사 부족, 큰 덩어리 낙하, 버킷 펼 때 소음 등 실격 사유.
>   - 기타: 출발 지시 후 1분 이내 출발선 통과 실패, 조작 미숙으로 엔진 정지 시 실격 (단, 수동변속기는 추가 기회 제공).
>   - 자격증 발급: 시험 통과 후, 검정원에서 발급한 자격증과 1종 보통 면허증을 지참하여 시/구/군청 교통과나 차량등록사업소를 방문하여 면허 발급.

자격증 취득 후 하는 일

1. 굴착기 운전 및 작업

- **건설 현장 작업**: 주로 건설 현장에서 굴착기나 다른 중장비를 운전하여 토사 굴착, 이송, 평탄화 등의 작업을 수행한다.
- **정밀 작업**: 지반 조성, 기초 작업, 도로 정비 등에서 정밀한 굴착 작업을 맡는다.

2. 유지보수 및 점검

- **기계 점검**: 굴착기의 정기적인 점검 및 유지보수 작업을 수행하여 기계의

안전성과 효율성을 유지한다.
- **문제 해결**: 기계의 고장이나 이상 발생 시 원인을 진단하고 수리 작업을 진행한다.

3. 현장 안전 관리
- **안전 수칙 준수**: 작업 중 안전 수칙을 준수하여 사고를 예방한다. 굴착기 운전 시 작업자의 안전과 기계의 안전을 모두 고려해야 한다.
- **작업 계획 및 관리**: 작업 현장에서의 효율적인 기계 운영 및 작업 계획을 수립하고 관리한다.

4. 직무 환경
- **현장 근무**: 다양한 건설 현장에서 근무할 수 있으며, 실외에서의 작업이 대부분이다.
- **물리적 요구**: 작업 환경에 따라 신체적으로 힘든 작업이 있을 수 있으며, 기계 조작 기술이 중요하다.

5. 전문성 및 경력 개발
- **경력 발전**: 다양한 건설 프로젝트에서의 경험을 통해 경력을 쌓고, 상위 직무나 다른 중장비 운전 자격증 취득으로 경로를 확장할 수 있다.
- **기술 습득**: 최신 기계 및 기술에 대한 지식을 지속적으로 업데이트하여 전문성을 유지한다.

이와 같은 역할을 수행하며 건설업계에서 중요한 역할을 맡게 되며, 굴착기운전기능사 자격증은 건설 및 중장비 분야에서 안정적인 직업 기회를 제공할 수 있다.

굴착기운전기능사 전망

1. 건설 산업의 지속적인 성장
- **대규모 건설 프로젝트**: 도로, 교량, 터널, 건축물 등 대규모 건설 프로젝트가 지속적으로 증가함에 따라 굴착기와 같은 중장비의 수요가 늘어나고 있다.
- **도시화 및 인프라 개발**: 도시화가 진행됨에 따라 인프라 개발과 재개발

프로젝트가 활성화되어 굴착기 운전자의 필요가 계속될 것이다.

2. 기술 발전과 변화

- **첨단 장비 도입**: 최신 기술이 적용된 자동화 및 스마트 굴착기 장비의 도입으로, 보다 정밀한 작업과 효율적인 운영이 가능해지며 이에 대한 숙련된 기술자의 수요가 증가한다.
- **기술 업그레이드**: 최신 장비와 기술에 대한 지속적인 학습과 훈련이 요구되므로, 기술의 발전에 맞춘 전문성이 중요하다.

3. 건설 안전 및 규제 강화

- **안전 규제 강화**: 건설 현장의 안전 규제가 강화되면서, 안전하게 장비를 운영할 수 있는 숙련된 굴착기 운전자가 필요하다.
- **안전 교육**: 굴착기 운전자는 안전 교육과 규정 준수를 철저히 해야 하며, 이로 인해 자격증 보유자의 필요성이 증가한다.

4. 직업 안정성과 기회

- **정규직 및 계약직 기회**: 굴착기운전기능사는 정규직과 계약직 모두에서 취업 기회를 가질 수 있으며, 특히 대형 프로젝트나 건설사에서 안정적인 일자리를 제공받을 수 있다.
- **급여와 복지**: 건설업체에 따라 경쟁력 있는 급여와 복지 혜택을 받을 수 있으며, 장기적으로 안정된 직업을 유지할 가능성이 크다.

5. 산업별 다양성

- **다양한 분야**: 건설업 외에도 토목 공사, 광산 작업, 환경 정비 등 다양한 분야에서 기회를 찾을 수 있다.
- **자격증 가치**: 굴착기운전기능사는 산업 전반에서 인정받는 자격증으로, 지역과 업체에 따라 안정적이고 다양한 취업 기회를 제공받을 수 있다.

6. 도전 과제

- **신체적 요구**: 굴착기 운전 작업은 신체적으로 힘들고 위험할 수 있으며, 이에 대한 적절한 안전 관리와 체력 관리가 필요하다.
- **지속적인 학습 필요**: 기술의 변화와 장비의 발전에 따라 지속적인 학습과 자격 갱신이 요구된다.

15 건축기사

건축물의 계획 및 설계에서 시공에 이르기까지 전과정에 관한 공학적 지식과 기술을 갖춘 기술인력으로 하여금 건축업무를 수행하게 함으로써 안전한 건축물 창조를 위하여 자격제도 제정하였다. 건축시공에 관한 공학적 기술이론을 활용하여, 건축물 공사의 공정, 품질, 안전, 환경, 공무관리 등을 통해 건축 프로젝트를 전체적으로 관리하고 공종별 공사를 진행하며 시공에 필요한 기술적 지원을 하는 등의 업무를 수행한다.

시험과목 및 방법

구분	시험과목	시험방법		
		문제형식	문항수	시험시간
필기시험	1. 건축계획 2. 건축시공 3. 건축구조 4. 건축설비 5. 건축관계법규	객관식 4지 택일형	100문항	2시간 30분
실기시험	굴착기 조정 실무	작업형	-	3시간

합격기준

필기시험	100점을 만점으로 하여 과목당 40점 이상, 전과목 평균 60점 이상
실기시험	100점을 만점으로 하여 60점 이상

응시자격

유사자격 소지자	1. 산업기사 + 유사 직무분야 실무경력 1년 2. 기능사 + 유사 직무분야 실무경력 3년 3. 동일 및 유사 분야 기사 자격증 소지자 4. 동일 및 유사 분야 외국자격 소지자

관련학과 졸업자	1. 관련학과 졸업자 또는 졸업예정자 2. 3년제 전문대학 졸업자 + 실무경력 1년 3. 2년제 전문대학 졸업자 + 실무경력 2년 4. 기사 수준의 기술훈련과정 이수자 5. 산업기사 수준의 기술훈련과정 이수자 + 실무경력 2년
실무 경력자	유사 직무분야 실무경력 4년 이상

시험일정

구분	필기원서접수	필기시험	필기 합격발표	실기원서접수	실기시험	최종합격자 발표일
1회	01.23~01.26	02.15~03.07	03.13	03.26~03.29	04.27~05.17	06.18
2회	04.16~04.19	05.09~05.28	06.05	06.25~06.28	07.28~08.14	09.10
3회	06.18~06.21	07.05~07.27	08.07	09.10~09.13	10.19~11.08	12.11

응시수수료

- 필기: 19,400원
- 실기: 22,600원

> **TIP**
>
> **필기시험**
> 1. 난이도 순서
>   - 건축구조 → 건축시공 → 건축설비 → 건축관계법규 → 건축계획
> 2. 필기시험 전략
>   - 시험 과목: 건축계획, 건축시공, 건축구조, 건축설비, 건축관계법규 총 5과목.
>   - 합격 기준: 평균 60점 이상, 단 과목별 40점 미만 시 과락.
>   - 학습 방법:
>   - 암기 위주: 기초 지식보다는 광범위한 암기가 필요하다.
>   - 기출문제 활용: 10년 간의 기출문제 학습이 효과적이다.
>   - 교재와 강의: 교재를 구입하고 동영상 강의를 활용하여 일주일 정도 집중적으로 공부해야 한다.
> 3. 과목별 공부법
>   - 건축계획: 건축물 설계방법과 이론을 다룬다. 난이도가 낮아 문제 반복 풀이로 점수 보강

가능하다
- **건축시공**: 공조설비, 위생설비, 전기설비 등. 실기시험과 연계되며, 계산 문제와 개념 이론 학습 필요하다
- **건축구조**: 설비와 구조의 기초 지식이 필요하며, 개념 학습과 함께 암기해야 한다.
- **건축관계법규**: 법규 범위가 넓어 기출문제 풀이가 중요하다.

실기시험
1. 시험 구성
   - 문제 유형: 약 30문제, 단답형 및 서술형.
   - 시험 시간: 09:30~12:30.
   - 합격 기준: 60점 이상.
2. 시험 준비
   - 연습 방법: 실기와 필기 시험 범위가 다르며, 실기 연습을 충분히 해야 한다.
   - 시험 방법: 흑색 볼펜으로만 작성, 수정테이프 사용 가능(2019년부터)하다.
3. 과목별 준비
   - 건축시공: 방대한 양과 범위, 가설공사부터 품질경영까지 학습해야 한다.
   - 공정관리: 네트워크 공정표와 관련 문제 학습.
   - 건축적산: 2011년 이후 출제 경향 파악, 주로 구조와 콘크리트량 계산.
   - 건축구조: 출제 비중이 증가하는 과목, 광범위한 범위와 암기가 필요하다.
   - 고사장 꿀팁
   - 시험 접수: 시험 접수는 첫날 오픈 시간에 맞춰서 신청하는게 좋다.
   - 답안 정정: 2020년 3회 시험부터 두 줄 긋기와 수정테이프 사용 모두 허용. 수정액은 사용 불가이다.
   - 단위 표기: 답안지에 단위가 표기되지 않으면 반드시 단위 추가해야 한다.
   - 시험 준비물: 계산기, 제도판, 마카, 45cm 삼각자, 샤프 및 샤프심 준비

자격증 취득 후 하는 일

1. 건축 관련 업무 수행

- **건축 설계**: 건축물의 설계 및 계획을 수립한다. 고객의 요구와 법규를 반영하여 건물의 구조, 기능, 디자인을 구상한다.
- **건축 시공 관리**: 건설 현장에서 시공 과정을 관리하고 감독한다. 시공 품질과 안전을 보장하며, 공정 관리와 자재 조달을 책임진다.
- **건축 구조 분석**: 건축물의 구조적 안정성을 분석하고, 구조적 문제를 해결한다. 구조 계산 및 설계 검토를 수행한다.
- **건축 설비 관리**: 건축물의 기계 및 전기 설비를 설계하고 관리한다. 공조, 급수, 배수, 전기 시스템 등을 다룬다.

- **법규 준수 및 인증**: 건축 관련 법규와 규정을 준수하며, 필요한 인증 및 승인을 얻다. 건축 허가와 관련된 서류 작업을 담당한다.

2. 현장 관리 및 감독
- **공사 진행 감독**: 건축 현장에서 공사가 계획대로 진행되는지 확인하고, 시공 품질을 점검한다. 문제 발생 시 신속히 대응한다.
- **안전 관리**: 작업자의 안전을 보장하고, 건설 현장에서의 안전 규정을 준수하도록 한다. 사고 예방을 위한 안전 교육을 실시한다.
- **예산 및 일정 관리**: 프로젝트의 예산을 관리하고, 공사 일정에 맞추어 작업이 완료되도록 조정한다.

3. 자격증 활용 및 전문성 강화
- **전문 분야 선택**: 특정 분야(예: 구조, 시공, 설비 등)에 대한 전문성을 강화하고, 관련 자격증이나 교육을 추가로 이수할 수 있다.
- **자격증 유지 및 갱신**: 건축기사 자격증의 유효성을 유지하기 위해 정기적인 교육 및 자격 갱신 절차를 따른다.

4. 취업 기회
- **건설회사**: 대형 건설사, 토목 및 건축 전문 기업 등에서 다양한 건축 프로젝트에 참여한다.
- **설계 사무소**: 건축 설계 및 컨설팅 사무소에서 설계 및 계획 업무를 수행한다.
- **정부 기관 및 공공기관**: 정부의 건축 관련 부서나 공공기관에서 건축 프로젝트의 관리와 감독 업무를 맡을 수 있다.
- **프리랜서**: 독립적인 건축 전문가로 활동하며, 다양한 건축 프로젝트에 자문을 제공하거나 직접 설계 및 시공 업무를 수행할 수 있다.

5. 네트워킹 및 경력 개발
- **전문가 네트워크**: 업계 전문가와의 네트워킹을 통해 최신 정보와 트렌드를 유지하고, 협업 기회를 넓힌다.
- **경력 개발**: 추가 자격증 취득이나 전문 교육을 통해 경력을 쌓고, 경영자나 프로젝트 매니저로서의 역할을 확대할 수 있다.

건축기사 자격증은 건축 분야에서의 전문성과 신뢰를 증명하며, 다양한 건축 관련 직무에서 중요한 역할을 할 수 있다.

건축기사 전망

1. 산업 성장 및 고용 기회

- **건설업의 지속적인 성장**: 한국을 포함한 많은 국가에서 도시화와 인프라 개발이 지속적으로 이루어지면서 건설 산업은 안정적인 성장세를 보이고 있다. 이에 따라 건축기사에 대한 수요도 계속 증가할 것으로 예상된다.
- **공공 프로젝트와 민간 투자**: 정부의 공공 건설 프로젝트와 민간 부문의 대규모 건축 투자로 인해 건축기사의 수요가 높아지고 있다. 특히, 공공 인프라 구축, 주거 개발, 상업시설 건설 등이 활발히 진행되면서 취업 기회가 증가한다.

2. 분야별 취업 기회

- **건설회사 및 시공사**: 대형 건설사, 중소 건설회사, 시공사 등에서 건축기사의 수요가 많다. 시공 관리, 품질 관리, 안전 관리 등의 역할을 수행한다.
- **설계 및 컨설팅 사무소**: 건축 설계 및 컨설팅 사무소에서 설계, 계획, 구조 분석 등을 담당할 수 있다. 특히, 건축설계, 구조설계 분야에서의 전문성이 요구된다.
- **공공기관 및 정부 부서**: 정부의 건축 관련 부서나 공공기관에서 건축 프로젝트의 관리와 감독 업무를 맡을 수 있다. 공공 프로젝트의 증가로 인해 이러한 기회도 많다.
- **프리랜서 및 자영업**: 건축기사 자격을 가진 프리랜서로 활동하거나, 독립적인 건축 설계 및 컨설팅 업체를 운영하는 기회도 있다.

3. 경력 개발 및 전문성 강화

- **전문 분야 선택**: 건축기사로서의 경험을 쌓으면서 특정 분야(예: 구조, 시공, 설비, 공정 관리 등)에 대한 전문성을 강화할 수 있다. 이를 통해 더 높은 직급이나 전문 분야에서의 기회를 얻을 수 있다.

- **추가 자격증 및 교육**: 추가적인 자격증 취득이나 전문 교육을 통해 경력 개발이 가능하다. 예를 들어, 건축 구조, 시공 관리, 프로젝트 매니지먼트 등에서 추가 자격증을 취득하면 더 많은 기회를 얻을 수 있다.

4. 글로벌 기회

- **해외 건설 프로젝트**: 국제 건설 프로젝트의 증가로 인해 해외에서의 취업 기회도 확대되고 있다. 글로벌 건설 회사나 국제 프로젝트에서의 경험을 쌓을 수 있다.
- **국제 인증**: 국제적인 건축 인증이나 자격증을 취득하면 해외에서의 취업 기회가 넓어질 수 있다.

5. 기술 발전과 변화

- **스마트 건축 및 친환경 건축**: 최신 기술과 친환경 건축에 대한 수요가 증가하면서, 새로운 기술이나 지속 가능한 건축 방식에 대한 이해와 경험이 중요해지고 있다. 관련 분야에 대한 전문 지식을 갖추면 유리한 조건을 갖출 수 있다.

16 전기산업기사

전기는 가장 기본적인 에너지이지만 관련설비의 시공과 작동에 있어서도 전문성이 요구되는 분야이다. 이에 따라 전기를 합리적으로 사용하고 전기로 인한 재해를 방지하기 위한 제반 환경을 조성하고 전문화된 기술인력을 양성하기 위하여 자격제도가 제정되었다. 전기기계기구의 설계, 제작, 관리 등과 전기설비를 구성하는 모든 기자재의 규격, 크기, 용량 등을 산정하기 위한 계산 및 자료의 활용과 전기설비의 설계, 도면 및 시방 서 작성, 점검 및 유지, 시험작동, 운용관리 등에 전문적인 역할과 전기안전 관리 담당자로서의 업무를 수행한다.

시험과목 및 방법

구분	시험과목	시험방법		
		문제형식	문항수	시험시간
필기시험	전기자기학 전력공학 전기기기 회로이론 전기설비기술기준	객관식 4지 택일형	100문항	2시간 30분
실기시험	전기설비설계 및 관리	필답형	-	2시간

합격기준

필기시험	100점을 만점으로 하여 과목당 40점 이상, 전과목 평균 60점 이상
실기시험	100점을 만점으로 하여 60점 이상

응시자격

유사자격 소지자	1. 기능사 + 유사 직무분야 실무경력 1년 2. 동일 및 유사 분야 산업기사 자격증 소지자 3. 동일 및 유사 분야 외국자격 소지자

관련학과 졸업자	1. 관련학과 졸업자 또는 졸업예정자 2. 관련학과 전문대학 졸업자 3. 산업기사 수준의 기술훈련과정 이수자
실무 경력자	유사 직무분야 실무경력 2년 이상

시험일정

구분	필기원서접수	필기시험	필기 합격발표	실기원서접수	실기시험	최종합격자 발표일
1회	01.23~01.26	02.15~03.07	03.13	03.26~03.29	04.27~05.17	06.18
2회	04.16~04.19	05.09~05.28	06.05	06.25~06.28	07.28~08.14	09.10
3회	06.18~06.21	07.05~07.27	08.07	09.10~09.13	10.19~11.08	12.11

응시수수료

- 필기: 19,400원
- 실기: 20,800원

TIP

필기시험

- 과목별 특징: 전기산업기사와 전기기사의 필기시험 과목은 거의 동일하지만, 전기산업기사는 과목 수가 한 과목 적고 난이도가 낮다. 필기시험은 암기와 이해가 중요하며, 기출문제만 반복해서 푸는 방식보다는 이론을 탄탄히 다진 후 기출문제를 활용하는 것이 좋다.
- 전기자기학: 가장 어려운 과목으로, 주요 공식을 암기한 후 기출문제에 적용해 보는 것이 효과적이다. 쿨롱법칙, 전계, 전위, 전속밀도, 전하량 등의 공식을 숙지한다.
- 전력공학: 전력 구하는 공식과 각 기기의 특징을 이해해야 한다. 직류기, 동기기, 유도기, 변압기, 정류기의 특징과 문제를 숙지한다. 실기시험과 연관이 깊어 특히 열심히 공부해야 한다.
- 전기기기: 모터와 발전기의 내부 구조를 이해하고, 부품의 역할과 회전, 힘의 이동을 파악한다. 회로이론과 전기자기학을 어느 정도 이해한 후 공부하는 것이 좋다.
- 회로이론 및 제어공학: 기본적인 과목으로, 기초 수학과 회로이론의 이해가 중요하다. 제어공학은 기출문제 중 잘 나오는 것들만 외워도 좋다.
- 전기설비 기술기준 및 판단기준: KEC 개정 이후의 책을 구입하고, 암기 위주의 공부를 한다. 마지막 1~2주 동안 몰아서 외우는 것을 추천한다.

실기시험
- **이론과 실기 연계**: 이론 공부를 소홀히 하고 기출문제만으로 필기시험에 합격한 경우, 실기시험은 더 어려울 수 있다. 전기기기와 전력공학의 연습이 중요하다.
- **시험 구성 및 방법**: 실기시험은 필답 서술형으로, 18문제로 구성된다. 정답란과 연습란이 제공되며, 정답란에는 검은색 펜으로 답을 적어야 한다. 연습란에서 먼저 답안을 작성한 후 정답란에 옮기는 방법이 효율적이다.
- **학원 및 강의**: 실기시험 준비는 학원에서 공부하는 것이 효과적이다. 학원에서는 빈출 문제와 중요한 내용을 중점적으로 학습할 수 있으며, 인터넷 강의보다 소통이 용이하다. 자습보다는 학원이나 인터넷 강의를 통해 실기시험에 대비하는 것이 좋다.

자격증 취득 후 하는 일

1. 전기설비 관련 업무

- **설계 및 시공**: 건축물 및 산업시설의 전기설비를 설계하고 시공하는 업무를 담당한다. 전기 배선, 조명, 전력 분배 시스템 등을 설계하고 설치한다.
- **점검 및 유지보수**: 기존 전기설비의 점검, 유지보수, 수리 작업을 수행한다. 전기설비의 고장 진단과 문제 해결을 포함한다.
- **전기 안전 관리**: 전기 설비의 안전성을 보장하기 위해 안전 점검과 관리를 수행한다. 전기 안전 규정 및 기준을 준수하여 사고를 예방한다.

2. 산업 현장 및 건설 현장

- **건설 현장**: 건축물, 공장, 산업시설의 전기설비 설치와 관련된 업무를 수행한다. 전기기기의 설치 및 배선 작업을 진행한다.
- **공장 및 제조업**: 공장 및 제조업체에서 전기 시스템의 유지보수, 설치 및 관리 업무를 수행한다.

3. 전기설비 설계 및 개발

- **전기설비 설계**: 건축물, 공장, 시설의 전기 설계를 담당한다. 전기 설비의 효율성과 안정성을 고려하여 설계한다.
- **신제품 개발**: 전기기기나 시스템의 개발 및 개선에 참여한다. 신기술을 적용한 전기 제품을 개발하거나 기존 제품을 개선한다.

4. 전문가 및 기술 컨설팅

- **기술 자문**: 전기설비와 관련된 기술 자문을 제공하고, 설계나 설치에 대한 조언을 한다.
- **컨설팅**: 전기 설비 프로젝트의 컨설팅을 수행하며, 프로젝트 계획 및 실행에 대한 전문적인 조언을 제공한다.

5. 공공기관 및 기업

- **공공기관**: 정부 기관이나 공공기관에서 전기설비 관리 및 유지보수 업무를 담당한다.
- **기업**: 대기업, 중소기업, 전기설비 관련 회사에서 전기산업기사로서의 전문성을 발휘한다.

6. 교육 및 훈련

- **교육**: 전기설비 관련 교육 기관에서 강사로 활동하거나, 직원 교육 및 훈련 프로그램을 진행할 수 있다.
- **훈련**: 신입 직원이나 실습생에게 전기설비 관련 기술과 지식을 전수한다.

전기산업기사 자격증을 취득하면 전기설비 분야에서 폭넓은 직무와 역할을 수행할 수 있으며, 다양한 산업과 분야에서 전문성을 인정받게 된다.

전기산업기사 전망

1. 산업 수요의 증가

- **건설 및 인프라 프로젝트**: 건축물, 공장, 산업시설의 건설과 리모델링 프로젝트에서 전기설비가 필수적이므로, 전기산업기사의 수요가 지속적으로 존재한다.
- **스마트시티 및 에너지 관리**: 스마트시티와 에너지 효율성 증가에 따라 전기설비의 중요성이 커지고 있다. 이로 인해 관련 기술자와 전문가에 대한 수요가 증가하고 있다.

2. 직업 안정성

- **전문 기술 직종**: 전기설비는 필수적인 기술 분야이므로, 경제 상황에 따라 직무의 안정성이 비교적 높은 편이다.

- **법적 요구사항**: 법적 및 규제 요구사항에 따라 전기설비 관련 자격증 보유자는 필수적으로 요구되며, 자격증 보유자는 취업 시장에서 유리한 위치를 차지할 수 있다.

3. 다양한 취업 분야

- **건설사 및 시공사**: 건축물과 시설의 전기설비 설치 및 유지보수 관련 직무에서 일할 기회가 많다.
- **제조업 및 공장**: 공장 및 제조업체에서 전기설비의 유지보수 및 관리 업무를 수행할 수 있다.
- **전기설비 및 유지보수 업체**: 전문적인 전기설비 설치 및 유지보수를 전문으로 하는 업체에서도 채용 기회가 있다.
- **공공기관**: 정부 기관 및 공공기관에서 전기설비의 관리 및 점검 업무를 맡을 수 있다.

4. 산업 기술의 발전

- **신기술 도입**: 신기술 및 혁신이 지속적으로 도입됨에 따라 전기설비 분야의 전문성과 기술력의 중요성이 더욱 부각되고 있다. 이에 따라 최신 기술에 대한 교육과 숙련된 기술자에 대한 수요도 증가한다.

5. 해외 취업 기회

- **글로벌 프로젝트**: 해외 건설 프로젝트 및 국제적인 전기설비 프로젝트에서 전기산업 기사의 역할도 중요하다. 외국어 능력과 국제 자격증을 보유하면 해외 취업 기회도 넓어진다.

6. 경쟁과 자격증의 중요성

- **경쟁 심화**: 많은 사람들과 경쟁을 하게 되며, 특히 대도시나 산업이 발달한 지역에서는 경쟁이 치열할 수 있다. 따라서 자격증 외에도 추가적인 경험과 교육이 중요하다.

17 토목기사

토목기사란 토목 지식 및 기술 전문 인력 양성을 위해 제정된 제도이다. 자격증 취득 후 건설, 개량, 유지, 보수, 조사, 계획, 설계, 감리 등을 수행할 수 있다.

시험과목 및 방법

구분	시험과목	시험방법		
		문제형식	문항수	시험시간
필기시험	① 응용역학 ② 측량학 ③ 수리학 및 수문학 ④ 철근콘크리트 및 강구조 ⑤ 토질 및 기초 ⑥ 상하수도공학	객관식 4지 택일형	120문항	3시간
실기시험	토목설계 및 시공 실무	필답형	-	3시간

합격기준

필기시험	100점을 만점으로 하여 과목당 40점 이상, 전과목 평균 60점 이상
실기시험	100점을 만점으로 하여 60점 이상

응시자격

유사자격 소지자	1. 산업기사 + 유사 직무분야 실무경력 1년 2. 기능사 + 유사 직무분야 실무경력 3년 3. 동일 및 유사 분야 기사 자격증 소지자 4. 동일 및 유사 분야 외국자격 소지자
관련학과 졸업자	1. 관련학과 졸업자 또는 졸업예정자 2. 3년제 전문대학 졸업자 + 실무경력 1년 3. 2년제 전문대학 졸업자 + 실무경력 2년 4. 기사 수준의 기술훈련과정 이수자 5. 산업기사 수준의 기술훈련과정 이수자 + 실무경력 2년
실무 경력자	유사 직무분야 실무경력 4년 이상

시험일정

구분	필기원서접수	필기시험	필기 합격발표	실기원서접수	실기시험	최종합격자 발표일
1회	01.23~ 01.26	02.15~ 03.07	03.13	03.26~ 03.29	04.27~ 05.17	06.18
2회	04.16~ 04.19	05.09~ 05.28	06.05	06.25~ 06.28	07.28~ 08.14	09.10
3회	06.18~ 06.21	07.05~ 07.27	08.07	09.10~ 09.13	10.19~ 11.08	12.11

응시수수료

- 필기: 19,400원
- 실기: 22,600원

TIP

필기시험
- 기본에 충실
  - 이해와 응용: 필기시험에서는 개념을 정확히 이해하고 다양한 문제에 적용할 수 있는 응용력을 기르는 것이 중요하다. 문제를 풀 때, 모르는 문제는 과감히 넘기고, 시간이 남으면 다시 시도하는 전략을 추천한다.
  - 복습의 중요성: 충분한 공부 기간을 가지고 각 과목별로 여러 번 복습하여 이해도를 높이는 것이 합격의 열쇠이다.

과목별 학습 전략
- 응용역학
  - 구성: 정정구조, 부정구조, 재료역학, 에너지이론으로 나뉜다.
  - 학습법: 정정구조 이론을 먼저 정리하고, 재료역학과 에너지이론은 기출문제 위주로 학습한다. 부정구조는 방대하고 어려운 부분이 많으므로 전체적으로 훑어보며 회독수를 늘리는 것이 효과적이다. 공식을 암기하고 반복하여 문제를 푸는 것이 중요하다.
- 측량학
  - 기본 개념:
    점의 수평 및 수직 위치를 결정하는 방법과 지형측량.
    면적 및 체적 산정, 응용측량.
- 사진측량의 개념.
  - 학습법: 기본 개념을 이해하고 암기하면 접근이 용이하다.
- 상하수도공학

- 고득점 과목: 상수도 시설계획과 하수도 시설계획은 확실히 개념을 숙지해야 한다. 침전지와 펌프장 동력 부분은 자주 출제되므로 기출문제를 꼭 풀어보세요. 계산문제는 5문제 정도 출제되며 어려운 문제는 없으므로 대비가 필요하다.
- 철근콘크리트
- 어려운 과목: 계산이 어렵지만 기출문제를 반복하여 정의문제의 답을 쉽게 맞출 수 있는 방법을 익히는 것이 중요하다. PSC의 강구조 부분은 기출문제를 통해 정리하고, PC 부분은 최근 기출문제에서 출제되는 비율이 높으니 기출 위주로 학습한다.
- 수리학 및 수문학
- 이론과 계산: 정수역학과 동수역학을 포함하며, 실무에서 다루는 내용이 많아 어렵지만 고득점이 가능하다. 기출문제만으로는 부족하며, 이론을 정확히 이해하고 공부하는 것이 중요하다.
- 토질역학
- 암기와 이해: 암기만으로도 공부 가능하지만, 실기시험 대비를 위해 원리를 이해하고 푸는 것이 좋다.

실기시험
- 시간 관리
- 중요성: 실기시험에서는 시간 분배가 매우 중요하다. 각 문제를 푸는 데 필요한 시간을 적절히 조절하여 모든 문제를 풀 수 있도록 한다.
- 시험 과목
- 시공, 공정 및 품질관리, 물량산출:
- 시공: 가장 많은 문제와 높은 배점이 있는 과목이다. 계산형, 단답형, 열거형 문제로 출제되며, 계산기 사용과 연습이 필수이다.
- 공정: 전 범위에서 출제되며, 특히 토목기사의 경우 건축기사 공정보다 어려운 경향이 있다. 후반부 파트의 내용에 주의해야 한다.
- 물량산출: 구조물마다 조건이 다르며, 각 파트별로 채점되므로 한 부분이 틀려도 전체 감점이 되지 않는다. 반복적으로 출제되는 포인트를 파악하고 암기노트를 정리하면 도움이 된다.
- 학습 방법
- 계산형 문제: 계산기 사용과 연습을 통해 계산과정을 작성하는 연습을 한다.
- 단답형 문제: 기출문제를 파악하여 정리하고 암기한다.
- 열거형 문제: 반복적으로 출제되는 포인트를 정리하여 암기한다.
- 종합 팁
- 기출문제 활용: 기출문제를 반복해서 풀어보는 것이 중요하며, 이론과 응용 문제를 함께 학습하여 실력을 높여야 한다,
- 시간 분배 연습: 실기시험에서는 시간 관리가 필수적이므로, 연습 시 시간을 정해 놓고 문제를 푸는 연습을 꾸준히 해야 한다..
- 학원 및 인터넷 강의: 학원에서는 빈출 문제와 효율적인 학습 방법을 배울 수 있으며, 인터넷 강의도 도움이 될 수 있지만 강사와의 소통이 중요한 점을 유념해야 한다.

자격증 취득 후 하는 일

1. 직무와 역할

1) **건설 현장 관리**
   - **현장 감독**: 토목공사 현장에서 작업이 계획대로 진행되도록 감독한다. 공사의 품질과 안전을 유지하며, 시공 과정에서 발생하는 문제를 해결한다.
   - **자재 관리**: 건설 자재의 조달과 관리를 담당하며, 자재의 품질과 적절한 사용을 모니터링한다.
   - **시공 계획 수립**: 시공 계획을 수립하고, 현장의 작업 일정을 조정하여 프로젝트가 원활하게 진행되도록 한다.

2) **설계 및 검토**
   - **설계 도면 검토**: 설계 도면을 검토하고, 실무에 맞게 수정하거나 보완한다. 설계와 시공의 일치 여부를 확인한다.
   - **기술 검토**: 건설 프로젝트에서 적용될 기술적 문제를 검토하고, 필요한 기술적 조치를 제안한다.

3) **품질 및 안전 관리**
   - **품질 관리**: 공사의 품질을 보장하기 위해 품질 관리 계획을 수립하고, 시공 품질을 검사한다.
   - **안전 관리**: 현장 안전 규정을 준수하고, 안전 교육 및 점검을 통해 사고를 예방한다.

4) **프로젝트 관리**
   - **예산 관리**: 프로젝트의 예산을 관리하고, 비용 초과를 방지하기 위한 조치를 취한다.
   - **일정 관리**: 프로젝트 일정의 계획과 관리를 통해 공사가 정해진 기간 내에 완료될 수 있도록 한다.
   - **보고 및 커뮤니케이션**: 프로젝트의 진행 상황을 상위 관리자와 고객에게 보고하고, 원활한 커뮤니케이션을 유지한다.

2. 업종 및 분야

1) 건설업체
- **건설 회사**: 다양한 토목 프로젝트를 진행하는 건설 회사에서 현장 관리, 설계 검토, 품질 및 안전 관리 등의 역할을 수행한다.
- **토목 엔지니어링 회사**: 토목 구조물의 설계와 검토를 전문으로 하는 엔지니어링 회사에서 일할 수 있다.

2) 정부 및 공공기관
- **지방자치단체**: 도로, 교량, 하수도 등 공공 토목 프로젝트를 관리하는 지방자치 단체에서 일할 수 있다.
- **국토교통부 등 정부 기관**: 국가 및 지역 토목 프로젝트의 계획과 시행을 담당하는 정부 기관에서 활동할 수 있다.

3) 건설 컨설팅 회사
- **건설 컨설팅**: 건설 프로젝트에 대한 기술적 자문과 컨설팅을 제공하는 회사에서 전문적인 조언을 제공하며 프로젝트를 지원한다.

3. 경력 개발 및 자격증 활용

1) 전문성 향상
- **기술 연수 및 교육**: 최신 기술과 방법에 대한 연수와 교육을 통해 전문성을 지속적으로 향상시킨다.
- **추가 자격증 취득**: 관련 분야의 추가 자격증을 취득하여 경력을 확장하고, 더 많은 역할을 맡을 수 있는 기회를 모색한다.

2) 경력 발전
- **프로젝트 매니저**: 프로젝트 매니저 역할을 맡아 대규모 프로젝트를 관리하고, 책임 있는 직무를 수행한다.
- **전문가로 성장**: 특정 분야의 전문가로 성장하여, 해당 분야에서의 인정과 성공을 거둘 수 있다.

토목기사 자격증은 건설 분야에서 중요한 자격증으로, 다양한 직무와 역할을 통해 사회의 기반 시설을 설계하고 관리하는 데 중요한 역할을 한다.

토목기사 전망

1. 안정적인 수요

- **인프라 개발**: 국가 및 지방 정부의 인프라 개발 프로젝트, 도로, 교량, 공항, 하수도 등 대규모 토목 프로젝트가 지속적으로 진행되고 있다. 이러한 프로젝트는 경제 성장과 도시화에 따라 계속해서 필요하게 된다.
- **사회 기반 시설**: 기존 사회 기반 시설의 유지보수와 보강이 필요하기 때문에, 이에 대한 수요가 지속적으로 존재한다.

2. 건설 산업의 성장

- **건설 경기 회복**: 건설 산업은 경기 회복과 경제 성장에 따라 활성화되는 경향이 있다. 최근 몇 년간의 경기 불황 이후, 건설 업계는 회복세를 보이며 신규 프로젝트가 증가하고 있다.
- **도시화 및 개발**: 도시화가 진행됨에 따라 신규 주거단지, 상업시설, 교통망 등 다양한 토목 프로젝트가 필요하다.

3. 컨설팅 및 설계

- **설계 및 컨설팅 회사**: 토목 설계 및 컨설팅 회사에서 설계, 검토, 기술 자문 등의 역할을 맡을 수 있다. 특히 기술적 자문과 설계 검토는 중요한 업무이다.

4. 기술 발전

- **스마트 시티와 빅데이터**: 스마트 시티, 빅데이터, 드론, BIM(빌딩 정보 모델링) 등 기술 발전에 따라 새로운 업무 분야와 기회가 생기고 있다. 이러한 기술을 활용한 최신 프로젝트가 늘어나면서 새로운 직무가 등장할 수 있다.

5. 환경과 지속 가능성

- **환경 친화적 프로젝트**: 지속 가능한 개발과 환경 보호에 대한 관심이 커지면서, 환경 친화적인 토목 프로젝트와 기술이 중요해지고 있다. 이에 따라 관련 분야의 전문성이 요구된다.

6. 글로벌화

- **국제적 기회**: 국제 프로젝트와 글로벌 건설 시장의 확장에 따라 해외에서의 기회도 증가하고 있다. 국제적인 경험을 쌓을 수 있는 기회가 많아질 수 있다.

7. 경쟁

- **자격증과 경력**: 토목기사 자격증을 취득한 후에도 경력과 전문성이 중요하다. 경쟁이 치열할 수 있으며, 추가 자격증 취득이나 전문 분야에서의 경험이 경쟁력을 높일 수 있다.

8. 지속적인 학습

- **전문 지식과 기술**: 지속적으로 새로운 기술과 지식을 학습하고, 관련 분야의 자격증을 취득하는 것이 중요하다. 최신 기술과 트렌드를 반영한 학습이 필요하다.

18 직업상담사2급

직업상담사2급은 효율적인 인적자원 전문 인력 양성을 위해 제정된 제도이다. 자격증 취득 후 직업 검사, 소개, 해석 및 직업상담 행정 업무 등을 수행할 수 있다. 직업상담사 2급은 응시자격에 제한이 없지만 직업상담사 1급을 응시하기 위해서는 2급 자격을 취득 후 2년 이상 실무 경력이 있거나, 해당 실무분야에서 3년 이상 종사해야 응시할 수 있으며, 직업상담사 시험은 1년에 1급은 1회, 2급은 3회가 진행된다.

시험과목 및 방법

구분	시험과목	시험방법		
		문제형식	문항수	시험시간
필기시험	① 직업상담학 ② 직업심리학 ③ 직업정보론 ④ 노동시장론 ⑤ 노동관계법규	객관식 4지 택일형	100문항	2시간 30분
실기시험	직업상담 실무	필답형	-	2시간 30분

합격기준

필기시험	100점을 만점으로 하여 과목당 40점 이상, 전과목 평균 60점 이상
실기시험	100점을 만점으로 하여 60점 이상

시험일정

■ 필기시험

구분	원서접수	필기시험	합격자발표	응시자격 서류제출
1회	01.23~01.26	02.15~03.07	03.13	02.15~03.25
2회	04.16~04.19	05.09~05.28	06.05	05.09~06.17
3회	06.18~06.21	07.05~07.27	08.07	07.05~08.19

■ 실기시험

구분	원서접수	실기시험	합격자발표
1회	3.26~3.29	04.27~05.17	06.18~08.17
2회	6.25~6.28	07.28~08.14	09.10~11.09
3회	9.10~9.13	10.19~11.08	12.11~02.10

응시수수료

- 필기: 19,400원
- 실기: 20,800원

TIP

1. 직업상담학
1) 학습 내용
   - 직업 상담의 이론: 상담의 기본 원칙, 직업 상담의 목적과 과정
   - 상담 기술: 상담 기술 및 기법, 상담자와 내담자 간의 관계 구축
   - 상담 이론: 주요 상담 이론 및 기법 (행동주의, 인지행동치료 등)
2) 학습 전략
   - 기본 이론 이해: 상담 이론과 기술의 기본 개념을 확실히 이해하고, 다양한 이론을 비교하면서 학습한다.
   - 실제 사례 연구: 실제 상담 사례를 분석하여 이론과 기술을 어떻게 적용하는지 학습한다.
   - 기출문제 풀이: 과거 기출문제를 통해 자주 출제되는 내용과 문제 유형을 파악한다.

2. 직업 심리학
1) 학습 내용
   - 심리학 이론: 심리학의 기본 이론, 심리적 평가 및 검사 도구
   - 직업 심리학: 직무 만족도, 직무 스트레스, 직업 적성 검사 등
2) 학습 전략
   - 이론 및 개념 정리: 심리학의 주요 이론과 개념을 체계적으로 정리하고, 직업 심리학 관련 개념을 명확히 이해한다.
   - 심리 검사 도구 학습: 직업 적성 검사와 심리 평가 도구의 사용법과 해석 방법을 익힌다.
   - 기출문제 풀이: 직업 심리학 관련 기출문제를 풀어 출제 경향을 파악한다.

3. 노동법 및 노동 경제
1) 학습 내용
   - 노동법: 근로기준법, 노동조합 및 노동쟁의 조정법 등

- 노동 경제학: 노동 시장의 구조, 고용과 실업, 임금 결정 등
2) 학습 전략
- 법령 및 규정 학습: 주요 법령과 규정을 암기하고, 각 법령의 목적과 적용 범위를 이해한다.
- 경제 개념 이해: 노동 경제학의 기본 개념과 원리를 확실히 이해하고, 경제 지표와 현황을 파악한다.
- 사례 연구: 노동법과 노동 경제의 실제 사례를 분석하여 이론을 실제 상황에 적용해 본다.

4. 직업 정보
1) 학습 내용
- 직업 정보의 종류: 직업의 개요, 직업 전망, 직업 요구 사항 등
- 정보 제공 및 활용: 직업 정보 제공 방법, 직업 정보의 활용 전략
2) 학습 전략
- 직업 정보 수집: 다양한 직업 정보 출처를 활용하여 직업의 개요와 요구 사항을 정리한다.
- 정보 분석: 직업 정보의 수집 및 분석 방법을 익히고, 정보의 신뢰성을 평가한다.
- 기출문제 풀이: 직업 정보 관련 기출문제를 통해 출제 패턴을 익히고, 자주 출제되는 직업 정보를 학습한다.

5. 상담 프로그램 개발 및 운영
1) 학습 내용
- 상담 프로그램 개발: 상담 프로그램의 설계 및 개발 방법
- 운영 및 평가: 상담 프로그램의 운영 및 평가 방법, 프로그램 개선 전략
2) 학습 전략
- 프로그램 설계 이해: 상담 프로그램의 설계 원칙과 운영 방법을 학습한다.
- 사례 분석: 다양한 상담 프로그램 사례를 분석하여 성공적인 운영 방법을 이해한다.
- 기출문제 풀이: 상담 프로그램 관련 기출문제를 통해 실전 감각을 익히고, 자주 출제되는 문제 유형을 파악한다.

공통적인 학습 전략
1. 계획적인 학습
   - 시간 관리: 각 과목별로 학습 시간을 계획하고, 정기적인 복습을 통해 지식을 체계적으로 정리한다.
   - 스터디 그룹 활용: 스터디 그룹에 참여하거나 동료와 함께 공부하여 서로의 이해를 돕고 정보 교환을 한다.
2. 기출문제 및 모의 시험
   - 기출문제 분석: 기출문제를 반복적으로 풀어 출제 경향을 파악하고, 자주 출제되는 내용에 집중한다.
   - 모의 시험: 모의 시험을 통해 시험 환경에 익숙해지고, 시간 관리 능력을 향상시킨다.
3. 다양한 학습 자료 활용
   - 교재 및 참고서: 공식 교재와 참고서를 활용하여 기본 개념을 확실히 하고, 추가적인 학습 자료를 통해 심화 학습을 한다.

- 온라인 자료: 온라인 강의, 웹사이트, 학습 자료를 활용하여 다양한 관점에서 학습한다.
- 직업상담사 2급 시험은 체계적인 학습과 철저한 준비가 필요하다. 각 과목의 중요 개념을 이해하고, 기출문제를 통해 실전 감각을 익히며, 효과적으로 학습하는 것이 중요하다.

자격증 취득 후 하는 일

1. 직업 상담 및 진로 지도
- **개인 상담**: 개인의 직업적 목표와 경로를 설정하는 데 도움을 준다. 개인의 강점, 약점, 관심사, 가치관을 분석하여 적합한 직업이나 직업 전환을 위한 상담을 제공한다.
- **진로 개발**: 직업 선택, 커리어 전환, 경력 개발 등을 지원하며, 직무 적성과 성격에 맞는 진로를 설계한다.

2. 취업 지원 및 연계
- **취업 알선**: 구직자에게 적합한 일자리 정보를 제공하고, 기업과의 연계를 통해 취업을 지원한다.
- **이력서 및 면접 준비**: 이력서 작성 및 면접 준비에 대한 조언을 제공하고, 취업 과정에서의 어려움을 해결할 수 있도록 돕는다.

3. 직업 교육 및 훈련
- **훈련 프로그램 개발**: 취업을 위한 직무 훈련 및 교육 프로그램을 개발하고 운영한다.
- **교육 제공**: 직업 관련 기술 및 능력 개발을 위한 교육을 제공한다.

4. 직장 내 상담 및 지원
- **직장 내 상담**: 직원의 직무 스트레스, 직장 내 갈등 문제를 상담하고 해결책을 제시한다.
- **조직 개발**: 직장 내 인력 관리와 조직 개발을 위한 조언을 제공하며, 직원의 직무 만족도를 높이기 위한 프로그램을 설계한다.

5. 정책 개발 및 연구
- **정책 제안**: 직업 상담과 관련된 정책을 연구하고 제안하며, 직업 훈련 및

취업 지원 정책 개발에 기여한다.
- **연구 및 분석**: 직업 시장의 변화와 트렌드를 분석하여 관련 정보를 제공하고, 직업 상담 서비스의 개선점을 모색한다.

6. 상담 기관 및 기업에서의 역할
- **상담 기관**: 공공기관, 비영리 단체, 직업 상담 센터 등에서 직업 상담사로 활동하며, 다양한 상담 서비스를 제공한다.
- **기업 내 인사부서**: 기업의 인사부서에서 직원의 경력 개발 및 직무 상담을 담당하며, 인사 정책 개발에 참여한다.

7. 자영업 및 컨설팅
- **자영업**: 독립적으로 직업 상담사로 활동하거나, 상담 및 교육 관련 비즈니스를 운영할 수 있다.
- **컨설팅**: 기업 및 기관에 대한 직업 상담 및 인사 컨설팅 서비스를 제공하며, 전문적인 조언과 솔루션을 제공한다.

직업상담사 전망

1. 고용 시장의 변화와 직업 상담 수요 증가
- **노동 시장의 변화**: 기술 발전과 산업 변화에 따라 직업 시장이 빠르게 변화하고 있다. 이에 따라, 다양한 직업과 경력 경로에 대한 정보와 상담의 필요성이 증가하고 있다.
- **직업 전환과 재교육**: 경제 불황, 기술 발전, 직무의 변화 등으로 인해 직업 전환과 재교육이 필요한 경우가 많다. 직업상담사는 이러한 상황에서 구직자와 직장인에게 적합한 경로를 제시하고 지원할 수 있다.

2. 정부와 공공기관의 지원 확대
- **정책 지원**: 정부는 직업 상담 및 취업 지원에 대한 정책과 프로그램을 강화하고 있다. 예를 들어, 구직자 지원, 직업 훈련, 경력 개발 등의 정책이 시행되며, 이에 따라 직업상담사의 역할이 더욱 중요해지고 있다.
- **공공기관 역할 확대**: 공공기관 및 비영리 단체에서의 직업 상담 수요가

증가하고 있으며, 이에 따른 고용 기회도 확대되고 있다.

3. 기업 내 직무 및 인사 관리 강화

- **직원 경력 개발**: 기업에서는 직원의 경력 개발과 직무 만족도를 높이기 위해 직업상담사와 협력하는 경우가 많다. 인사부서와의 협업, 직무 스트레스 관리, 직원 상담 등 다양한 역할을 수행할 수 있다.
- **조직 개발**: 기업의 조직 개발과 인력 관리에 기여하는 역할로서 직업상담사의 중요성이 증가하고 있다.

4. 전문성 및 자격증의 중요성

- **전문성 요구**: 직업 상담에 대한 전문성과 자격증의 중요성이 높아지고 있다. 다양한 직업상담 관련 자격증과 교육을 통해 전문성을 강화할 수 있으며, 이는 직업상담사의 경쟁력을 높이는 데 기여한다.
- **계속적인 학습**: 최신 직업 정보와 상담 기술에 대한 학습과 연구가 필요하며, 이를 통해 전문성과 시장성을 유지할 수 있다.

5. 자영업 및 컨설팅 기회 확대

- **독립적 활동**: 자영업으로서 독립적인 직업상담사로 활동하거나, 컨설팅을 통해 다양한 고객에게 서비스를 제공할 수 있는 기회가 늘어나고 있다.
- **온라인 상담**: 디지털 시대에 맞추어 온라인 상담 및 원격 상담 서비스도 증가하고 있으며, 이를 통해 더 넓은 범위의 고객층을 대상으로 활동할 수 있다.

6. 사회적 요구와 인식 변화

- **사회적 관심 증가**: 직업 상담과 경력 개발에 대한 사회적 관심과 인식이 높아지고 있다. 이는 직업상담사에게 긍정적인 영향을 미치며, 직업 상담 분야의 중요성을 더욱 부각시키고 있다.

용접기능사

특수용접기능사는 2023년도부터 '가스텅스텐아크용접기능사'와 '이산화탄소가스아크용접기능사'로 분리되어 시행된다. 용접 기능 전문 인력 양성을 위해 제정된 제도이다. 자격증 취득 후 용접, 절단, 가공, 검사, 변형 및 교정 등을 수행할 수 있다. 이산화탄소가스아크용접기능사는 용접기술을 향상시키기 위한 제반 환경조성과 전문화된 기능인력을 양성하기 위하여 제정한 자격제도이다. 2023년부터 NCS 기준의 적용으로 특수용접기능사에서 다루는 용접을 세분화하여 자격증 종목을 분리해서 시험이 치러진다. 용접 도면을 해독하여 용접 절차 사양서를 이해하고 용접재료를 준비하여 작업환경 확인, 안전보호구 준비, 용접장치와 특성 이해, 용접기 설치 및 점검 관리하기, 용접 준비 및 용접하기, 용접부 검사, 작업장 정리하기 등의 CO_2 용접 관련 직무이다.

시험과목 및 방법

구분	시험과목	시험방법		
		문제형식	문항수	시험시간
필기시험	아크용접, 용접안전, 용접재료, 도면해독, 가스절단, 기타용접	객관식	60문항	60분
실기시험	이산화탄소가스아크용접 실무	작업형	–	2시간 정도

합격기준

필기시험	100점을 만점으로 하여 60점 이상
실기시험	100점을 만점으로 하여 60점 이상

이산화탄소가스아크용접기능사 준비물

- 특수용접기능사 자격종목이 세분화됨에 따라 이산화탄소가스아크용접기능사 실기 시험에 맞는 준비물을 접수시 확인하기 바란다.
- 시험 중 수험자는 반드시 안전수칙을 준수해야하며, 작업 복장 상태, 정리

정돈 상태, 안전사항 등이 채점 대상이 된다.
■ 안전보호 장비를 반드시 지참하시기 바랍니다.

시험일정

구분	필기원서접수	필기시험	필기 합격발표	실기원서접수	실기시험	최종합격자 발표일
1회	01.02~ 01.05	01.21~ 01.24	01.31	02.05~ 02.08	03.16~ 04.07	04.09
2회	03.12~ 03.15	03.31~ 04.04	04.17	04.23~ 04.26	06.01~ 06.16	06.26
3회	05.28~ 05.31	06.16~ 06.20	06.26	07.16~ 07.19	08.17~ 09.03	09.11
4회	08.20~ 08.23	09.08~ 09.12	09.25	09.30~ 10.04	11.09~ 11.24	12.04

응시수수료

■ 필기: 14,500원
■ 실기: 80,800원

이산화탄소가스아크용접기능사 응시자격

이산화탄소가스아크용접기능사는 자격요건이 존재하지 않는다.

> **TIP**
>
> 필기시험
> 1. 아크용접
>   ■ 주요 내용: 아크용접의 원리와 기술, 아크용접 기계의 조작법, 용접 기술 및 품질
>   ■ 합격 방법:
>   - 이론 학습: 아크용접의 기본 원리, 아크의 생성 및 조절, 전극과 전류의 관계를 철저히 이해한다.
>   - 기계 조작 연습: 아크용접 기계를 실제로 조작해보면서 기계의 조작법을 익힙니다. 조작 시의 주의사항을 숙지한다.
>   - 기술 연습: 다양한 용접기술을 연습하여 일관된 품질의 용접을 할 수 있도록 한다.

연습을 통해 용접기술의 정확성을 높이다.
2. 용접안전
    - ■ 주요 내용: 용접 작업 시의 안전 규정, 안전 장비 및 보호구, 사고 예방 및 응급처치
    - ■ 합격 방법:
    - – 안전 규정 학습: 용접 작업에 관련된 안전 규정과 법규를 학습한다. 필요한 보호 장비와 그 사용법을 이해한다.
    - – 사고 예방: 작업 중 발생할 수 있는 사고를 예방하기 위한 조치와 절차를 익힙니다. 위험 요소를 사전에 파악하고 대응 방안을 마련한다.
    - – 응급처치: 응급 상황에서의 기본적인 응급처치 방법을 숙지한다.
3. 용접재료
    - ■ 주요 내용: 용접에 사용되는 재료의 종류와 성질, 재료의 선택 및 처리 방법, 재료의 용접 적합성
    - ■ 합격 방법:
    - – 재료 지식 습득: 다양한 용접 재료의 성질, 특성 및 용도에 대해 학습한다. 각 재료의 장단점을 이해하고 적절한 용도를 파악한다.
    - – 재료 선택: 용접 작업에 적합한 재료를 선택할 수 있는 능력을 기른다. 재료의 물리적, 화학적 특성을 바탕으로 선택한다.
    - – 처리 방법 학습: 재료의 준비와 처리 방법에 대해 학습한다. 예를 들어, 표면 처리나 전처리 방법 등을 숙지한다.
4. 도면해독
    - ■ 주요 내용: 용접 도면의 기본 이해, 도면의 기호와 표기법, 도면에 기반한 작업 지시 이해
    - ■ 합격 방법:
    - – 도면 기호 이해: 용접 도면에 사용되는 기호와 표기법을 익힙니다. 각 기호의 의미와 용도를 이해한다.
    - – 도면 해석: 도면을 읽고 이해하는 능력을 기른다. 도면에서 제공하는 정보를 정확히 해석하고 작업 지시를 올바르게 수행한다.
    - – 실습: 실제 도면을 가지고 작업을 수행해 보면서 도면 해독 능력을 실습한다. 도면에 명시된 세부 사항을 정확히 확인하고 적용한다.
5. 가스절단
    - ■ 주요 내용: 가스 절단의 원리와 기술, 절단 장비의 조작법, 절단 품질 관리
    - ■ 합격 방법:
    - – 이론 학습: 가스 절단의 기본 원리와 절단 기술에 대해 학습한다. 절단 과정에서의 주요 기술적 요소를 이해한다.
    - – 장비 조작: 가스 절단 장비를 실제로 조작해보면서 장비 사용법을 익힌다. 장비의 조정 및 유지 보수 방법을 숙지한다.
    - – 품질 관리: 절단 품질을 유지하기 위한 방법과 절단 후 점검 사항을 학습한다. 절단 시 발생할 수 있는 문제를 파악하고 대응 방법을 연습한다.
6. 기타용접
    - ■ 주요 내용: 기타 다양한 용접 기술 및 응용, 용접기술의 변화와 최신 동향
    - ■ 합격 방법:
    - – 기타 용접 술 학습: 기타 용접기술 및 응용 방법에 대해 학습한다. 각 기술의 특성과 장단점을 이해한다.

- 최신 동향 파악: 최신 용접기술 및 동향을 파악하여 현대적인 용접기술에 대한 이해를 높인다.
- 기술 연습: 기타 용접기술을 실제로 연습하여 다양한 용접기술을 익히고 숙련도를 높인다.

실기시험
1. 용접기술 연습
   - 기본 기술 연습: 기본적인 용접기술을 반복적으로 연습한다. 용접의 기본 동작, 기술적 요소, 용접 기법 등을 체계적으로 익힌다.
   - 기계 사용법: 용접 기계 및 장비의 사용법을 충분히 숙지하고, 실제 작업에서의 조작에 익숙해지도록 연습한다.
2. 작업 시뮬레이션
   - 실제 작업 환경에서 연습: 실제 작업 환경과 유사한 조건에서 연습하여 실전 감각을 익힌다. 다양한 작업 시뮬레이션을 통해 문제 해결 능력을 기른다.
   - 시간 관리: 실기 시험에서는 시간 관리를 중요시해야 한다. 주어진 시간 내에 정확하게 작업을 완료하는 연습을 한다.
3. 문제 해결 및 조정 능력
   - 문제 해결 연습: 작업 중 발생할 수 있는 문제를 해결하는 연습을 한다. 용접 품질 문제, 장비 고장, 재료 결함 등에 대한 대처 능력을 기른다.
   - 조정 능력: 용접 기계의 조정 및 설정 방법을 익히고, 적절한 조정으로 작업의 품질을 유지하는 방법을 연습한다.
4. 시뮬레이션 및 모의 시험
   - 모의 시험: 실기 시험과 유사한 환경에서 모의 시험을 실시하여 시험에 대한 준비 상태를 점검한다. 실제 시험과 유사한 조건에서 연습하여 긴장감을 완화하고, 실전 감각을 익힌다.

종합적인 팁
- 계획적인 학습: 각 과목별로 학습 계획을 세우고, 계획에 따라 체계적으로 공부한다.
- 기출문제 풀이: 기출문제를 풀어보며 출제 경향과 문제 유형을 파악한다. 기출문제를 통해 시험 준비의 방향성을 잡을 수 있다.
- 실습과 연습: 이론 학습뿐만 아니라 실제 용접 작업을 충분히 연습한다. 실습을 통해 이론을 실제 상황에 적용하는 능력을 기른다.
- 전문가의 조언: 경험이 풍부한 전문가나 강사에게 조언을 받고, 필요한 경우 학원에서 전문적인 교육을 받는 것도 좋은 방법이다.

자격증 취득 후 하는 일

이산화탄소가스 아크 용접기능사 자격증을 취득한 후에는 다양한 분야에서 용접 작업을 수행할 수 있다. 이 자격증은 특히 CO_2 용접(또는 MIG/MAG 용접)에 특화된 것으로, 다음과 같은 일들을 할 수 있다.

1. **제조업체에서의 용접 작업**: 자동차, 조선, 기계, 건설 등 다양한 산업에서 부품과 구조물의 용접을 수행할 수 있다. 제조업체에서는 생산 라인에서 부품을 조립하거나 수리하는 일을 맡을 수 있다.
2. **건설 및 구조물 수리**: 건축 현장에서 구조물의 용접, 유지보수, 수리 작업을 할 수 있다. 이는 건물, 교량, 터널 등 다양한 구조물에서 필요하다.
3. **전문 용접 서비스 제공**: 개인이나 기업을 대상으로 하는 용접 서비스, 즉 수리나 제작 작업을 제공할 수 있다. 이는 종종 프리랜서나 자영업자로 활동할 기회를 제공할 수 있다.
4. **기술 교육 및 훈련**: 용접기술에 대한 교육 및 훈련을 제공하는 직업을 선택할 수 있다. 이를 통해 다른 사람들이 용접 기술을 배울 수 있도록 도와줄 수 있다.
5. **품질 검사 및 관리**: 용접 작업의 품질을 검사하고 관리하는 역할을 수행할 수 있다. 이는 용접 품질 보증, 결함 분석 및 개선을 포함할 수 있다.
6. **R&D 및 기술 개발**: 새로운 용접기술이나 개선된 용접 방법을 연구하고 개발하는 역할을 맡을 수 있다. 이는 연구 개발 부서나 기술 혁신 팀에서 일하는 것과 관련이 있다.
7. **용접 장비 및 재료 판매**: 용접 장비나 재료를 판매하거나 관련 제품의 유통업체로 활동할 수 있다. 이에는 장비의 유지보수 및 수리 서비스도 포함될 수 있다.

이산화탄소가스아크용접기능사 전망

1. **산업 수요 증가**: 제조업, 건설업, 조선업 등 다양한 산업에서 용접 기술에 대한 수요가 계속 증가하고 있다. 특히, 자동차 및 항공기 산업에서는 고품질 용접이 필수적이다. 이산화탄소가스 아크용접은 강도와 내구성이 높은 용접이 가능하여 이러한 산업에서 중요한 역할을 한다.
2. **기술 발전**: 용접기술이 계속 발전하면서 새로운 기술과 장비가 도입되고 있다. 이산화탄소가스 아크용접 기술도 개선되고 있으며, 최신 장비와 기술에 대한 숙련도가 중요한 요소로 떠오르고 있다. 자격증을 취득한 후에도 최신 기술 트렌드를 따라가는 것이 중요하다.
3. **경쟁력 있는 자격증**: 이산화탄소가스 아크 용접기능사는 실무에서 널리

사용되는 기술이므로 취업 시장에서 경쟁력을 갖출 수 있다. 특히, 기술력과 자격증을 보유한 인재는 높은 평가를 받을 수 있다.

4. **유지보수 및 수리 분야**: 기존의 구조물이나 장비에 대한 유지보수와 수리 작업에서 이산화탄소가스 아크용접이 필요하다. 이로 인해 자격증 보유자는 다양한 유지보수 및 수리 업무를 수행할 수 있는 기회를 가집니다.
5. **자영업 및 프리랜서 기회**: 자격증을 보유한 후에는 자영업이나 프리랜서로서 용접 서비스를 제공할 수 있는 기회가 많다. 특히, 소규모 작업이나 특수 용접 작업을 필요로 하는 고객들에게 서비스를 제공할 수 있다.
6. **기술 교육 및 훈련**: 기술 교육 분야에서 이산화탄소가스 아크 용접에 대한 교육과 훈련을 제공하는 역할을 맡을 수 있으며, 이를 통해 새로운 기술자들을 양성하는 기회를 가질 수 있다.
7. **국제적 기회**: 글로벌화가 진행됨에 따라 해외 진출의 기회도 생길 수 있다. 다양한 국가에서 용접 기술을 필요로 하며, 국제적으로 인정받는 자격증과 경험은 해외 취업 기회를 확대할 수 있다.

20 정보처리기사

컴퓨터를 효과적으로 활용하기 위해서 하드웨어뿐만 아니라 정교한 소프트웨어가 필요하다. 이에 따라 우수한 프로그램을 개발하여 업무의 효율성을 높이고, 궁극적으로 국가발전에 이바지하기 위해서 컴퓨터에 관한 전문적인 지식과 기술을 갖춘 사람을 양성할 목적으로 제정되었다. 정보처리기사는 컴퓨터 지식 및 기술 전문 인력 양성을 위해 제정된 제도이다. 자격증 취득 후 분석, 설계, 구현, 시험, 운영 및 유지 보수 등을 수행할 수 있다.

시험과목 및 방법

구분	시험과목	시험방법		
		문제형식	문항수	시험시간
필기시험	소프트웨어 설계 소프트웨어 개발 데이터베이스 구축 프로그래밍 언어 활용 정보시스템 구축관리	객관식 4지 택일형	100문항	2시간30분
실기시험	정보처리 실무	필답형	–	2시간30분

합격기준

필기시험	100점을 만점으로 하여 과목당 40점 이상, 전과목 평균 60점 이상
실기시험	100점을 만점으로 하여 60점 이상

응시자격

유사자격 소지자	산업기사 + 유사 직무분야 실무경력 1년 기능사 + 유사 직무분야 실무경력 3년 동일 및 유사 분야 기사 자격증 소지자 동일 및 유사 분야 외국자격 소지자

관련학과 졸업자	관련학과 졸업자 또는 졸업예정자 3년제 전문대학 졸업자 + 실무경력 1년 2년제 전문대학 졸업자 + 실무경력 2년 기사 수준의 기술훈련과정 이수자 산업기사 수준의 기술훈련과정 이수자 + 실무경력 2년
실무 경력자	유사 직무분야 실무경력 4년 이상

시험일정

구분	필기원서접수	필기시험	필기 합격발표	실기원서접수	실기시험	최종합격자 발표일
1회	01.23~ 01.26	02.15~ 03.07	03.13	03.26~ 03.29	04.27~ 05.17	06.18
2회	04.16~ 04.19	05.09~ 05.28	06.05	06.25~ 06.28	07.28~ 08.14	09.10
3회	06.18~ 06.21	07.05~ 07.27	08.07	09.10~ 09.13	10.19~ 11.08	12.11

응시수수료

- 필기: 19,400원
- 실기: 22,600원

TIP

필기시험

1. 시험의 변화와 준비
   정보처리기사 자격증은 2020년부터 국가직무능력표준(NCS)을 기반으로 개편되었다. 따라서 2019년까지의 정보처리기사와 2020년 이후의 자격증은 내용상 큰 차이가 있다. 이전의 자격증과는 별개의 자격증으로 이해하는 것이 좋다.
2. 기출문제 활용
   필기시험은 문제은행식으로 출제된다. 따라서 기출문제를 풀어보는 것이 매우 중요하다. 기출문제를 최소 7회분, 가능하다면 10회분 이상 풀어보는 것을 추천한다. 기출문제를 풀면서 오답을 별도로 정리하고, 왜 틀렸는지를 분석하는 것이 중요하다. 단순히 오답을 암기하는 것이 아니라, 왜 정답이 아닌지 이해하는 과정이 필요하다.
3. 교재와 자료 활용
   기본적인 교재를 1~2회독 한 후, 인터넷에서 요약본을 참고하면 많은 도움이 된다. 요약본이나 기출문제는 중요도에 따라 잘 정리된 자료를 쉽게 찾을 수 있으며, 이를 통해 자주 출제되는 문제를 파악하고 공부할 수 있다.
4. 최신 기술과 개념 이해
2020년 개정 이후 바뀐 개념들을 꼭 숙지해야 한다. 개정된 개념 내용과 관련된 기출문제를 숙지하는 것이 필기시험에서 좋은 결과를 얻는 데 도움이 된다. 모의고사를 통해 부족한 부분을 보충하는 것도 효과적이다.
5. 온라인 자원 활용
유튜브에서 '정보처리기사'를 검색하여 무료 강의를 참고하는 것도 좋은 방법이다. 또한, 블로그나 카페에서 필기시험 후기를 참고하면 유용한 정보를 얻을 수 있다.

실기시험

1. 실기시험 개요
실기시험은 '정보처리 실무'라는 과목명 하에 다양한 내용이 출제된다. 2020년 개정 이후 신기술 동향과 전산영어는 제외되었으며, 소프트웨어 개발과 관련된 새로운 내용이 추가되었다. 시험의 12가지 분야는 다음과 같다.
- 요구사항 확인, 데이터 입출력 구현, 통합 구현, 서버 프로그램 구현, 인터페이스 구현, 화면 설계, 애플리케이션 테스트 관리, SQL 응용, 소프트웨어 개발 보안 구축, 프로그래밍 언어 활용, 응용 SW 기초 기술 활용, 제품 소프트웨어 패키징

2. 문제 유형
실기시험은 필답형(주관식)으로, 문제 유형은 크게 다음과 같이 나눌 수 있다.
- 계산형: C, JAVA, C++, Python 등의 코드를 주고 디버깅을 통해 문제를 해결하는 형식이다.
- 용어형: 정확한 용어를 써야 하는 문제이다. 암기가 충분하면 빠르게 해결할 수 있다.
- 빈칸형: 지문의 빈칸에 적절한 용어를 넣는 문제로, 비교적 설명이 길어 체감 난이도가 낮다.
- 서술형: 간략하게 설명할 수 있는 문제로, 보통 50자 내외의 한 문장으로 답하면 된다.

3. 준비 방법
실기시험은 총 20문제로 100점 만점이며, 60점(12문제) 이상을 맞으면 합격이다. 시험 시간은 2시간 30분이다.
- 교재 활용: 교재를 통해 1~2회독 하며 개념을 이해한다. 특히 프로그래밍 언어(Java, C, Python, SQL)에 중점을 두어 공부한다.
- 기출문제 풀이: 기출문제를 통해 문제 유형을 익히고, 오답노트를 정리하여 반복적으로 풀이한다. 이를 통해 실기시험의 주요 개념과 문제 유형을 숙지할 수 있다.

4. 실습과 경험
실기시험에서의 문제 해결 능력을 높이기 위해 실제 문제를 풀어보며 연습하는 것이 중요하다. 특히 다양한 문제를 풀어보는 것이 실력을 향상시키는 데 도움이 된다.

이와 같은 방법으로 체계적으로 준비하면 정보처리기사 자격증 취득에 큰 도움이 될 것이다. 각 시험의 특성과 준비 방법을 잘 이해하고, 기출문제와 다양한 학습 자원을 적극 활용하는게 좋다.

> **자격증 취득 후 하는 일**

1. IT 직무 관련 업무

- **시스템 분석 및 설계**:
  - 시스템 요구사항 분석: 고객이나 사용자 요구를 분석하여 시스템의 요구사항을 정의한다.
  - 시스템 설계: 분석된 요구사항을 바탕으로 시스템 구조를 설계하고 문서화한다.
- **소프트웨어 개발**:
  - 프로그램 개발: 요구사항에 맞는 소프트웨어를 설계하고 구현한다. 주로 Java, C, C++, Python 등의 언어를 사용할 수 있다.
  - 애플리케이션 개발: 웹 애플리케이션, 모바일 애플리케이션 등 다양한 애플리케이션을 개발한다.
- **데이터베이스 관리**:
  - 데이터베이스 설계 및 구축: 데이터베이스의 구조를 설계하고 구축한다.
  - SQL 쿼리 작성 및 최적화: SQL을 사용하여 데이터베이스에서 정보를 추출하거나 수정한다.
- **시스템 운영 및 유지보수**:
  - 시스템 관리: 서버, 네트워크, 데이터베이스 등의 시스템을 운영하고 관리한다.
  - 문제 해결 및 유지보수: 시스템의 오류를 분석하고 문제를 해결하여 시스템이 원활하게 작동하도록 유지한다.
- **정보 보안 관리**:
  - 보안 정책 수립 및 실행: 정보 보호를 위한 보안 정책을 수립하고 이를 실행한다.
  - 취약점 분석 및 보안 강화: 시스템의 보안 취약점을 분석하고 보안을 강화한다.

2. 전문 분야 및 컨설팅

- **IT 컨설팅**:
  - 프로젝트 관리: IT 프로젝트의 계획, 실행, 감독을 관리한다.
  - 기술 자문: 고객에게 IT 관련 기술적 자문을 제공하여 문제를 해결하고

최적의 솔루션을 제시한다.
- **경영 정보 시스템(MIS):**
  - 정보 시스템 기획: 기업의 정보 시스템을 기획하고 관리한다.
  - 업무 프로세스 개선: 정보 시스템을 통해 기업의 업무 프로세스를 분석하고 개선한다.

3. 교육 및 훈련

- **IT 교육 강사:**
  - 기술 교육: 소프트웨어 개발, 데이터베이스 관리, 시스템 운영 등 다양한 IT 분야에 대한 교육을 진행한다.
  - 자격증 준비 교육: 정보처리기사와 관련된 자격증 준비를 위한 교육을 제공한다.
- **훈련 및 지원:**
  - 기술 훈련: 신입 직원이나 기존 직원에게 필요한 기술 훈련을 제공한다.
  - 문제 해결 지원: 기술적인 문제 해결을 지원하며, 업무에 필요한 기술적 도움을 제공한다.

4. 프리랜서 및 자영업

- **프리랜서 개발자:**
  - 자유 계약 개발: 다양한 클라이언트와 계약을 통해 소프트웨어 개발 프로젝트를 수행한다.
- **IT 자문 및 컨설팅:**
  - 프리랜서 컨설턴트: IT 자문과 컨설팅을 제공하며, 여러 기업과 프로젝트를 독립적으로 수행한다.

5. 기술 관련 직종

- **IT 관리:**
  - IT 관리자: IT 부서의 관리 및 전략적 계획을 담당한다.
  - 프로젝트 매니저: IT 프로젝트를 계획하고 관리하여 성공적으로 완수하도록 한다.
- **소프트웨어 품질 보증:**
  - 품질 보증 엔지니어: 소프트웨어의 품질을 보증하기 위한 테스트와 검토를

수행한다.

6. 업계 내 경력 개발

- **경력 발전:**
  - 고급 기술자: 경력이 쌓이면 고급 기술직이나 관리직으로 발전할 수 있다.
  - 전문 분야: 특정 기술이나 도메인에서의 전문성을 바탕으로 전문 분야에서 활동할 수 있다.

정보처리기사 자격증은 IT 분야에서 기본적이면서도 필수적인 지식을 갖추었다는 것을 인정받는 자격증으로, 다양한 직무와 역할을 수행할 수 있는 기회를 제공한다. 자격증 취득 후에는 본인의 관심사와 진로에 맞는 분야를 선택하여 전문성을 더욱 강화하고 경력을 쌓는 것이 중요하다.

정보처리기사 전망

1. 산업 수요의 증가

- **IT 산업의 확대:**
  - 디지털 전환: 기업들이 디지털 전환을 추진하면서 IT 시스템과 소프트웨어 개발, 데이터 관리의 중요성이 높아지고 있다. 정보처리기사 자격증은 이러한 변화에 대응할 수 있는 기본적인 기술력을 갖추었다는 증명이다.
  - 클라우드 컴퓨팅 및 빅데이터: 클라우드 기반의 서비스와 빅데이터 분석이 중요해지면서, 이와 관련된 시스템 설계 및 관리, 데이터 처리 기술의 수요가 증가하고 있다.
- **다양한 산업 분야:**
  - 제조업, 금융업, 의료업 등: 거의 모든 산업에서 IT와 데이터 관리가 필요하다. 특히 금융, 제조, 의료 등 다양한 산업에서 정보처리기술에 대한 수요가 계속해서 증가하고 있다.

2. 직무의 다양화

- **기술적 직무:**
  - 소프트웨어 개발: 프로그램 개발, 애플리케이션 설계 및 개발 등 다양한

기술적 직무에 필요한 기초 지식을 제공한다.
- 데이터베이스 관리: 데이터베이스 설계와 관리, SQL 응용 등의 직무를 수행할 수 있다.

■ **전문적인 역할:**
- IT 컨설팅: 시스템 분석 및 설계, 프로젝트 관리 등을 통해 IT 컨설턴트로서의 역할을 수행할 수 있다.
- 정보 보안: 정보 보안과 관련된 직무에서도 기초적인 보안 지식과 시스템 분석 능력이 요구된다.

3. 경력 발전 기회

■ **경력 상승:**
- 중간 관리자: 정보처리기사 자격증을 통해 IT 직무에 대한 기본기를 갖추었다면, 경력이 쌓이면서 중간 관리자나 팀 리더 등의 역할로 발전할 수 있다.
- 고급 기술 전문가: 특정 기술 분야에서의 전문성을 통해 고급 기술자나 기술 자문 역할로 성장할 수 있다.

■ **자격증 및 교육 기회:**
- 기타 자격증 취득: 정보처리기사 자격증을 기초로 하여, 더 전문적인 자격증(예: 정보보안기사, 데이터베이스 관리자 자격증 등)을 취득하여 전문성을 강화할 수 있다.
- 교육 및 강사 역할: IT 교육이나 훈련 강사로 활동하며, 후배들을 양성하는 역할을 수행할 수 있다.

4. 글로벌 기회

■ **해외 진출:**
- 국제적 인정: 정보처리기사 자격증은 국제적으로 인정받는 기술적 능력을 증명한다. 따라서 해외 취업 기회나 국제 프로젝트에 참여할 수 있는 기회가 열립니다.
- 글로벌 IT 기업: 글로벌 IT 기업에서의 기회가 확대되며, 다양한 국가에서 활동할 수 있는 가능성이 있다.

5. 기술 발전의 대응

■ **신기술 적응:**

- IT 기술 발전: AI, 머신러닝, IoT(사물인터넷) 등 신기술의 발전에 따라, 정보처리기술의 기초 지식을 바탕으로 새로운 기술에 적응하고 활용할 수 있는 능력을 키울 수 있다.
- 지속적인 학습: 정보처리기사 자격증은 기본적인 지식과 기술을 제공하지만, 새로운 기술 동향에 대한 지속적인 학습이 필요하다.

6. 직무 안정성과 성장성

■ **높은 직무 안정성:**
- 기술적 필요: 정보처리기술에 대한 수요가 지속적으로 증가하면서 직무 안정성이 높은 분야이다.
- 경제적 변화 대응: 경제적 변화나 산업 구조의 변화에 강한 직무군으로, 경제 불황에도 상대적으로 안정적인 직무이다.

■ **지속적인 성장:**
- 기술의 필수성: 기술의 발전과 산업의 디지털화가 지속됨에 따라, 정보처리기술의 중요성도 계속해서 커질 것이다. 이로 인해 정보처리기사 자격증의 가치는 더욱 높아질 것이다.

정보처리기사 자격증은 IT 분야에서 중요한 기초 지식을 갖추었다는 것을 증명하는 자격증으로, 기술 발전과 산업 변화에 따라 많은 기회와 전망이 열려 있다. 자격증을 취득한 후에는 지속적인 학습과 경력 개발을 통해 더 많은 기회를 확보하고 전문성을 강화하는 것이 중요하다.

거푸집기능사

건축구조물의 대형화, 새로운 시공방법의 개발, 특수재료의 개발 등 건설공사의 급격한 발달과 증가로 인하여 많은 기능인력이 필요하게 됨에 따라 자격제도가 제정되었다. 거푸집기능사란 거푸집 조립, 해체 전문 인력 양성을 위해 제정된 제도이다. 자격증 취득 후 제작 및 설치, 철거 거푸집 조립 및 설치 등을 수행할 수 있다.

시험과목 및 방법

구분	시험과목	시험방법		
		문제형식	문항수	시험시간
실기시험	거푸집 작업	작업형	-	약 5시간 30분

합격기준

실기시험	100점을 만점으로 하여 60점 이상

시험일정

구분	실기원서접수	실기시험	최종합격자발표일
1회	02.05~02.08	03.16~04.07	04.09
2회	04.23~04.26	06.01~06.16	06.26
3회	07.16~07.19	08.17~09.03	09.11
4회	09.30~10.04	11.09~11.24	12.04

응시수수료

- 실기: 49,500원

TIP

거푸집기능사 실기시험은 필기시험이 없다는 장점이 있지만, 실기시험의 난이도와 준비 과정에서 주의할 점이 많다. 총 6시간 동안 진행되는 실기시험에서 성공적으로 결과를 내기 위해서는 다음과 같은 준비가 필요하다.

실기시험
- 실전 연습의 중요성
  - 실기시험에서는 주로 원통형 거푸집을 제작하는 경우가 많다. 가공 과정에서 빈틈없이 정확하게 맞추는 것이 중요한데, 이는 실전과 유사한 연습을 통해 익숙해져야 한다.
  - 실기 연습을 통해 실제 시험과 유사한 상황을 체험하고, 공구 사용에 숙련되도록 한다.
- 도구 준비
  - 필수 도구: 연필, 지우개, 드릴 비트 날, 직소기 날 등 필요한 도구를 충분히 준비한다. 이러한 도구들은 시험 중에 사용되며, 갑작스러운 상황에 대처할 수 있도록 연습한다.
- 시간 관리 연습
  - 연습할 때 타이머를 설정하여 시간 관리를 연습한다. 시험 시간에 맞춰 작업을 완료할 수 있도록, 점차 시간을 줄여가며 반복 연습하는 것이 중요하다.
- 전체 제작 과정 경험
  - 실기학원에서는 완전 조립까지 경험하기 어려울 수 있으므로, 가능하다면 처음부터 끝까지 거푸집을 제작하는 연습을 해보는 것이 좋다. 이를 통해 제작 과정의 모든 단계에 익숙해질 수 있다.
- 거푸집기능사 공개문제 도면 활용

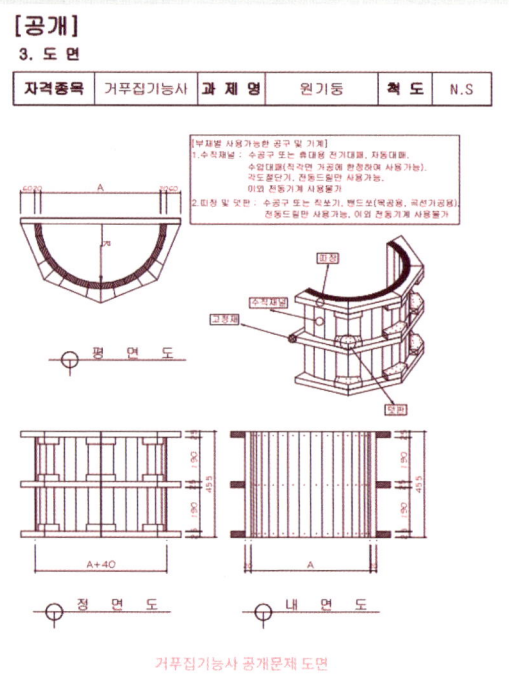

거푸집기능사 공개문제 도면

- 도면 분석: 공개된 문제 도면을 활용하여 시험에서 요구되는 도면의 형식과 구조를 이해한다.
- 연습문제 풀이: 공개문제 도면을 바탕으로 실습을 통해 문제 해결 능력을 기른다. 도면을 정확하게 읽고, 필요한 가공 작업을 수행하는 연습을 통해 실기시험에 대한 자신감을 높일 수 있다.

이와 같은 방법으로 거푸집기능사 실기시험을 철저히 준비하면 시험에서 좋은 결과를 얻는 데 도움이 될 것이다. 실전과 유사한 연습을 통해 자신감을 쌓고, 필요한 도구와 기술을 익히는 것이 중요하다.

자격증 취득 후 하는 일

1. 건설 현장 업무

- **거푸집 설치 및 조립**
  - 거푸집 제작: 콘크리트 구조물의 형태를 만들기 위해 거푸집을 설계하고 제작한다.
  - 거푸집 설치: 설치 도면에 따라 거푸집을 정확하게 조립하고 고정한다. 이는 구조물의 정확한 형태와 강도를 보장하는 중요한 작업이다.
- **거푸집 해체 및 유지보수**
  - 거푸집 해체: 콘크리트가 굳은 후, 거푸집을 해체하고, 부품을 점검하여 재사용 가능한 상태로 유지한다.
  - 유지보수: 거푸집의 손상이나 마모를 점검하고, 필요한 수리 및 유지보수를 수행한다.
- **현장 관리 및 감독**
  - 작업 계획 및 조정: 거푸집 설치 및 해체 일정을 조정하고, 작업 인력을 관리한다.
  - 품질 관리: 거푸집의 품질과 안전성을 유지하기 위해 현장 점검 및 품질 관리를 수행한다.

2. 제작 및 설계 관련 직무

- **거푸집 설계**
  - 설계 도면 작성: 구조물에 적합한 거푸집의 설계 도면을 작성하고, 필요한 자재와 부품을 선정한다.

- 맞춤형 거푸집 제작: 특수한 구조물에 맞춤형 거푸집을 설계하고 제작한다.

■ 제작 기술 지원
- 기술 지원: 거푸집 제작 과정에서 발생할 수 있는 기술적 문제를 해결하고, 기술적 지원을 제공한다.
- 공정 개선: 거푸집 제작 및 설치 공정을 분석하여 효율성을 높이고, 공정을 개선한다.

3. 건설 관련 자문 및 교육

■ 건설 자문
- 현장 자문: 건설 현장에서 거푸집과 관련된 기술적 자문을 제공하고, 문제 해결을 지원한다.
- 공사 계획: 공사의 계획 및 준비 단계에서 거푸집 관련 사항을 검토하고, 제안한다.

■ 교육 및 훈련
- 현장 교육: 신규 직원이나 현장 작업자에게 거푸집 설치 및 관리에 대한 교육을 실시한다.
- 기술 교육: 거푸집과 관련된 최신 기술 및 방법에 대한 교육을 제공한다.

4. 프리랜서 및 자영업

■ 프리랜서 거푸집 전문가
- 프리랜서 작업: 건설 프로젝트에서 프리랜서로 거푸집 설치 및 관리 작업을 수행한다.
- 계약 작업: 다양한 건설 프로젝트에 계약을 통해 참여하며, 전문 기술을 제공하는 역할을 한다.

■ 자영업
- 자체 사업 운영: 거푸집 제작 및 설치를 전문으로 하는 회사를 운영하며, 사업을 확장할 수 있다.
- 전문 서비스 제공: 고유의 기술과 경험을 바탕으로 고객에게 맞춤형 거푸집 솔루션을 제공한다.

5. 경력 발전 및 자격증

■ 경력 발전

- 프로젝트 관리자: 경력이 쌓이면 거푸집 설치 및 관리 프로젝트를 총괄하는 관리자 역할을 맡을 수 있다.
- 건설 기술자: 거푸집 관련 기술을 기반으로 건설 기술자로서의 경로를 선택할 수 있다.
- 추가 자격증
- 관련 자격증 취득: 거푸집기능사 외에도 건설 관련 다른 자격증(예: 건축기사, 토목기사 등)을 취득하여 전문성을 강화할 수 있다.
- 거푸집기능사 자격증은 건설 현장에서 중요한 역할을 하며, 다양한 직무와 경로로 발전할 수 있는 기회를 제공한다. 자격증을 취득한 후에는 현장 경험을 쌓고, 관련 기술 및 지식을 계속해서 업데이트하며 경력을 쌓아 나가는 것이 중요하다.

거푸집기능사 전망

1. 건설 산업의 지속적인 성장

- **도시화 및 인프라 개발:**
  - 도시화: 지속적인 도시화와 인구 증가로 인해 새로운 건물과 인프라의 수요가 계속해서 증가하고 있다. 이로 인해 거푸집을 설치하고 관리할 전문가의 필요가 지속적으로 높아질 것이다.
  - 인프라 프로젝트: 교량, 터널, 도로 등 대규모 인프라 프로젝트가 진행됨에 따라 거푸집의 중요성이 커지고 있다.
- **건축 및 토목 공사:**
  - 건축 공사: 상업용 및 주거용 건물의 건축이 계속되고 있으며, 이들 건물의 구조적 안정성을 확보하기 위해 거푸집이 필수적으로 사용된다.
  - 토목 공사: 도로, 교량, 댐 등 토목 공사에서도 거푸집의 사용이 필요하다.

2. 기술 발전과 혁신

- **첨단 기술 도입:**
  - 스마트 거푸집: 첨단 기술을 적용한 스마트 거푸집 시스템이 개발되면서, 이에 대한 기술적 이해와 경험이 중요해지고 있다.

- 모듈화 및 표준화: 거푸집의 모듈화 및 표준화가 진행됨에 따라, 이를 효과적으로 다룰 수 있는 전문가의 수요가 증가한다.

■ **효율적인 공사 방법:**
- 건축 자재의 변화: 새로운 건축 자재와 기법이 도입됨에 따라 거푸집의 설계와 설치 방법도 변화하고 있다. 이에 대한 적응력이 중요한 역할을 한다.

3. 직무의 다양화와 기회

■ **전문 분야의 확대:**
- 맞춤형 거푸집 설계: 다양한 건축물에 맞춤형 거푸집을 설계하고 제작하는 역할이 확대되고 있다.
- 공정 개선 및 관리: 거푸집 설치 공정을 개선하고 효율성을 높이는 역할로 전문성을 발휘할 수 있다.

■ **프리랜서 및 자영업 기회:**
- 프리랜서 작업: 건설 프로젝트에서 프리랜서로 활동하거나 계약직으로 거푸집 설치 및 관리 작업을 수행할 기회가 있다.
- 자영업: 거푸집 제작 및 설치를 전문으로 하는 회사를 운영하거나, 관련 서비스 제공을 통해 사업을 확장할 수 있다.

4. 경력 발전과 전문성 강화

■ **경력 상승:**
- 현장 관리 및 감독: 경력이 쌓이면서 현장 관리자나 프로젝트 관리자로서의 역할로 발전할 수 있다.
- 기술 자문: 거푸집 관련 기술 자문 역할을 수행하며, 다양한 프로젝트에서 기술적 조언을 제공할 수 있다.

■ **추가 자격증 및 교육:**
- 관련 자격증 취득: 건설 분야의 다른 자격증(예: 건축기사, 토목기사 등)을 취득하여 전문성을 강화하고 경로를 넓힐 수 있다.
- 교육 및 훈련: 후배를 교육하거나, 기술 교육을 통해 지속적으로 경력을 쌓을 수 있다.

5. 글로벌 기회

■ 해외 진출:
- 글로벌 건설 프로젝트: 국제적인 건설 프로젝트에 참여할 기회가 있으며, 해외에서 거푸집 관련 전문가로 활동할 수 있다.
- 기술적 인정: 거푸집기능사 자격증은 국제적으로 인정받는 기술을 증명하며, 해외 취업 기회가 열릴 수 있다.

22 한식조리기능사

한식, 양식, 중식, 일식, 복어조리의 메뉴 계획에 따라 식재료를 선정, 구매, 검수, 보관 및 저장하며 맛과 영양을 고려하여 안전하고 위생적으로 조리 업무를 수행하며 조리기구와 시설을 위생적으로 관리,유지하여 음식을 조리, 제공하는 전문인력을 양성하기 위하여 자격제도가 제정되었다. 한식조리기능사는 외식산업이 대형화·전문화되면서 조리업무 전반에 대한 기술·인력·경영관리를 담당한다.

한식조리기능사 실기시험 변경사항

(1) 수험자 지참 준비물 규격의 변경

준비물	변경 전	변경 후
칼 등 조리기구	길이를 측정할 수 있는 눈금표시(cm)가 없을 것	제한 폐지
	※단, mL용량표시 허용	※모든 조리기구에 눈금 표시 사용 허용
면보/행주	색상 미지정	흰색

(2) 지급 재료의 변경

과제번호	과제명	지급재료 변경 전	지급재료 변경 후
23	무생채	1. 무 100g	1. 무 120g

※ 기존 무생채 과제에서 지급재료는 무100g 이었지만, 2022년에는 무120g으로 변경되었다.

시험과목 및 방법

구분	시험과목	시험방법 문제형식	문항수	시험시간
필기시험	한식재료관리 음식조리 및 위생관리	객관식 4 지 택일형	60 문항	60 분
실기시험	한식조리 실무	작업형	–	70 분 정도

합격기준

필기시험	100점을 만점으로 하여 60점 이상
실기시험	100점을 만점으로 하여 60점 이상

시험일정

■ 필기시험일정

회별	원서접수	필기시험
제 1 회	01.03~01.04	01.08~01.12
제 2 회	01.09~01.10	01.15~01.19
제 3 회	01.16~01.17	01.22~01.26
제 4 회	01.23~01.24	01.29~02.02
제 5 회	01.30~01.31	02.05~02.07
제 6 회	02.14~02.15	02.20~02.23
제 7 회	02.28~02.29	03.05~03.08
제 8 회	03.50~03.06	03.11~03.15
제 9 회	03.14~03.15	03.20~03.22
제 10 회	03.19~03.20	03.25~03.29
제 11 회	03.26~03.27	04.01~04.05
제 12 회	04.02~04.03	04.08~04.09, 04.11~04.12
제 13 회	04.11~04.12	04.17~04.19
제 14 회	04.16~04.17	04.22~04.26
제 15 회	04.23~04.24	04.29~04.30, 05.02~05.03
제 16 회	05.02~05.03	05.08~05.10
제 17 회	05.16~05.17	05.22~05.24
제 18 회	05.21~05.22	05.27~05.31
제 19 회	05.28~05.29	06.03~06.05, 06.07
제 20 회	06.04~06.05	06.10~06.14
제 21 회	06.11~06.12	06.17~06.21
제 22 회	06.18~06.19	06.24~06.28
제 23 회	06.25~06.26	07.01~07.05

회별	원서접수	필기시험
제 24 회	07.02~07.03	07.08~07.12
제 25 회	07.16~07.17	07.22~07.26
제 26 회	07.23~07.24	07.29~08.02
제 27 회	07.30~07.31	08.05~08.09
제 28 회	08.06~08.07	08.12~08.14
제 29 회	08.13~08.14	08.19~08.23
제 30 회	08.20~08.21	08.26~08.30
제 31 회	08.27~08.28	09.02~09.06
제 32 회	09.03~09.04	09.09~09.13
제 33 회	09.24~09.25	09.30~10.02
제 34 회	10.15~10.16	10.21~10.25
제 35 회	10.22~10.23	10.28~11.01
제 36 회	10.29~10.30	11.04~11.08
제 37 회	11.05~11.06	11.11~11.15
제 38 회	11.12~11.13	11.18~11.22
제 39 회	11.19~11.20	11.25~11.29
제 40 회	11.26~11.26	12.02~12.06
제 41 회	12.03~12.04	12.09~12.13
제 42 회	12.10~12.11	12.16~12.20
제 43 회	12.17~12.18	12.23~12.24

■ 실기시험일정

회별	원서접수	실기시험	합격자발표	미시행일
제 1 회	01.04~01.05	01.15~01.26	02.01(목)	01.21
제 2 회	01.18~01.19	01.29~02.08	02.15(목)	02.03
제 3 회	02.01~02.02	02.19~02.29	03.07(목)	02.25
제 4 회	02.15~02.16	03.04~03.15	03.21(목)	03.09
제 5 회	03.07~03.08	03.19~03.29	04.04(목)	03.24
제 6 회	03.21~03.22	04.01~04.12	04.18(목)	04.06, 04.10
제 7 회	04.04~04.05	04.15~04.30	05.09(목)	04.21, 04.27~04.28
제 8 회	04.18~04.19	05.02~05.17	05.23(목)	05.05~05.06, 05.11~05.12, 5.15

회별	원서접수	실기시험	합격자발표	미시행일
제 9 회	05.09~05.10	05.20~05.31	06.05(수)	05.26
제 10 회	05.23~05.24	06.10~06.21	06.27(목)	06.15
제 11 회	06.13~06.14	06.24~07.05	07.11(목)	06.30
제 12 회	06.27~06.28	07.08~07.19	07.25(목)	07.13
제 13 회	07.11~07.12	07.22~08.02	08.08(목)	07.28
제 14 회	07.25~07.26	08.05~08.16	08.22(목)	08.10, 08.15
제 15 회	08.08~08.09	08.19~08.30	09.05(목)	08.25
제 16 회	08.22~08.23	09.02~09.13	09.26(목)	09.07
제 17 회	09.06~09.06	09.23~10.04	10.17(목)	09.29, 10.03
제 18 회	09.26~09.27	10.15~10.25	10.31(목)	10.19
제 19 회	10.17~10.18	10.28~11.08	11.14(목)	11.03
제 20 회	10.31~11.01	11.11~11.22	11.28(목)	11.16
제 21 회	11.14~11.15	11.25~12.06	12.12(목)	12.01
제 22 회	11.28~11.29	12.09~12.20	12.26(목)	12.14

응시수수료

- 필기: 14,500원
- 실기: 26,900원

한식조리기능사 실기 메뉴별 조리시간

문제번호	한식과제명	시험시간
1	비빔밥	50
2	콩나물밥	30
3	장국죽	30
4	완자탕	30
5	생선찌개	30
6	두부젓국찌개	20
7	제육구이	30
8	너비아니구이	25

문제번호	한식과제명	시험시간
9	더덕구이	30
10	생선양념구이	30
11	북어구이	20
12	섭산적	30
13	화양적	35
14	지짐누름적	35
15	풋고추전	25
16	표고전	20
17	생선전	25
18	육원전	20
19	두부조림	25
20	홍합초	20
21	겨자채	35
22	도라지생채	15
23	무생채	15
24	더덕생채	20
25	육회	20
26	미나리강회	35
27	탕평채	35
28	잡채	35
29	칠절판	40
30	오징어볶음	30
31	재료썰기	25

※ 실기시험의 경우 기본적으로 2가지 메뉴를 모두 시간 내 완성해야 채점 대상이 된다. 실기시험 채점은 안전관리 5점, 조리기술 30점, 작품의 평가 15점으로 평가해 2가지 메뉴 합계 100점 만점 중 60점 이상 득점해야 한다. 한식조리기능사 실기시험에서 조리도 못해보고 실격처리 당해 불합격하는 경우가 종종 있는데, 위생복, 위생모, 앞치마, 마스크 중 한 가지라도 착용하지 않은 경우와 지정된 수험자 지참 준비물 이외의 조리기구를 사용했을 경우이므로 주의하여야 한다.

한식조리기능사 실기 개인위생상태 및 복장 준비

순번	구분	세부기준
1	위생복 상의	전체 흰색, 손목까지 오는 긴소매 조리과정에서 발생 가능한 안전사고(화상 등) 예방 및 식품위생(체모 유입방지, 오염도 확인 등) 관리를 위한 기준 적용 조리과정에서 편의를 위해 소매를 접어 작업하는 것은 허용 부직포, 비닐 등 화재에 취약한 재질이 아닐 것, 팔토시는 긴팔로 불인정·상의 여밈은 위생복에 부착된 것이어야 하며 벨크로(일명 찍찍이), 단추 등의 크기, 색상, 모양, 재질은 제한하지 않음(단, 핀 등 별도 부착한 금속성은 제외이)
2	위생복 하의	•색상·재질무관, 안전과 작업에 방해가 되지 않는 발목까지 오는 긴바지 조리기구 낙하, 화상 등 안전사고 예방을 위한 기준 적용
3	위생모	전체 흰색, 빈틈이 없고 바느질 마감처리가 되어 있는 일반 조리장에서 통용되는 위생모 (모자의 크기, 길이, 모양, 재질(면·부직포 등)은 무관
4	앞치마	전체 흰색, 무릎아래까지 덮이는 길이 상하일체형(목끈형) 가능, 부직포·비닐 등 화재에 취약한 재질이 아닐 것
5	마스크	침액을 통한 위생상의 위해 방지용으로 종류는 제한하지 않음 (단, 감염병 예방법에 따라 마스크 착용 의무화 기간에는 '투명 위생 플라스틱입가리개'는 마스크 착용으로 인정하지 않음)
6	위생화(작업화)	색상 무관, 굽이 높지 않고 발가락·발등·발뒤꿈치가 덮여 안전사고를 예방할 수 있는 깨끗한 운동화 형태
7	장신구	일체의 개인용 장신구 착용 금지(단, 위생모 고정을 위한 머리핀 허용)
8	두발	단정하고 청결할 것, 머리카락이 길 경우 흘러내리지 않도록 머리망을 착용하거나 묶을 것
9	손/손톱	손에 상처가 없어야하나, 상처가 있을 경우 보이지 않도록 할 것(시험위원 확인 하에 추가 조치 가능) 손톱은 길지 않고 청결하며 매니큐어, 인조손톱 등을 부착하지 않을 것
10	폐식용유 처리	사용한 폐식용유는 시험위원이 지시하는 적재장소에 처리할 것
11	교차오염	교차오염 방지를 위한 칼, 도마 등 조리기구 구분 사용은 세척으로 대신하여 예방할 것 조리기구에 이물질(예, 테이프)을 부착하지 않을 것
12	위생관리	재료, 조리기구 등 조리에 사용되는 모든 것은 위생적으로 처리하여야 하며, 조리용으로 적합한 것일 것

순번	구분	세부기준
13	안전사고 발생처리	칼 사용(손 베임) 등으로 안전사고 발생 시 응급조치를 하여야하며, 응급조치에도 지혈이 되지 않을 경우 시험진행 불가
14	부정방지	위생복, 조리기구 등 시험장내 모든 개인물품에는 수험자의 소속 및 성명 등의 표식이 없을 것 (위생복의 개인 표식 제거는 테이프로 부착 가능)
15	테이프사용	위생복 상의, 앞치마, 위생모의 소속 및 성명을 가리는 용도로만 허용

※ 규정에 어긋나는 위생복이나 앞치마 등을 착용할 경우에는 감점을 당하게 되니 미리 확인하고 준비하여야 한다. 특히, 흰색이 아닌 유색 유니폼을 착용했을 경우 위생상태 및 안전관리 배점을 0점처리 당해 10점이 깎이게 되니 주의가 필요하다. 2021년8월1일부터는 위생복 상의·앞치마를 착용하더라도 부직포, 비닐 등 화재에 취약한 재질의 복장을 착용한 경우 0점처리되니 재질도 잘 살펴보고 구매하는 것이 좋다.

※ 위 내용은 안전관리인증기준(HACCP) 평가(심사) 매뉴얼, 위생등급 가이드라인 평가 기준 및 시행상의 운영사항을 참고하여 작성된 기준이다.

TIP

필기시험
- **시험 개편과 중요성:**
  2020년부터 한식조리기능사 필기시험이 전면 개편되었다. 그러나 2014년과 2015년 기출문제에서 출제된 문제가 여전히 많이 등장하고 있다. 따라서 기출문제를 철저히 분석하고 준비하는 것이 중요하다.
- **효율적인 학습 방법:**
  - 문제은행식 시험: 필기시험은 4지 선다형 문제은행식으로 출제된다. 이 방식에 맞추어 공부할 때는 기출문제를 중심으로 학습하는 것이 효과적이다.
  - 핵심 내용 암기: 교재를 일일이 읽는 것보다는 빈출되는 내용이나 자주 출제되는 항목을 선별하여 암기하는 것이 더 효율적이다. 기출문제를 통해 자주 출제되는 내용을 파악하고, 시험 직전에 빠르게 훑을 수 있는 최종 요약본을 만들어 두는 것이 좋다.
  - 최종 요약본: 요약본은 본인에게 최적화된 내용으로 엑기스만 담아야 한다. 기출문제를 풀며 자주 출제되는 내용과 중요 포인트를 표시하고, 시험 직전에는 이 요약본을 바탕으로 빠르게 복습한다.
- **시험 준비와 점검:**
  - 기출문제 반복 학습: 필기시험 준비는 일주일 정도의 집중 학습으로 합격할 수 있는 정도로 난이도가 낮다. 기출문제를 반복하여 약점을 보완하고, 틀린 부분을 철저히 암기하는 것이 중요하다.
  - CBT 방식: 필기시험은 CBT(Computer Based Test) 방식으로 시행되며, 시험 종료 즉시 합격 여부를 확인할 수 있다.

실기시험
- **조리대 세팅:**
  - 도구와 그릇 세팅: 실기시험의 시작은 조리대에 필요한 도구와 그릇을 정확히 세팅하는 것이다. 시험장에서는 지급된 프린터물을 참고하여 필요한 도구와 그릇을 정확히 배치

해야 한다.
- 사전 숙지: 각 메뉴에 필요한 도구와 그릇을 미리 숙지하고 준비하는 것이 필수이다. 필요 없는 도구를 세팅하면 감점이 될 수 있으므로 주의가 필요하다.
- 조리 과정과 시간 관리:
- 그릇 구분과 설거지: 실기시험은 정해진 시간이 주어지기 때문에 그릇을 구분 없이 사용하면 설거지할 거리가 늘어나게 된다. 시험 전에 연습할 때는 어떤 그릇을 사용할지 파악하고, 혼동하지 않도록 주의한다.
- 메뉴 준비: 실기시험에서는 31가지 실기 메뉴 중 2가지가 랜덤으로 출제된다. 모든 메뉴를 준비하여 실습하는 것이 중요하다. 각 메뉴의 재료, 조리 시간, 요구 사항을 충분히 숙지하고 연습해야 한다.
- 요구 사항 준수:
- 메뉴별 요구 사항: 각 메뉴마다 조리 과정에서 준수해야 할 요구 사항이 다르다. 예를 들어, 비빔밥을 조리할 경우 채소, 소고기, 황/백지단의 크기를 정확히 0.3cm x 0.3cm x 5cm로 썰어야 하며, 이를 50분 안에 완성해야 한다. 시간 내에 조리를 완료하지 못하면 불합격할 수 있다.

이와 같은 준비 방법을 통해 한식조리기능사 시험에 효과적으로 대비할 수 있다. 필기시험은 기출문제를 중심으로 효율적으로 학습하고, 실기시험은 실전과 유사한 연습을 통해 모든 요구 사항을 충족시키는 것이 중요하다.

자격증 취득 후 하는 일

1. 레스토랑 및 식당에서의 역할

- **주방장 또는 셰프**
  - 메뉴 개발: 새로운 한식 메뉴를 개발하고, 고객의 요구에 맞춘 메뉴를 기획한다.
  - 조리 및 운영 관리: 주방에서 직접 요리를 하고, 주방 직원의 업무를 관리하며, 조리 과정을 감독한다.
  - 품질 관리: 음식의 품질을 유지하고, 맛과 프레젠테이션을 관리한다.
- **조리사 또는 주방 보조**
  - 요리 준비: 주방에서 요리 재료를 준비하고, 조리 과정을 돕는다.
  - 일상적인 조리 작업: 기본적인 한식 조리 작업을 수행하며, 레시피에 따라 음식을 만든다.
- **한식 전문 레스토랑**
  - 한식 전문 지식: 한식의 전통적인 조리법과 현대적인 변형을 적용하여 고객에게 제공하는 역할을 한다.

- 문화적 요소 강조: 한식의 문화적 가치와 전통을 강조하여 고객에게 한식의 매력을 전달한다.

2. 호텔 및 리조트에서의 역할

- **호텔 주방장**
  - 호텔 내 레스토랑 운영: 호텔 내 레스토랑에서 한식 메뉴를 운영하고, 특별 이벤트나 뷔페에서 한식 코너를 관리한다.
  - 고객 맞춤 서비스: 고객의 요구에 맞춘 개인화된 한식 요리를 제공한다.
- **리조트 주방 운영**
  - 리조트 내 조리 작업: 리조트의 다양한 레스토랑에서 한식 메뉴를 준비하고, 지역 특산물과 결합하여 새로운 요리를 개발한다.
  - 이벤트 및 연회: 리조트 내 특별 이벤트나 연회에서 한식 요리를 제공한다.

3. 조리 교육 및 강의

- **조리 학원 및 교육 기관**
  - 조리 강사: 조리 학원이나 교육 기관에서 한식 조리 기법을 가르치고, 수강생들에게 전문적인 교육을 제공한다.
  - 워크숍 및 세미나: 한식 조리법에 대한 워크숍이나 세미나를 진행하여, 전문 지식을 전파한다.
- **자격증 관련 교육**
  - 시험 대비 교육: 한식조리기능사 자격증 시험 대비를 위한 교육 프로그램을 운영하고, 수험생들에게 실습 및 이론 교육을 제공한다.

4. 자영업 및 창업

- **한식 식당 운영**
  - 자체 식당 개업: 자영업자로서 한식 전문 식당을 운영하며, 메뉴 개발 및 고객 서비스에 집중한다.
  - 프랜차이즈: 한식 프랜차이즈를 운영하거나, 프랜차이즈 가맹점을 오픈하여 사업을 확장한다.
- **푸드트럭 운영**
  - 이동식 한식 푸드트럭: 이동식 푸드트럭에서 다양한 한식 메뉴를 제공하여, 새로운 고객층을 유치한다.

5. 전문가 및 자문 역할

- **음식 문화 전문가**
  - 문화 자문: 음식 문화와 관련된 전문가로 활동하며, 한식의 문화적 가치를 설명하고 홍보한다.
  - 매체 출연: TV 프로그램, 유튜브 채널 등에서 한식 요리 관련 콘텐츠를 제작하고, 전문 지식을 공유한다.
- **조리 관련 자문**
  - 레시피 개발: 다양한 음식점이나 호텔에서 레시피 개발에 자문을 제공하며, 메뉴 개선 및 효율성을 높이는 역할을 한다.
  - 조리 기법 자문: 조리 기법에 대한 자문을 제공하고, 새로운 조리 기법을 제안한다.

6. 건강 및 웰빙 분야

- **건강식 조리사**
  - 건강식 개발: 건강식을 전문으로 하여, 영양가 높은 한식 메뉴를 개발하고 제공한다.
  - 웰빙 식단: 개인 맞춤형 웰빙 식단을 구성하여 건강과 다이어트에 도움을 주는 조리사로 활동한다.
- **영양사와 협업**
  - 영양 상담: 영양사와 협업하여 한식의 영양적 가치를 강조하고, 건강한 식단을 제공한다.
  - 한식조리기능사 자격증을 취득하면 다양한 분야에서 한식 조리의 전문성을 발휘할 수 있으며, 주방에서의 역할 외에도 교육, 자영업, 자문 등 여러 방면에서 기회를 갖게 된다. 자격증을 바탕으로 경력을 쌓고, 전문성을 계속해서 강화하는 것이 중요하다.

한식조리기능사 전망

1. 한식의 글로벌 인기와 수요 증가

- **세계적인 한식 인기:**
  - 한식의 세계적 확산: 한국 드라마, K-팝, 그리고 건강식으로서의 인식이

높아지면서, 한식에 대한 세계적인 관심과 수요가 증가하고 있다. 이는 해외에서 한식 전문 셰프와 조리사의 수요를 더욱 높이고 있다.
- 국제적인 한식 레스토랑: 해외에 한식 레스토랑과 프랜차이즈가 확장되면서, 한식 조리의 전문성을 가진 인력이 필요해지고 있다.

■ **문화 교류와 관광 산업:**
- 문화 교류: 한국 문화에 대한 글로벌 관심이 커지면서 한식 조리사로서의 역할이 강조되고 있다.
- 관광 산업: 한국을 방문하는 외국 관광객들에게 한식을 제공하는 호텔, 리조트, 레스토랑에서의 수요가 지속적으로 증가하고 있다.

2. 산업의 지속적인 성장

■ **레스토랑 및 호텔 산업의 확장:**
- 레스토랑과 호텔: 새로운 레스토랑과 호텔의 개설이 지속되면서, 한식 조리의 전문성을 가진 인력의 필요성이 높아지고 있다. 특히 고급 레스토랑과 호텔에서는 정통 한식을 제공하는 전문가를 선호한다.
- 리조트와 이벤트: 리조트와 대형 이벤트에서의 한식 코너 운영도 활성화되면서 기회가 확대되고 있다.

■ **프랜차이즈 및 자영업:**
- 프랜차이즈 창업: 한식 프랜차이즈의 성장이 계속됨에 따라, 창업 및 운영 전문가로서의 역할이 중요해지고 있다.
- 자영업: 개인 식당이나 푸드트럭 등에서 자영업을 통해 한식을 제공하며, 자신의 브랜드를 구축할 수 있는 기회가 늘어나고 있다.

3. 기술 발전과 조리 트렌드

■ **첨단 조리 기술:**
- 스마트 주방: 기술의 발전에 따라 스마트 조리 기기와 첨단 주방 기술이 도입되고 있으며, 이에 대한 이해와 적용 능력이 요구된다.
- 푸드 테크: 푸드 테크와 혁신적인 조리 기법이 발전하면서, 이에 맞춘 조리 방법과 기술의 필요성이 커지고 있다.

■ **건강 및 웰빙 트렌드:**
- 건강식: 건강과 웰빙을 중시하는 트렌드가 확산됨에 따라, 영양가 높은

한식 메뉴 개발과 제공이 중요해지고 있다.
- 다이어트 및 특수 식단: 다이어트와 특수 식단(채식, 저염 등)에 맞춘 한식 메뉴 제공이 필요해지고 있다.

4. 교육과 전문성 강화

■ **교육 기회 확대:**
- 조리 교육 기관: 조리 교육 기관에서 한식 조리 기법을 가르치는 기회가 증가하고 있으며, 조리사로서의 전문성을 높일 수 있다.
- 자격증과 추가 교육: 한식조리기능사 자격증을 바탕으로 추가적인 자격증(예: 조리 기능사, 호텔조리사) 취득과 전문 교육을 통해 경력을 확장할 수 있다.

■ **전문가 역할:**
- 기술 자문: 조리 기법과 메뉴 개발에 대한 자문 역할로 활동할 수 있으며, 전문적인 기술과 지식을 공유하는 기회가 많아진다.
- 미디어 출연: 요리 방송, 유튜브 채널 등에서 한식 조리 전문가로 출연하여 대중과 소통할 수 있는 기회가 열려 있다.

5. 창의적이고 혁신적인 기회

■ **요리 경연 대회:**
- 경연 대회 참가: 다양한 요리 경연 대회에 참가하여 자신의 조리 실력을 뽐내고, 경력을 쌓을 수 있다.
- 수상 및 인정: 대회에서 수상하면 경력에 큰 도움이 되며, 업계에서의 인정도를 높일 수 있다.

■ **창의적인 메뉴 개발:**
- 레시피 개발: 창의적이고 혁신적인 메뉴 개발을 통해 한식의 새로운 변형을 시도하고, 고객의 요구를 충족시킬 수 있다.
- 협업과 실험: 다양한 식재료와 조리 기법을 활용하여 독창적인 요리를 개발하는 기회를 가질 수 있다.

양식조리기능사

한식, 양식, 중식, 일식, 복어조리의 메뉴 계획에 따라 식재료를 선정, 구매, 검수, 보관 및 저장하며 맛과 영양을 고려하여 안전하고 위생적으로 조리 업무를 수행하며 조리기구와 시설을 위생적으로 관리,유지하여 음식을 조리,제공하는 전문인력을 양성하기 위하여 자격제도가 제정되었다. 양식조리기능사란 양식조리 전문 인력 양성을 위해 제정된 제도이다. 자격증 취득 후 주문, 검수, 맛, 영향 등을 수행할 수 있다.

양식조리기능사 개정사항

준비물	변경 전	변경 후
칼 등 조리기구	길이를 측정할 수 있는 눈금표시(cm)가 없을 것	제한 폐지
	※단, mL용량표시 허용	※모든 조리기구에 눈금 표시 사용 허용
면보/행주	색상 미지정	흰색

양식조리기능사 지급재료 변경사항

해산물 샐러드에 모시조개, 백합 등으로 대체가 가능하다.

| 과제번호 | 과제명 | 시험문제 요구사항 | |
		변경 전	변경 후
27	해산물샐러드	4.중합	모시조개,백합 등 대체 가능

양식조리기능사 실기시험 변경사항

2023년부터 조리기능사 실기 시험에서 수험자 유의사항 실격 사항의 일부 내용과 위생상태 및 안전관리 세부 기준 내용이 수정되었다. 또한 조리기능사 종목마다 전체적으로 과제별 요구사항과 과제명, 재료 등이 변경되었으니 관련된 공지사항을 확인하는 것이 좋다.

시험과목 및 방법

구분	시험과목	시험방법		
		문제형식	문항수	시험시간
필기시험	양식 재료관리, 음식조리 및 위생관리	객관식	60 문항	60 분
실기시험	양식조리 실무	작업형	–	70 분 정도

합격기준

필기시험	100점을 만점으로 하여 60점 이상
실기시험	100점을 만점으로 하여 60점 이상

시험일정

■ 필기시험일정

회별	원서접수	필기시험
제 1 회	01.03~01.04	01.08~01.12
제 2 회	01.09~01.10	01.15~01.19
제 3 회	01.16~01.17	01.22~01.26
제 4 회	01.23~01.24	01.29~02.02
제 5 회	01.30~01.31	02.05~02.07
제 6 회	02.14~02.15	02.20~02.23
제 7 회	02.28~02.29	03.05~03.08
제 8 회	03.50~03.06	03.11~03.15
제 9 회	03.14~03.15	03.20~03.22
제 10 회	03.19~03.20	03.25~03.29
제 11 회	03.26~03.27	04.01~04.05
제 12 회	04.02~04.03	04.08~04.09, 04.11~04.12
제 13 회	04.11~04.12	04.17~04.19
제 14 회	04.16~04.17	04.22~04.26
제 15 회	04.23~04.24	04.29~04.30, 05.02~05.03
제 16 회	05.02~05.03	05.08~05.10

회별	원서접수	필기시험
제 17 회	05.16~05.17	05.22~05.24
제 18 회	05.21~05.22	05.27~05.31
제 19 회	05.28~05.29	06.03~06.05, 06.07
제 20 회	06.04~06.05	06.10~06.14
제 21 회	06.11~06.12	06.17~06.21
제 22 회	06.18~06.19	06.24~06.28
제 23 회	06.25~06.26	07.01~07.05
제 24 회	07.02~07.03	07.08~07.12
제 25 회	07.16~07.17	07.22~07.26
제 26 회	07.23~07.24	07.29~08.02
제 27 회	07.30~07.31	08.05~08.09
제 28 회	08.06~08.07	08.12~08.14
제 29 회	08.13~08.14	08.19~08.23
제 30 회	08.20~08.21	08.26~08.30
제 31 회	08.27~08.28	09.02~09.06
제 32 회	09.03~09.04	09.09~09.13
제 33 회	09.24~09.25	09.30~10.02
제 34 회	10.15~10.16	10.21~10.25
제 35 회	10.22~10.23	10.28~11.01
제 36 회	10.29~10.30	11.04~11.08
제 37 회	11.05~11.06	11.11~11.15
제 38 회	11.12~11.13	11.18~11.22
제 39 회	11.19~11.20	11.25~11.29
제 40 회	11.26~11.26	12.02~12.06
제 41 회	12.03~12.04	12.09~12.13
제 42 회	12.10~12.11	12.16~12.20
제 43 회	12.17~12.18	12.23~12.24

■ 실기시험일정

회별	원서접수	실기시험	합격자발표	미시행일
제 1 회	01.04~01.05	01.15~01.26	02.01(목)	01.21
제 2 회	01.18~01.19	01.29~02.08	02.15(목)	02.03

회별	원서접수	실기시험	합격자발표	미시행일
제 3 회	02.01~02.02	02.19~02.29	03.07(목)	02.25
제 4 회	02.15~02.16	03.04~03.15	03.21(목)	03.09
제 5 회	03.07~03.08	03.19~03.29	04.04(목)	03.24
제 6 회	03.21~03.22	04.01~04.12	04.18(목)	04.06, 04.10
제 7 회	04.04~04.05	04.15~04.30	05.09(목)	04.21, 04.27~04.28
제 8 회	04.18~04.19	05.02~05.17	05.23(목)	05.05~05.06, 05.11~05.12, 5.15
제 9 회	05.09~05.10	05.20~05.31	06.05(수)	05.26
제 10 회	05.23~05.24	06.10~06.21	06.27(목)	06.15
제 11 회	06.13~06.14	06.24~07.05	07.11(목)	06.30
제 12 회	06.27~06.28	07.08~07.19	07.25(목)	07.13
제 13 회	07.11~07.12	07.22~08.02	08.08(목)	07.28
제 14 회	07.25~07.26	08.05~08.16	08.22(목)	08.10, 08.15
제 15 회	08.08~08.09	08.19~08.30	09.05(목)	08.25
제 16 회	08.22~08.23	09.02~09.13	09.26(목)	09.07
제 17 회	09.06~09.06	09.23~10.04	10.17(목)	09.29, 10.03
제 18 회	09.26~09.27	10.15~10.25	10.31(목)	10.19
제 19 회	10.17~10.18	10.28~11.08	11.14(목)	11.03
제 20 회	10.31~11.01	11.11~11.22	11.28(목)	11.16
제 21 회	11.14~11.15	11.25~12.06	12.12(목)	12.01
제 22 회	11.28~11.29	12.09~12.20	12.26(목)	12.14

응시수수료

- 필기: 14,500원
- 실기: 29,600원

양식조리기능사 실기시험 메뉴

문제번호	양식과제명	시험시간
1	쉬림프카나페	30
2	스페니쉬오믈렛	30
3	치즈오믈렛	20

문제번호	양식과제명	시험시간
4	월도프샐러드	20
5	포테이토샐러드	30
6	BLT샌드위치	30
7	햄버거샌드위치	30
8	브라운스톡	30
9	이탈리안미트소스	30
10	홀렌다이즈소스	25
11	브라운그래비소스	30
12	타르타르소스	20
13	사우전아일랜드드레싱	20
14	치킨알라킹	30
15	치킨커틀렛	30
16	비프스튜	40
17	살리스버리스테이크	40
18	서로인스테이크	30
19	바베큐폭찹	40
20	비프콘소메	40
21	미네스트로니수프	30
22	피시차우더수프	30
23	프렌치프라이드쉬림프	25
24	프렌치어니언수프	30
25	포테이토크림수프	30
26	샐러드 부케를 곁들인 참치 타르타르와 채소 비네그레트	30
27	해산물 샐러드	30
28	스파게티 카르보나라	30
29	토마토소스 해산물 스파게티	35
30	시저샐러드	35

※ 총 30가지 메뉴 중 2가지 메뉴가 무작위로 출제되며, 정해진 시간 안에 2가지 메뉴를 순서에 맞게 동시에 작업을 진행하여 서로 엇비슷하게 완성하여 제출해야 한다.

양식조리기능사 실기 개인위생상태 및 복장 준비

순번	구분	세부기준
1	위생복 상의	전체 흰색, 손목까지 오는 긴소매 조리과정에서 발생 가능한 안전사고(화상 등) 예방 및 식품위생(체모 유입방지, 오염도 확인 등) 관리를 위한 기준 적용 조리과정에서 편의를 위해 소매를 접어 작업하는 것은 허용 부직포, 비닐 등 화재에 취약한 재질이 아닐 것, 팔토시는 긴팔로 불인정 · 상의 여밈은 위생복에 부착된 것이어야 하며 벨크로(일명 찍찍이), 단추 등의 크기, 색상, 모양, 재질은 제한하지 않음(단, 핀 등 별도 부착한 금속성은 제외)
2	위생복 하의	색상·재질무관, 안전과 작업에 방해가 되지 않는 발목까지 오는 긴바지 조리기구 낙하, 화상 등 안전사고 예방을 위한 기준 적용
3	위생모	전체 흰색, 빈틈이 없고 바느질 마감처리가 되어 있는 일반 조리장에서 통용되는 위생모 (모자의 크기, 길이, 모양, 재질(면·부직포 등)은 무관
4	앞치마	전체 흰색, 무릎아래까지 덮이는 길이 상하일체형(목끈형) 가능, 부직포·비닐 등 화재에 취약한 재질이 아닐 것
5	마스크	침액을 통한 위생상의 위해 방지용으로 종류는 제한하지 않음 (단, 감염병 예방법에 따라 마스크 착용 의무화 기간에는 '투명 위생 플라스틱입가리개'는 마스크 착용으로 인정하지 않음)
6	위생화(작업화)	색상 무관, 굽이 높지 않고 발가락·발등·발뒤꿈치가 덮여 안전사고를 예방할 수 있는 깨끗한 운동화 형태
7	장신구	일체의 개인용 장신구 착용 금지(단, 위생모 고정을 위한 머리핀 허용)
8	두발	단정하고 청결할 것, 머리카락이 길 경우 흘러내리지 않도록 머리망을 착용하거나 묶을 것
9	손/손톱	손에 상처가 없어야하나, 상처가 있을 경우 보이지 않도록 할 것(시험위원 확인 하에 추가 조치 가능) 손톱은 길지 않고 청결하며 매니큐어, 인조손톱 등을 부착하지 않을 것
10	폐식용유 처리	사용한 폐식용유는 시험위원이 지시하는 적재장소에 처리할 것
11	교차오염	교차오염 방지를 위한 칼, 도마 등 조리기구 구분 사용은 세척으로 대신하여 예방할 것 조리기구에 이물질(예, 테이프)을 부착하지 않을 것
12	위생관리	재료, 조리기구 등 조리에 사용되는 모든 것은 위생적으로 처리하여야 하며, 조리용으로 적합한 것일 것

순번	구분	세부기준
13	안전사고 발생처리	칼 사용(손 베임) 등으로 안전사고 발생 시 응급조치를 하여야하며, 응급조치에도 지혈이 되지 않을 경우 시험진행 불가
14	부정방지	위생복, 조리기구 등 시험장내 모든 개인물품에는 수험자의 소속 및 성명 등의 표식이 없을 것 (위생복의 개인 표식 제거는 테이프로 부착 가능)
15	테이프사용	위생복 상의, 앞치마, 위생모의 소속 및 성명을 가리는 용도로만 허용

> **TIP**
>
> 준비 방법
> 채소와 재료 손질: 파슬리, 차이브, 딜 등 생소한 채소를 식별하고, 생닭, 생가자미, 돼지갈비 등의 재료를 손쉽게 손질할 수 있어야 한다. 이러한 기본적인 손질 기술은 실기시험에서 중요한 부분이다.
> 조리과정 숙지: 조리과정은 실기시험에서 중요한 비중을 차지한다. 조리과정의 순서를 완벽하게 숙지하고, 시험장에서 혼란 없이 진행할 수 있도록 한다. 조리과정의 암기가 60%의 비중을 차지하기 때문에, 반드시 철저히 준비해야 한다.
> 집에서 연습: 집에서 두 가지 메뉴를 동시에 준비하는 연습을 통해 실전 감각을 기릅니다. 타이머를 사용하여 시간 관리 연습을 하고, 연습 후에는 유튜브 동영상으로 자신의 조리 과정을 검토한다.
> 비디오 촬영: 연습할 때 자신의 요리 과정을 비디오로 촬영하여 분석하는 것도 도움이 된다. 이 방법을 통해 나쁜 습관을 발견하고 교정할 수 있다. 예를 들어, 칼을 물에 씻고 물기를 제거하지 않거나, 물 묻은 손을 앞치마에 닦는 등의 행동이 감점 요인이 될 수 있다.
> 주의사항
> 나쁜 습관 교정: 시험장에서 감점되지 않도록, 일상적인 요리에서 나쁜 습관을 교정한다. 예를 들어, 도마에 재료를 손질할 때 교차 오염을 방지하고, 설거지 후 도구를 잘 정리하는 등의 주의가 필요하다.
> 시험장 준비: 시험장에서는 제공된 도구와 재료를 정확히 사용하고, 요구 사항에 맞게 조리하는 것이 중요하다. 불필요한 도구를 사용하거나 재료를 낭비하지 않도록 주의한다.
> 양식조리기능사 자격증을 취득하기 위해서는 필기시험과 실기시험 각각의 특징에 맞춘 전략적인 준비가 필요하다. 기출문제와 조리 과정에 대한 철저한 준비를 통해 자신감을 갖고 시험에 임하면 합격 가능성을 높일 수 있다.

자격증 취득 후 하는 일

1. 레스토랑 및 호텔에서의 근무

- **레스토랑 조리사:**
    - 양식 레스토랑: 다양한 양식 요리를 준비하고, 메뉴 개발 및 조리 과정을

관리한다. 고급 레스토랑이나 일식, 중식, 양식이 혼합된 레스토랑에서의 조리 역할을 수행할 수 있다.
- 호텔: 호텔 내의 레스토랑, 뷔페, 룸 서비스 등에서 양식 요리를 담당한다. 다양한 고객층을 위해 고급스러운 양식 메뉴를 제공하는 역할을 맡는다.

■ **호텔 조리사:**
- 호텔 주방: 호텔의 다양한 식당이나 룸서비스 부서에서 양식 요리를 준비한다. 대규모 연회나 특별 이벤트를 위한 메뉴 개발과 준비도 담당할 수 있다.
- 호텔 이벤트: 결혼식, 연회 등 대규모 행사에 맞춘 특별 메뉴를 기획하고 조리한다.

2. 자영업 및 창업

■ **레스토랑 창업:**
- 자신의 식당 운영: 양식 레스토랑을 창업하여 직접 운영하거나, 프랜차이즈를 운영한다. 자격증을 바탕으로 양식 요리의 품질과 서비스를 제공한다.
- 푸드트럭: 푸드트럭을 운영하여 다양한 양식 요리를 제공하며, 이동식 판매를 통해 고객층을 확대할 수 있다.

■ **케이터링 서비스:**
- 이벤트 케이터링: 개인이나 기업 이벤트를 위한 케이터링 서비스를 제공하여 양식 요리를 준비하고 서빙한다.
- 가정용 케이터링: 가정에서의 특별한 식사나 모임을 위한 케이터링 서비스를 제공할 수 있다.

3. 교육 및 훈련

■ **조리 교육 강사:**
- 조리 학교: 조리학교나 학원에서 양식 조리 강사로 활동하며, 학생들에게 양식 조리 기술과 이론을 가르친다.
- 전문 교육기관: 요리 관련 교육기관에서 전문 강사로 일하며, 양식 조리법과 기술을 교육한다.

■ **세미나 및 워크숍:**
- 요리 세미나: 요리 세미나나 워크숍에서 강연을 하거나 실습을 지도하여

양식 조리 기술을 전파한다.

4. 미디어 및 컨설팅

- **미디어 출연:**
  - 요리 방송: 요리 방송이나 유튜브 채널에 출연하여 양식 요리법을 소개하고, 요리 기술을 시연한다.
  - 요리 책 출판: 양식 요리 관련 책이나 레시피 책을 집필하여 출판하고, 자신의 요리 기술을 널리 알린다.
- **요리 컨설턴트:**
  - 식당 컨설팅: 식당이나 레스토랑의 메뉴 개발, 조리 프로세스 개선, 품질 관리 등의 컨설팅 서비스를 제공한다.
  - 프랜차이즈 컨설팅: 프랜차이즈 창업을 지원하거나 기존 프랜차이즈의 메뉴와 조리 과정에 대한 조언을 제공한다.

5. 외식 산업의 다양한 분야

- **식음료 산업:**
  - 식음료 개발: 양식 요리와 관련된 새로운 식음료 제품을 개발하고, 시장에 출시한다.
  - 맛 평가: 식음료 회사에서 양식 요리의 맛을 평가하고, 품질 개선에 기여한다.
- **조리 기기 및 용품 개발:**
  - 조리 기기 개발: 양식 조리에 필요한 조리 기기와 용품의 개발 및 개선에 참여한다.
  - 제품 홍보: 조리 기기나 조리 용품의 홍보 및 사용법 교육을 진행한다.

6. 해외 진출

- **해외 취업:**
  - 국제 레스토랑: 해외의 양식 레스토랑이나 호텔에서 조리사로 일하며, 다양한 국제적인 요리 문화를 경험한다.
  - 해외 프랜차이즈: 해외 프랜차이즈 레스토랑에서 양식 조리 기술을 적용하고, 국제적인 경력을 쌓는다.

양식조리기능사 자격증을 취득한 후에는 다양한 분야에서의 직무와 활동을 통해 자신의 전문성을 발휘하고 경력을 쌓을 수 있다. 자격증을 바탕으로 한식, 중식, 일식 등 다양한 조리 기술과 경험을 쌓아가며, 더 넓은 분야에서 활동할 수 있는 기회를 가질 수 있다.

양식조리기능사 전망

1. 외식 산업의 성장

- **외식 문화의 확산**: 글로벌화와 함께 외식 문화가 확산되면서 양식 요리에 대한 수요가 증가하고 있다. 특히, 양식 요리는 다양한 고객층을 대상으로 하는 레스토랑, 호텔, 카페 등에서 인기 있는 메뉴이다.
- **고급 레스토랑과 호텔**: 고급 레스토랑과 호텔에서 양식 요리를 제공하는 곳이 많아지고 있으며, 이러한 장소에서 양식조리기능사 자격증을 가진 조리사는 수요가 높다.

2. 전문성의 중요성 증가

- **전문 기술 요구**: 양식 요리는 정교한 기술과 창의성이 필요한 분야이다. 양식조리 기능사 자격증은 전문성과 신뢰성을 증명하는 중요한 자격증으로, 요리의 질을 보장 하고 경쟁력을 높이는 데 도움이 된다.
- **요리 트렌드의 변화**: 새로운 요리 트렌드와 기술이 지속적으로 발전하면서, 최신 트렌드에 맞춘 양식 요리의 필요성이 커지고 있다. 양식조리기능사는 이러한 변화에 적응하여 전문성을 발휘할 수 있다.

3. 다양한 취업 기회

- **레스토랑과 호텔**: 양식 요리 전문성을 인정받아 다양한 레스토랑과 호텔에서 일할 기회가 많다. 특히, 해외 호텔 및 레스토랑에서의 취업 기회도 증가하고 있다.
- **자영업 및 창업**: 자격증을 바탕으로 자신만의 양식 레스토랑, 카페, 푸드트럭 등을 창업하는 기회도 있으며, 창업 후 성공적인 운영을 통해 높은 수익을 올릴 수 있다.

4. 교육 및 컨설팅 기회

- **조리 교육 강사**: 양식조리기능사 자격증을 보유한 후 조리 학교나 학원에서 강사로 활동할 수 있다. 교육 분야에서의 기회는 매우 다양하며, 양식 요리의 전문성을 널리 전파하는 역할을 할 수 있다.
- **요리 컨설턴트**: 레스토랑, 프랜차이즈, 케이터링 서비스 등에서 요리 컨설턴트로 활동하며, 메뉴 개발, 품질 관리, 조리 과정 개선 등 다양한 분야에서 기여할 수 있다.

5. 해외 진출 가능성

- **글로벌 요리 시장**: 양식 요리는 전 세계적으로 인기 있는 요리이다. 따라서 해외의 레스토랑, 호텔, 케이터링 서비스 등에서 양식조리기능사 자격증을 가진 조리사는 유리한 위치에 있을 수 있다.
- **국제 자격 인정**: 양식조리기능사 자격증은 국제적으로 인정받는 자격증으로, 해외 취업 시 유리하게 작용할 수 있다.

6. 문화적 다양성

- **문화적 교류**: 다양한 문화와 접할 기회가 많아지고 있으며, 양식 조리사는 다양한 국제적인 요리 문화와 기술을 배우고 경험할 수 있는 기회를 갖게 된다.
- **창의적 요리**: 양식 요리는 다양한 재료와 조리법을 활용할 수 있는 창의적인 분야로, 요리사의 창의력을 발휘할 수 있는 기회를 제공한다.

24 떡제조기능사

곡류, 두류, 과채류 등과 같은 재료를 이용하여 각종 떡류를 만드는 자격으로, 필기(떡 제조 및 위생관리) 및 실기(떡제조 실무)시험에서 100점을 만점으로 하여 60점 이상 받은 자에게 부여하는 자격증이다. 떡제조기능사자격증은 떡 제조 기능 전문 인력 양성을 위해 제정된 제도이다. 자격증 취득 후 찌기, 발효, 지지기, 치기, 삶기, 떡 제조 등을 수행할 수 있다.

시험과목 및 방법

구분	시험과목	시험방법		
		문제형식	문항수	시험시간
필기시험	떡 제조 및 위생관리	객관식 4지 택일형	60 문항	60분
실기시험	떡제조 실무	작업형	–	2시간 정도

합격기준

필기시험	100점을 만점으로 하여 60점 이상
실기시험	100점을 만점으로 하여 60점 이상

시험일정

구분	필기원서접수	필기시험	필기 합격발표	실기원서접수	실기시험	최종합격자 발표일
1회	01.02~01.05	01.21~01.24	01.31	02.05~02.08	03.16~04.07	04.09
2회	03.12~03.15	03.31~04.04	04.17	04.23~04.26	06.01~06.16	06.26
3회	05.28~05.31	06.16~06.20	06.26	07.16~07.19	08.17~09.03	09.11
4회	08.20~08.23	09.08~09.12	09.25	09.30~10.04	11.09~11.24	12.04

응시수수료

- 필기: 14,500원
- 실기: 37,300원

시험과목별 NCS분류

필기 과목명	활용NCS능력단위	NCS 세분류	실기 과목명	활용NCS능력단위	NCS 세분류
떡 제조 및 위생관리	설기떡류 만들기	떡제조	떡제조 실무	설기떡류 만들기	떡제조
	켜떡류 만들기			켜떡류 만들기	
	빚어 찌는 떡류 만들기			빚어 찌는 떡류 만들기	
	약밥 만들기			약밥 만들기	
	인절미 만들기			인절미 만들기	
	고물류 만들기			위생관리	
	가래떡류 만들기			안전관리	
	찌는 찰떡류 만들기			가래떡류 만들기	
	위생관리			고물류 만들기	
	안전관리			찌는 찰떡류 만들기	

위생 및 안전기준 상세 안내

순번	구 분	세 부 기 준	채점기준

1	위생복 상의	• 전체 흰색, 기관 및 성명 등의 표식이 없을 것
		• 팔꿈치가 덮이는 길이 이상의 7부·9부·긴소매(수험자 필요에 따라 흰색 팔토시 가능)
		• 상의 여밈은 위생복에 부착된 것이어야 하며 벨크로(일명 찍찍이), 단추 등의 크기, 색상, 모양, 재질은 제한하지 않음(단, 금속성 부착물·뱃지, 핀 등은 금지)
		• 팔꿈치 길이보다 짧은 소매는 작업 안전상 금지
		• 부직포, 비닐 등 화재에 취약한 재질 금지
			• 미착용, 평상복(흰티셔츠 등), 패션모자(흰털모자, 비니, 야구모자 등)→실격
			• 기준 부적합→위생0점
			  - 식품가공용이 아닌 경우(화재에 취약한 재질 및 실험복 형태의 영양사·실험용 가운은 위생0점)
			  - (일부)유색/표식이 가려지지 않은 경우
			  - 반바지·치마 등
			  - 위생모가 뚫려있어 머리카락이 보이거나, 수건 등으로 감싸 바느질 마감처리가 되

순번	구 분	세 부 기 준	채점기준
2	위생복 하의 (앞치마)	• 「흰색 긴바지 위생복」 또는 「(색상 무관)평상복 긴바지+흰색 앞치마」 - 흰색앞치마 착용 시, 앞치마 길이는 무릎 아래까지 덮이는 길이일 것 - 평상복 긴바지의 색상·재질은 제한이 없으나, 부직포·비닐 등 화재에 취약한 재질이 아닐 것 - 반바지·치마·폭넓은 바지' 등 안전과 작업에 방해가 되는 복장은 금지	어있지 않고 풀어지기 쉬워 일반 식품가공 작업용으로 부적합한 경우 등 - 위생복의 개인 표식(이름, 소속)은 테이프로 가릴 것 - 조리 도구에 이물질(예, 테이프)부착 금지
3	위생모	• 전체 흰색, 기관 및 성명 등의 표식이 없을 것 • 빈틈이 없고, 일반 식품가공 시 통용되는 위생모(크기 및 길이, 재질은 제한 없음) - 흰색 머릿수건(손수건)은 머리카락 및 이물에 의한 오염 방지를 위해 착용 금지	
4	마스크	• 침액 오염 방지용으로, 종류는 제한하지 않음 (단, 감염병 예방법에 따라 마스크 착용 의무화 기간에는 '투명 위생 플라스틱 입가리개'는 마스크 착용으로 인정하지 않음)	• 미착용→실격
5	위생화 (작업화)	• 색상 무관, 기관 및 성명 등의 표식 없을 것 • 조리화, 위생화, 작업화, 운동화 등 가능(단, 발가락, 발등, 발뒤꿈치가 모두 덮일 것) • 미끄러짐 및 화상의 위험이 있는 슬리퍼류, 작업에 방해가 되는 굽이 높은 구두, 속 굽 있는 운동화 금지	• 기준 부적합→위생0점
6	장신구	• 일체의 개인용 장신구 착용 금지 (단, 위생모 고정을 위한 머리핀은 허용) • 손목시계, 반지, 귀걸이, 목걸이, 팔찌 등 이물, 교차오염 등의 식품위생 위해 장신구는 착용하지 않을 것	• 기준 부적합→위생0점
7	두발	• 단정하고 청결할 것, 머리카락이 길 경우 흘러내리지 않도록 머리망을 착용하거나 묶을 것	• 기준 부적합→위생0점

순번	구 분	세 부 기 준	채점기준
8	손/손톱	• 손에 상처가 없어야 하나, 상처가 있을 경우 보이지 않도록 할 것(시험위원 확인 하에 추가 조치 가능) • 손톱은 길지 않고 청결하며 매니큐어, 인조손톱 등을 부착하지 않을 것	• 기준 부적합→위생0점
9	위생관리	• 재료, 조리기구 등 조리에 사용되는 모든 것은 위생적으로 처리하여야 하며, 식품가공용으로 적합한 것일 것	• 기준 부적합→위생0점
10	안전사고 발생처리	• 칼 사용(손 빔)등으로 안전사고 발생 시 응급조치를 하여야 하며, 응급조치에도 지혈이 되지 않을 경우 시험 진행 불가	

> **TIP**
>
> **필기시험**
> 떡제조기능사 필기시험은 객관식 4지 선다형으로, 총 60문항을 60분 안에 풀어야 한다. 필기시험의 과목은 다음과 같다.
> - 떡제조 기초이론: 떡류 재료의 이해, 떡류 제조공정
> - 떡류 만들기: 재료 준비, 떡류 만들기, 떡류 포장 및 보관
> - 위생 안전 관리: 개인 위생 관리, 작업 환경 위생 관리, 안전 관리
> - 우리나라 떡의 역사 및 문화: 떡의 역사, 떡 문화
> - 준비 방법:
>   - 기출문제 활용: 2019년에 신설된 자격증이라 기출문제가 적지만, 출제된 문제를 학습하는 것이 중요하다. 시중의 교재는 출판사마다 문제 스타일이 다르므로, 한국산업인력공단 출제 스타일에 맞는 교재를 선택하는 것이 좋다.
>   - 요약정리와 개념서: 전체적인 흐름을 파악한 후, 세부적인 사항을 암기한다. 기출문제는 요약정리집이나 개념서를 통해 준비하며, 문제를 풀기 전에 전체적인 개념을 이해하는 것이 효과적이다.
>   - 시간 관리: 필기시험 준비에는 약 20시간 이상 소요될 수 있으며, 기출문제를 반복적으로 풀어 약점을 보완하는 것이 중요하다.
>
> **실기시험**
> 실기시험은 작업형으로 진행되며, 총 2시간 동안 실시된다. 문제는 사전에 공개되며, 4가지 패키지 중 하나가 랜덤으로 출제된다. 각 패키지에는 특정 떡 종류가 포함되어 있으며, 준비해야 할 메뉴는 다음과 같다.
> - 패키지 1: 콩설기떡, 부꾸미
> - 패키지 2: 송편, 쇠머리떡
> - 패키지 3: 무지개떡, 경단
> - 패키지 4: 백편, 인절미
> - 준비 방법:

- 재료 및 도구 준비: 실기시험에 필요한 재료와 도구를 미리 준비하고, 인터넷에서 '떡제조기능사 실기 연습 키트'를 구매하여 연습하는 것이 좋다.
- 실습 연습: 실기 시험에서 요구되는 메뉴를 미리 연습하고, 시간 내에 완성할 수 있도록 연습한다. 특히 두 가지 메뉴를 함께 만드는 연습을 통해 시간 배분을 익히는 것이 중요하다.
- 세부 사항 연습: 각각의 떡 종류에 대한 세부적인 조리 과정을 연습한다.
- 예를 들어:
  쇠머리떡/송편: 콩을 삶는 순서, 규격 맞추기 연습
  인절미/백편: 절구공이 사용법, 자르기 연습
  무지개떡/경단: 색소 분리, 경단 개수 확인 및 익히기 방법 연습
  콩설기/부꾸미: 간단한 조리, 지름 맞추기
- 비디오 촬영 및 분석: 요리할 때의 나쁜 습관을 방지하기 위해, 실기 연습을 비디오로 촬영하고 문제점을 분석하는 것도 좋은 방법이다. 예를 들어, 칼을 물에 씻고 물기를 제거하는 방법, 도마 청소, 불필요한 행동을 피하는 등의 세부 사항에 주의한다.
- 연습 및 리뷰: 실기 시험이 임박했을 때는 시험 준비를 마친 후, 동영상 플랫폼을 통해 다른 사람들의 조리 방법을 참고하고, 공통적으로 언급되는 사항을 집중적으로 학습한다.

시험 안 보고 취득하는 법
- 과정 평가형 자격제도: 떡제조기능사는 필기와 실기 시험을 통해 취득할 수 있지만, '과정 평가형 자격제도'를 이용하여 취득할 수도 있다. 이 방법은 국비 무료 교육과정을 활용할 수 있어 경제적 부담이 적다. 과정 평가형 자격제도를 이용하면 실기 시험 없이도 자격증을 취득할 수 있다.
- 국비 무료 교육과정: 지자체에 따라 지원 여부가 다르므로, 거주 지역의 국비 지원 여부를 확인한다. 국비 지원을 통해 자격증을 취득하면 교육비 부담을 줄일 수 있다.

이와 같은 방법으로 효율적으로 준비하고 자격증을 취득하면, 경제적 부담을 줄이면서도 높은 수준의 실력을 갖출 수 있다.

자격증 취득 후 하는 일

1. 떡집 운영 및 관리

- **떡 제조 및 판매**: 자격증을 취득하면 떡집을 운영하며 다양한 종류의 떡을 제조하고 판매할 수 있다. 떡의 품질 관리와 제조 공정을 책임지며, 고객의 요구에 맞는 맞춤형 떡을 제공할 수 있다.
- **사업체 창업**: 떡 제조 기술을 바탕으로 자신만의 떡집을 창업할 수 있으며, 창업 관련 교육이나 지원을 통해 사업을 성공적으로 운영할 수 있다.

2. 음식점 및 제과점에서의 근무

- **음식점, 제과점에서의 떡 제조**: 식당, 제과점 등에서 떡을 제조하여 다양한 메뉴를 제공할 수 있다. 특히 전통 한식이나 퓨전 음식 메뉴에서 떡을 활용하여 차별화된 서비스를 제공할 수 있다.
- **제품 개발**: 새로운 떡 메뉴를 개발하고, 기존 메뉴를 개선하는 역할을 맡을 수 있다. 이를 통해 음식점이나 제과점의 매출 증대에 기여할 수 있다.

3. 교육 및 강의

- **떡 제조 교육 강사**: 떡 제조 기술을 교육하는 강사로 활동할 수 있다. 지역 사회의 평생교육센터나 요리 학원 등에서 떡 제조 과정을 가르칠 수 있다.
- **워크숍 및 세미나**: 떡 제조 관련 워크숍이나 세미나를 개최하여 자신만의 노하우를 전파하고, 떡 제조에 대한 지식을 넓힐 수 있다.

4. 컨설팅 및 자문

- **떡 제조 컨설턴트**: 떡 제조와 관련된 컨설팅 서비스를 제공할 수 있다. 떡 제조 공정 개선, 품질 관리, 새로운 메뉴 개발 등 다양한 분야에서 자문 역할을 수행할 수 있다.
- **업체 자문**: 떡 제조업체나 관련 산업에 대해 자문을 제공하며, 전문적인 지식을 바탕으로 운영 개선이나 품질 향상에 기여할 수 있다.

5. 연구 및 개발

- **신제품 개발**: 떡의 다양한 변형 및 신제품 개발에 참여할 수 있다. 전통 떡을 현대적으로 재해석하거나, 새로운 조리법을 개발하여 시장에 맞는 제품을 만들 수 있다.
- **떡 연구**: 떡의 역사, 문화, 영양학적 연구를 수행하며, 새로운 연구 결과를 발표하거나 학술적 기여할 수 있다.

6. 문화 행사 및 축제 참여

- **떡 관련 문화 행사**: 떡을 주제로 한 문화 행사나 축제에 참여하여 떡의 전통과 문화를 알리고, 직접 제조한 떡을 선보일 수 있다.
- **전통 음식 체험**: 전통 음식 체험 프로그램에 참여하여 떡 제조 체험을 제공하고, 떡의 전통적 가치를 홍보할 수 있다.

7. 프리랜서 및 온라인 비즈니스

- **프리랜서로 활동**: 떡 제조 기술을 바탕으로 프리랜서로 활동하며, 다양한 클라이언트와 협력하여 떡을 제조하고 판매할 수 있다.
- **온라인 판매**: 온라인 쇼핑몰이나 SNS를 통해 떡을 판매하거나, 떡 제조 관련 콘텐츠를 제공하여 수익을 창출할 수 있다.

이와 같은 다양한 분야에서 떡제조기능사 자격증을 활용하여 자신의 전문성을 발휘하고, 관련 산업에서 경력을 쌓아 나갈 수 있다.

떡제조기능사 전망

1. 전통 및 퓨전 음식 시장의 성장

- **전통 식품에 대한 관심 증가**: 건강과 웰빙을 중시하는 소비 트렌드 덕분에 전통 식품, 특히 떡에 대한 관심이 높아지고 있다. 전통적인 떡뿐만 아니라 퓨전 떡, 새로운 조리법이 인기를 끌고 있어 관련 제품에 대한 수요가 증가하고 있다.
- **퓨전 요리와의 융합**: 현대적인 퓨전 요리와의 결합을 통해 새로운 떡 메뉴가 창출되고 있다. 떡을 활용한 다양한 레시피가 인기를 끌며, 이를 개발하고 제공할 수 있는 능력이 요구되고 있다.

2. 건강 및 웰빙 식품으로의 주목

- **영양 가치 인식**: 떡이 건강식으로서의 가치를 인정받고 있다. 특히 쌀, 콩 등 자연 재료로 만든 떡은 건강식으로서의 장점을 가지고 있어, 웰빙 식품으로서의 시장에서 수요가 늘어나고 있다.
- **글루텐 프리 옵션**: 글루텐이 없는 떡은 글루텐 프리 식사를 선호하는 소비자들에게 인기를 끌고 있다. 이를 바탕으로 떡제조기능사의 기술을 활용한 다양한 제품 개발이 이루어질 수 있다.

3. 전통 문화 보존 및 교육

- **문화유산 보호**: 떡 제조 기술은 한국의 전통 문화 중 하나로, 문화유산 보호 및 전승에 기여할 수 있다. 이를 위해 다양한 교육 프로그램, 전통 음식 관련 행사 등이 활발히 진행되고 있다.

- **교육 및 강의 기회**: 떡 제조에 대한 전문 지식을 갖춘 기능사는 교육기관에서 강사로 활동하거나, 문화 행사에서 떡 제조 시연 등을 통해 전통 문화를 알리는 역할을 할 수 있다.

4. 창업 및 사업 기회
- **떡집 창업**: 떡 제조 기술을 바탕으로 소규모 떡집을 창업하거나, 프랜차이즈 형태로 사업을 확장하는 기회가 많다. 다양한 종류의 떡을 제공하며 지역 사회와 밀접한 관계를 맺을 수 있다.
- **온라인 및 모바일 비즈니스**: 디지털 시대에 맞춰 온라인 쇼핑몰이나 모바일 플랫폼을 활용한 떡 판매가 증가하고 있다. 자격증을 보유한 후 온라인 마케팅 및 판매 전략을 통해 사업을 확장할 수 있다.

5. 글로벌 시장 진출
- **해외 진출 가능성**: 한국 전통 음식에 대한 글로벌 관심이 높아지면서, 해외 시장으로의 진출 기회도 커지고 있다. 해외 한식당이나 국제적인 이벤트에서 떡을 소개하고 판매하는 기회가 늘어나고 있다.
- **외국인 관광객 대상**: 한국을 방문하는 외국인 관광객을 위한 떡 체험 프로그램이나 기념품 판매 등이 확대되며, 국제적인 시장에서의 기회도 증가하고 있다.

6. 사회적 책임과 지속 가능성
- **지속 가능한 재료 사용**: 친환경적인 재료 사용과 지속 가능한 생산 과정이 중요시되고 있다. 떡 제조 과정에서 환경 친화적인 방법을 적용하면 사회적 책임을 다하며 긍정적인 이미지를 구축할 수 있다.
- **지역 사회와의 협력**: 지역 특산물과의 연계, 지역 사회와의 협력 등을 통해 떡 제조를 통해 지역 경제에 기여하고, 사회적 책임을 다하는 방법도 주목받고 있다.

7. 전문가로서의 인정
- **업계 내 인정**: 떡제조기능사는 전문적인 기술과 지식을 인정받으며, 업계 내에서 높은 신뢰도를 유지할 수 있다. 이는 직업적인 안정성을 높이고, 경력 발전에 도움이 된다.

25 제빵기능사

제빵에 관한 숙련기능을 가지고 제빵을 제조와 관련되는 업무를 수행할 수 있는 능력을 가진 전문인력을 양성하고자 자격제도가 제정되었다. 제빵기능사는 제빵 전문 인력 양성을 위해 제정된 제도이며 자격증 취득 후 성형, 굽기, 장식, 포장, 빵 및 과자 개발 등을 수행할 수 있다.

시험과목 및 방법

구분	시험과목	시험방법		
		문제형식	문항수	시험시간
필기시험	빵류 재료 제조 및 위생관리	객관식 4지 택일형	60 문항	60분
실기시험	제빵 실무	작업형	-	4시간 정도

합격기준

필기시험	100점을 만점으로 하여 과목당 40점 이상, 전과목 평균 60점 이상
실기시험	100점을 만점으로 하여 60점 이상

시험일정

■ 필기시험일정

회별	원서접수	필기시험
제 1 회	01.03~01.04	01.08~01.12
제 2 회	01.09~01.10	01.15~01.19
제 3 회	01.16~01.17	01.22~01.26
제 4 회	01.23~01.24	01.29~02.02
제 5 회	01.30~01.31	02.05~02.07
제 6 회	02.14~02.15	02.20~02.23
제 7 회	02.28~02.29	03.05~03.08

회별	원서접수	필기시험
제 8 회	03.50~03.06	03.11~03.15
제 9 회	03.14~03.15	03.20~03.22
제 10 회	03.19~03.20	03.25~03.29
제 11 회	03.26~03.27	04.01~04.05
제 12 회	04.02~04.03	04.08~04.09, 04.11~04.12
제 13 회	04.11~04.12	04.17~04.19
제 14 회	04.16~04.17	04.22~04.26
제 15 회	04.23~04.24	04.29~04.30, 05.02~05.03
제 16 회	05.02~05.03	05.08~05.10
제 17 회	05.16~05.17	05.22~05.24
제 18 회	05.21~05.22	05.27~05.31
제 19 회	05.28~05.29	06.03~06.05, 06.07
제 20 회	06.04~06.05	06.10~06.14
제 21 회	06.11~06.12	06.17~06.21
제 22 회	06.18~06.19	06.24~06.28
제 23 회	06.25~06.26	07.01~07.05
제 24 회	07.02~07.03	07.08~07.12
제 25 회	07.16~07.17	07.22~07.26
제 26 회	07.23~07.24	07.29~08.02
제 27 회	07.30~07.31	08.05~08.09
제 28 회	08.06~08.07	08.12~08.14
제 29 회	08.13~08.14	08.19~08.23
제 30 회	08.20~08.21	08.26~08.30
제 31 회	08.27~08.28	09.02~09.06
제 32 회	09.03~09.04	09.09~09.13
제 33 회	09.24~09.25	09.30~10.02
제 34 회	10.15~10.16	10.21~10.25
제 35 회	10.22~10.23	10.28~11.01
제 36 회	10.29~10.30	11.04~11.08
제 37 회	11.05~11.06	11.11~11.15
제 38 회	11.12~11.13	11.18~11.22
제 39 회	11.19~11.20	11.25~11.29
제 40 회	11.26~11.26	12.02~12.06

회별	원서접수	필기시험
제 41 회	12.03~12.04	12.09~12.13
제 42 회	12.10~12.11	12.16~12.20
제 43 회	12.17~12.18	12.23~12.24

■ 실기시험일정

회별	원서접수	실기시험	합격자발표	미시행일
제 1 회	01.04~01.05	01.15~01.26	02.01(목)	01.21
제 2 회	01.18~01.19	01.29~02.08	02.15(목)	02.03
제 3 회	02.01~02.02	02.19~02.29	03.07(목)	02.25
제 4 회	02.15~02.16	03.04~03.15	03.21(목)	03.09
제 5 회	03.07~03.08	03.19~03.29	04.04(목)	03.24
제 6 회	03.21~03.22	04.01~04.12	04.18(목)	04.06, 04.10
제 7 회	04.04~04.05	04.15~04.30	05.09(목)	04.21, 04.27~04.28
제 8 회	04.18~04.19	05.02~05.17	05.23(목)	05.05~05.06, 05.11~05.12, 5.15
제 9 회	05.09~05.10	05.20~05.31	06.05(수)	05.26
제 10 회	05.23~05.24	06.10~06.21	06.27(목)	06.15
제 11 회	06.13~06.14	06.24~07.05	07.11(목)	06.30
제 12 회	06.27~06.28	07.08~07.19	07.25(목)	07.13
제 13 회	07.11~07.12	07.22~08.02	08.08(목)	07.28
제 14 회	07.25~07.26	08.05~08.16	08.22(목)	08.10, 08.15
제 15 회	08.08~08.09	08.19~08.30	09.05(목)	08.25
제 16 회	08.22~08.23	09.02~09.13	09.26(목)	09.07
제 17 회	09.06~09.06	09.23~10.04	10.17(목)	09.29, 10.03
제 18 회	09.26~09.27	10.15~10.25	10.31(목)	10.19
제 19 회	10.17~10.18	10.28~11.08	11.14(목)	11.03
제 20 회	10.31~11.01	11.11~11.22	11.28(목)	11.16
제 21 회	11.14~11.15	11.25~12.06	12.12(목)	12.01
제 22 회	11.28~11.29	12.09~12.20	12.26(목)	12.14

응시수수료

- 필기: 14,500원
- 실기: 33,000원

위생상태 및 복장관리 세부안내 (제과기능사, 제빵기능사 공통 적용)

순번	구분	세부기준
1	위생복 상의	전체 흰색, 손목까지 오는 긴소매 조리과정에서 발생 가능한 안전사고(화상 등) 예방 및 식품위생(체모 유입방지, 오염도 확인 등) 관리를 위한 기준 적용 조리과정에서 편의를 위해 소매를 접어 작업하는 것은 허용 부직포, 비닐 등 화재에 취약한 재질이 아닐 것, 팔토시는 긴팔로 불인정 ·상의 여밈은 위생복에 부착된 것이어야 하며 벨크로(일명 찍찍이), 단추 등의 크기, 색상, 모양, 재질은 제한하지 않음(단, 핀 등 별도 부착한 금속성은 제외)
2	위생복 하의	•색상·재질무관, 안전과 작업에 방해가 되지 않는 발목까지 오는 긴바지 조리기구 낙하, 화상 등 안전사고 예방을 위한 기준 적용
3	위생모	전체 흰색, 빈틈이 없고 바느질 마감처리가 되어 있는 일반 조리장에서 통용되는 위생모 (모자의 크기, 길이, 모양, 재질(면·부직포 등) 은 무관
4	앞치마	전체 흰색, 무릎아래까지 덮이는 길이 상하일체형(목끈형) 가능, 부직포·비닐 등 화재에 취약한 재질이 아닐 것
5	마스크	침액을 통한 위생상의 위해 방지용으로 종류는 제한하지 않음 (단, 감염병 예방법에 따라 마스크 착용 의무화 기간에는 '투명 위생 플라스틱입가리개'는 마스크 착용으로 인정하지 않음)
6	위생화(작업화)	색상 무관, 굽이 높지 않고 발가락·발등·발뒤꿈치가 덮여 안전사고를 예방할 수 있는 깨끗한 운동화 형태
7	장신구	일체의 개인용 장신구 착용 금지(단, 위생모 고정을 위한 머리핀 허용)
8	두발	단정하고 청결할 것, 머리카락이 길 경우 흘러내리지 않도록 머리망을 착용하거나 묶을 것
9	손/손톱	손에 상처가 없어야하나, 상처가 있을 경우 보이지 않도록 할 것(시험위원 확인 하에 추가 조치 가능) 손톱은 길지 않고 청결하며 매니큐어, 인조손톱 등을 부착하지 않을 것
10	폐식용유 처리	사용한 폐식용유는 시험위원이 지시하는 적재장소에 처리할 것

순번	구분	세부기준
11	교차오염	교차오염 방지를 위한 칼, 도마 등 조리기구 구분 사용은 세척으로 대신하여 예방할 것 조리기구에 이물질(예, 테이프)을 부착하지 않을 것
12	위생관리	재료, 조리기구 등 조리에 사용되는 모든 것은 위생적으로 처리하여야 하며, 조리용으로 적합한 것일 것
13	안전사고 발생처리	칼 사용(손 베임) 등으로 안전사고 발생 시 응급조치를 하여야하며, 응급조치에도 지혈이 되지 않을 경우 시험진행 불가
14	부정방지	위생복, 조리기구 등 시험장내 모든 개인물품에는 수험자의 소속 및 성명 등의 표식이 없을 것 (위생복의 개인 표식 제거는 테이프로 부착 가능)
15	테이프사용	위생복 상의, 앞치마, 위생모의 소속 및 성명을 가리는 용도로만 허용

※ 일반적인 개인위생, 식품위생, 작업장 위생, 안전관리를 준수하지 않을 경우 감점 처리 될 수 있다.

제빵기능사 과제

	제빵기능사			제과기능사	
과제 번호	과제명	시험시간	과제 번호	과제명	시험시간
1	빵도넛	3시간	1	초코머핀	1시간 50분
2	소시지빵	3시간 30분	2	버터스펀지케이크 (별립법)	1시간 50분
3	식빵(비상스트레이트법)	2시간40분	3	젤리롤케이크	1시간 30분
4	단팥빵 (비상스트레이트법)	3시간	4	소프트롤케이크	1시간 50분
5	그리시니	2시간30분	5	스펀지케이크(공립법)	1시간 50분
6	밤식빵	3시간 40분	6	마드레느	1시간 50분
7	베이글	3시간30분	7	쇼트브레드쿠키	2시간
8	스위트롤	3시간 30분	8	슈	2시간
9	우유식빵	3시간 40분	9	브라우니	1시간 50분
10	단과자빵(트위스트형)	3시간 30분	10	과일케이크	2시간 30분
11	단과자빵(크림빵)	3시간 30분	11	파운드케이크	2시간 30분
12	풀만식빵	3시간 40분	12	다쿠와즈	1시간 50분
13	단과자빵(소보로빵)	3시간 30분	13	타르트	2시간 20분
14	더치빵→ 쌀식빵	추후 공개	14	사과파이→흑미롤케이크	추후 공개

제빵기능사			제과기능사		
과제 번호	과제명	시험시간	과제 번호	과제명	시험시간
15	호밀빵	3시간 30분	15	시폰케이크(시폰법)	1시간 40분
16	버터톱식빵	3시간 30분	16	마데라(컵)케이크	2시간
17	옥수수식빵	3시간 40분	17	버터쿠키	2시간
18	모카빵	3시간 30분	18	치즈 케이크	2시간 30분
19	버터롤	3시간 30분	19	호두파이	2시간 30분
20	통밀빵	3시간 30분	20	초코롤케이크	1시간 50분

TIP

필기시험

필기시험은 문제은행식으로 출제되며, 기출문제의 중요성이 크다. 특히, 기출문제를 최소 4회분 이상 풀어보는 것이 권장되며, 익숙해질 때까지 반복하는 것이 좋다.

기출문제를 공부할 때는 단순히 문제와 답을 암기하는 것보다, 오답의 이유와 정답의 논리를 이해하는 것이 중요하다. 문제를 풀 때마다 오답 노트를 작성하여 실수를 반복하지 않도록 해야 한다.

- 교재 및 보조 자료 활용
  - 교재는 크라운 출판사의 "완전합격 제과제빵기능사 필기시험문제"와 같은 검증된 교재를 사용하는 것이 좋다.
  - 유튜브에서 '제과제빵 필기' 관련 강의를 찾아서 시청하며 필기 노트를 작성하는 것도 효과적이다. 시청하면서 중요한 포인트를 기록하면 이해도를 높일 수 있다.
- 계산문제 대비
  - 계산문제는 자주 출제되는 유형에 대해 암기하는 것이 중요하다. 특히 자주 나오는 문제를 중심으로 반복적으로 풀어보는게 좋다.

실기시험

1. 시험 준비물 및 환경 점검
- 제빵기능사 실기시험은 작업형으로 2~4시간 동안 진행된다. 시험 당일에는 준비물이 중요하며, 한국산업인력공단 큐넷에서 제공하는 공식 준비물 목록을 확인해야 한다.
- 공식 준비물 외에도 여분의 일회용 그릇, 슈가파우더채 등 추가적으로 필요한 물품을 준비하는 것이 좋다. 꼼꼼히 준비하여 시험장에 지참해야 할 물품을 빠짐없이 챙겨야 한다.

2. 시험 품목 및 변경 사항 이해하기
- 2020년부터 제빵기능사의 실기 시험 품목이 25개에서 20개로 변경되었다. 폐지된 품목에는 브리오슈, 블란서빵, 데니시페이스트리, 쌀식빵, 페이스트리식빵이 포함된다.
- 한국산업인력공단 큐넷 홈페이지에서 최신 실기시험 안내를 확인하고, 새로운 품목과 변경 사항을 숙지해야 한다.

3. 연습 및 시간 관리
- 실제 시험과 유사한 환경에서 충분한 연습이 필요하다. 거주지와 가까운 학원에서 실습을

진행하며, 직접 도구를 사용하여 빵을 만들어보는 것이 중요하다.
- 최근 5년간 실기 합격률이 40% 내외로 낮으므로, 철저한 준비가 필수이다. 시간 배분을 잘못하면 시험 결과에 큰 영향을 미칠 수 있으니, 제조 시간과 굽는 시간을 잘 관리하여 모든 과정이 원활히 진행될 수 있도록 해야 한다.

4. 실제 시험 상황 대비
- 절대평가로 진행되는 시험에서는 각 품목별 난이도가 다를 수 있으며, 어느 정도 운이 필요한 요소도 있다. 따라서, 가능한 모든 품목을 충분히 연습하고 준비하는 것이 필요하다.
- 시험장에서의 긴장감과 압박감을 극복하기 위해 모의 시험을 통해 실전 감각을 익히는 것도 좋은 방법이다.

종합적으로, 제빵기능사 자격증을 취득하기 위해서는 필기와 실기 두 가지 측면 모두에서 충분한 준비와 연습이 필요하다. 출제기준의 변화에 맞춰 체계적인 학습과 실습을 진행하여 자신감을 갖고 시험에 임하는 것이 중요하다.

자격증 취득 후 하는 일

1. 제빵사 (Baker)
- **업무**: 다양한 종류의 빵과 페이스트리를 제조하고, 레시피 개발 및 제품 품질 관리를 담당한다.
- **장소**: 제과점, 빵집, 호텔, 레스토랑 등.

2. 제빵 관련 교육 및 강의
- **업무**: 제빵 기술 및 지식을 가르치며, 교육 프로그램을 기획하고 운영한다.
- **장소**: 요리 학원, 제빵 관련 교육기관, 기업 내 교육 부서 등.

3. 제빵 제품 개발 및 컨설팅
- **업무**: 새로운 제빵 제품을 개발하고, 기존 제품의 개선 사항을 제안한다. 식품 관련 회사나 제빵 프랜차이즈에서 컨설턴트로 활동할 수 있다.
- **장소**: 제빵 연구소, 제빵 프랜차이즈 본사, 식품 회사 등.

4. 자영업 및 창업
- **업무**: 제빵 기능사 자격증을 활용하여 자신의 제빵점을 창업하거나, 카페 및 레스토랑을 운영한다.
- **장소**: 제빵점, 카페, 레스토랑 등.

5. 호텔 및 외식 산업에서의 제빵 역할
- **업무**: 호텔의 제빵 부서에서 일하며, 고객 맞춤형 빵과 페이스트리, 케이크 등을 제작한다.
- **장소**: 고급 호텔, 리조트, 외식 산업 관련 기업 등.

6. 제빵 관련 제품의 품질 관리
- **업무**: 제빵 제품의 품질을 관리하고, 생산 공정의 적절성을 확인한다. 제품의 안전성과 일관성을 보장하는 역할을 한다.
- **장소**: 제빵 공장, 대형 제과점, 식품 제조업체 등.

7. 온라인 컨텐츠 제작
- **업무**: 제빵과 관련된 블로그, 유튜브 채널 등을 운영하며, 제빵 기술 및 레시피를 공유한다.
- **장소**: 개인 블로그, 유튜브, 소셜 미디어 등.

8. 제빵 대회 및 전시회 참여
- **업무**: 제빵 대회나 전시회에 참가하여 자신의 제빵 실력을 선보이고, 네트워킹을 통해 업계의 최신 동향을 파악한다.
- **장소**: 제빵 관련 대회, 전시회, 박람회 등.

9. 식품 안전 및 위생 관리
- **업무**: 제빵 공정과 관련된 식품 안전 및 위생 관리 업무를 수행한다. 법규 준수와 위생 기준을 유지하는 역할을 한다.
- **장소**: 제빵 공장, 식품 안전 관련 기관, 제과점 등.

제빵기능사 자격증을 취득한 후, 이 자격증을 활용하여 다양한 분야에서 경력을 쌓고 전문성을 발휘할 수 있다. 제빵 업계는 지속적으로 성장하고 있는 분야로, 다양한 기회와 도전이 기다리고 있다.

제빵기능사 전망

1. 제빵업계의 지속적인 성장
- **산업 성장**: 건강과 웰빙에 대한 관심 증가로 인해 고품질의 빵과 페이스트리

수요가 계속해서 증가하고 있다. 특히, 유기농, 무첨가물, 글루텐 프리와 같은 건강 지향적인 제품에 대한 수요가 늘어나고 있다.
- **다양한 선택**: 전통적인 제빵뿐만 아니라, 혁신적인 제빵 기술과 새로운 레시피 개발에 대한 관심이 커지고 있어 제빵 기능사에게 다양한 기회가 제공된다.

2. 제빵 프랜차이즈 및 체인점의 확산
- **프랜차이즈 기회**: 제빵 프랜차이즈와 체인점이 증가하면서, 제빵기능사의 역할이 더욱 중요해지고 있다. 이러한 프랜차이즈는 품질 유지를 위해 전문적인 제빵 기술자를 필요로 한다.
- **글로벌 진출**: 글로벌 제빵 체인의 확장으로 국제적인 기회도 제공된다.

3. 창업 및 자영업 기회
- **자영업**: 제빵기능사 자격증을 소지한 자는 제빵점, 카페, 베이커리 등을 창업할 수 있는 기회를 갖다. 개인의 창의성과 비즈니스 감각에 따라 성공적인 자영업이 가능할 수 있다.
- **온라인 판매**: 온라인 쇼핑의 성장과 함께, 직접 만든 제빵 제품을 온라인으로 판매하는 기회도 늘어나고 있다.

4. 호텔 및 레스토랑 산업의 발전
- **고급 호텔 및 레스토랑**: 고급 호텔 및 레스토랑에서의 제빵 관련 직무는 여전히 높은 수요를 보이고 있으며, 고급스러운 제빵 제품과 서비스에 대한 수요가 증가하고 있다.
- **맞춤형 서비스**: 고객의 취향에 맞춘 맞춤형 제빵 제품에 대한 수요도 커지고 있다.

5. 제빵 기술의 혁신
- **기술 발전**: 제빵 기술의 발전으로 새로운 기술과 장비가 도입되고 있으며, 제빵기능사는 이러한 변화를 잘 따라갈 수 있는 능력을 갖추는 것이 중요하다.
- **교육 및 연구**: 제빵 기술에 대한 연구와 교육 기회가 확대되고 있어 전문성을 계속해서 강화할 수 있는 기회가 많다.

6. 전문성 및 인증의 중요성

- **전문성 인정**: 제빵기능사는 제빵 분야에서의 전문성을 인정받는 자격증으로, 채용 시 경쟁력을 높일 수 있다.
- **인증**: 제빵기능사는 인증을 통해 자신의 기술과 지식을 객관적으로 입증할 수 있으며, 이는 채용과 승진에 긍정적인 영향을 미칩니다.

7. 업계의 경쟁 심화

- **경쟁**: 제빵 분야의 인기가 높아지면서 경쟁이 심화될 수 있으며, 최신 트렌드와 기술을 지속적으로 학습하고 적용하는 것이 중요하다.

26 컴퓨터활용능력2급

누구나 컴퓨터를 사용할 줄 알고 접하는 정보화 시대에 개개인의 컴퓨터 활용능력을 객관적으로 검증하기 위하여 도입. 2급은 컴퓨터에 관한 중급 숙련 기능을 가지고 이와 관련된 업무를 신속, 정확하게 수행할 수 있는지의 능력을 평가한다. 컴퓨터활용능력 2급은 컴퓨터 활용 능력 전문 인력 양성을 위해 제정된 제도이다. 자격증 취득 후 수집, 분석 등을 수행할 수 있다.

시험과목 및 방법

구분	시험과목	시험방법		
		문제형식	문항수	시험시간
필기시험	컴퓨터 일반 스프레드시트 일반	객관식	40문항	40분
실기시험	스프레드시트 실무	컴퓨터 작업형	–	40분

합격기준

필기시험	100점을 만점으로 하여 과목당 40점 이상, 전과목 평균 60점 이상
실기시험	100점을 만점으로 하여 60점 이상

시험일정

- 상시시험으로 매주 토요일 시행
- 일주일 뒤 합격자발표

응시수수료

- 필기: 19,000원
- 실기: 22,500원

TIP

필기시험
- 시험 과목 구분
  - 1급과 2급의 차이: 2급은 엑셀만, 1급은 엑셀과 엑세스를 포함한다. 1급의 경우 필기시험을 통과한 후 실기시험에서 어려움을 겪는 경우가 많다. 따라서, 실기시험을 먼저 공부하면 필기시험의 내용을 이해하는 데 도움이 된다.
- 과목별 공부 전략
  - 컴퓨터 일반 (제1과목):
    - 출제 내용: 기본적인 컴퓨터 지식, Windows의 기본 기능, 오류 대응 방법, 컴퓨터 유지/보수, 인터넷 자료 검색, 보안 관련 내용이 포함된다.
    - 공부 방법: 대학 교양과목 수준의 기본 개념을 정리하고, 기출문제를 통해 이해도를 높인다.
  - 스프레드시트 일반 (제2과목):
    - 출제 내용: 실기시험의 내용과 유사한다. 엑셀의 기본 용어와 기능을 학습하는 것이 중요하다.
    - 공부 방법: 실기시험과 병행하여 공부하여 용어와 기능에 익숙해지는 것이 좋다.

실기시험
- 시험 개요:
  - 시험 내용: 엑셀만 다루며, 1급의 엑셀 파트보다 범위가 좁고 난이도가 낮다. 출제 기준에 따라 90개의 함수 중 일부만 사용된다. 합격률은 45%~50%이다.
- 항목별 공부 전략
  - 기본 작업 (20점):
    - 내용: 주어진 표를 정확히 입력하는 문제이다. 부분점수가 없으므로 실수를 줄이는 것이 중요하다.
    - 공부 방법: 정확한 입력 연습을 통해 오타를 방지하고, 타자 속도를 빠르게 하여 작업 효율성을 높인다.
  - 셀 서식 (5점):
    - 내용: 글꼴 지정 등의 간단한 서식 작업이다.
    - 공부 방법: 요구 사항을 정확히 확인하고, 기본 서식 작업을 연습하여 점수를 얻는다.
  - 조건부 서식, 고급 필터, 외부 데이터 가져오기 (10점):
    - 내용: 세 가지 중 하나가 출제된다. 함수 사용에 대한 이해가 필요하다.
    - 공부 방법: 각 작업의 함수 사용법을 익히고, 다양한 문제를 풀어보며 연습한다.
  - 계산 작업 (40점):
    - 내용: 각종 함수를 활용하여 문제를 해결하는 작업이다. 5문제 중 3문제는 맞아야 합격할 수 있다.
    - 공부 방법: 함수를 충분히 암기하고, 문제를 풀며 함수 활용 능력을 키웁니다. 시간 배분에 유의하여 연습한다.
  - 분석 작업 (20점):
    - 내용: 데이터 정렬, 부분합 계산, 피벗 테이블, 데이터 표 만들기, 시나리오 설정 등이다.
    - 공부 방법: 각 작업의 세부 사항을 숙지하고, 실수를 줄이기 위해 반복 연습한다. 부분

점수가 없으므로 정확성을 높이는 것이 중요하다.
- 매크로 작업 및 차트 작업 (20점):
  • 내용: 매크로 생성 및 차트 작업을 수행한다. 기출 문제를 통해 자주 출제되는 내용을 익히되, 새로운 문제에 대비한다.
  • 공부 방법: 매크로와 차트 작업의 기본적인 작업을 숙지하고, 기출 문제를 통해 다양한 유형의 문제를 풀어봅니다. 모르는 문제가 나오더라도 아는 문제에서 최대한 점수를 얻는 것이 중요하다.

이와 같은 방법으로 필기 및 실기시험을 준비하면, 컴퓨터활용능력 2급 자격증 취득에 성공할 확률을 높일 수 있다.

자격증 취득 후 하는 일

1. 사무직 및 행정 업무

- **엑셀을 활용한 데이터 관리**: 데이터를 정리하고, 분석하며, 보고서를 작성하는 데 필요한 스프레드시트 작업을 수행한다.
- **문서 작성 및 관리**: 엑셀을 이용하여 복잡한 데이터와 차트를 관리하고, 문서화 작업을 효율적으로 수행한다.
- **업무 효율화**: 엑셀 매크로 및 함수 사용을 통해 반복적인 업무를 자동화하고, 작업의 효율성을 높인다.

2. 회계 및 재무 관리

- **재무 보고서 작성**: 재무 제표, 예산안, 재무 분석 자료 등을 엑셀을 통해 작성하고 분석한다.
- **회계 데이터 처리**: 거래 내역, 비용 관리, 세금 계산 등을 스프레드시트를 활용하여 처리한다.

3. 마케팅 및 영업 지원

- **데이터 분석**: 판매 데이터, 고객 데이터, 마케팅 캠페인 결과 등을 분석하여 인사이트를 도출한다.
- **차트 및 그래프 작성**: 데이터를 시각화하여 보고서나 프레젠테이션 자료를 만든다.

4. 교육 및 훈련

- **내부 교육 자료 준비**: 직원 교육을 위한 엑셀 기반의 자료나 연습문제를

준비한다.
- **훈련 과정의 데이터 관리**: 교육생의 진행 상황이나 시험 결과를 관리하고 분석한다.

5. 프리랜서 및 자영업
- **회계 관리**: 소규모 비즈니스나 자영업의 회계와 재무 관리 업무를 수행한다.
- **프로젝트 관리**: 다양한 프로젝트의 데이터를 정리하고, 관리하며, 보고서 작성에 활용한다.

6. 기술 지원 및 컨설팅
- **엑셀 관련 문제 해결**: 엑셀 사용자나 기업의 엑셀 활용에 대한 기술 지원 및 문제 해결을 돕는다.
- **맞춤형 솔루션 제공**: 특정 업무에 맞춘 스프레드시트 솔루션이나 매크로를 개발하여 제공하는 역할을 수행한다.

경력 발전 방향
- **더 높은 자격증 취득**: 컴퓨터 활용 능력을 더 확장하기 위해 1급 자격증을 취득하거나 관련 자격증을 추가로 취득할 수 있다.
- **전문 분야로의 확장**: 데이터 분석, 회계, 마케팅 등 특정 분야로의 경로를 설정하여 전문성을 높이는 것이 좋다.

이처럼, 컴퓨터활용능력 2급 자격증은 많은 분야에서 실용적으로 활용될 수 있으며, 직무에 따라 다양한 역할을 수행할 수 있다.

컴퓨터활용능력2급 전망

1. 지속적인 수요
- **기업의 디지털화**: 기업들은 업무의 효율성을 높이기 위해 엑셀과 같은 스프레드시트 도구를 광범위하게 사용한다. 이로 인해 컴퓨터활용능력 2급 자격증을 가진 인재의 수요는 지속적으로 증가하고 있다.
- **행정, 회계, 마케팅 등 다양한 분야**: 재무 보고서 작성, 데이터 분석, 문서 관리 등 다양한 업무에서 엑셀을 사용하는 만큼, 여러 분야에서 이 자격증의

필요성이 높다.

2. 경쟁력 있는 직무

- **사무직 및 행정**: 기업의 사무직과 행정 부서에서는 기본적인 데이터 관리와 분석을 수행할 수 있는 능력을 가진 인재를 선호한다. 2급 자격증은 이런 직무에서 경쟁력을 높이는 데 도움이 된다.
- **회계 및 재무 관리**: 엑셀은 회계 및 재무 관리에 필수적인 도구로, 재무 데이터 분석 및 보고서 작성에 필수적인 기술이다. 이 자격증을 가진 인재는 이러한 직무에서 유리한 위치를 차지할 수 있다.

3. 진로 확장 가능성

- **상위 자격증 취득**: 2급 자격증을 취득한 후, 더 높은 수준의 자격증(예: 컴퓨터활용능력 1급)으로 진로를 확장할 수 있다. 이는 전문성을 높이고 더 많은 기회를 제공받는 데 도움이 된다.
- **관련 분야 전문성 강화**: 데이터 분석, 마케팅, 프로젝트 관리 등 관련 분야로의 전문성 강화를 통해 다양한 진로를 열 수 있다.

4. 직무 자동화 및 효율화

- **업무 자동화**: 엑셀을 활용한 매크로와 자동화 기능은 업무의 효율성을 높이는 데 기여한다. 따라서 이 자격증을 보유한 인재는 업무 자동화 및 효율화에 기여할 수 있다.
- **문서 및 데이터 관리**: 문서와 데이터 관리의 효율성을 높이는 데 기여할 수 있는 인재로서의 가치가 커집니다.

5. 업계 요구 사항

- **대부분의 기업에서 요구**: 많은 기업들이 기본적인 스프레드시트 작업 능력을 필수 요구사항으로 삼고 있다. 따라서 이 자격증은 취업 시 유리한 점수를 제공할 수 있다.
- **경쟁이 치열한 분야에서 유리**: 기본적인 컴퓨터 활용 능력을 갖추고 있다는 것을 증명하는 자격증으로, 경쟁이 치열한 직무에서 유리한 위치를 차지할 수 있다.

농산물품질관리사

농산물 원산지 표시 위반 행위가 매년 급증함에 따라 소비자와 생산자의 피해를 최소화하며 원산지 표시의 신뢰성을 확보함으로써 농산물의 생산자 및 소비자를 보호하고 농산물의 유통질서를 확립하기 위하여 도입되었다. 농산물품질관리사란 농산물 품질향상 전문 인력 양성을 위해 제정된 제도이다. 자격증 취득 후 품질관리기술지도, 농산물 등급판정, 품질관리 자문 등을 수행할 수 있다.

시험과목 및 방법

구분	시험과목	시험방법		
		문제형식	문항수	시험시간
1차시험	1. 관계법령 2. 원예작물학 3. 수확 후 품질관리론 4. 농산물유통론	객관식 4지 택일형	과목당 25문항/ 총100문항	09:30~11:30 (120분)
2차시험	1. 농산물 품질관리 실무 2. 농산물 등급판정 실무	주관식 (단답형 및 서술형)	단답형10, 서술형10/ 총20문항	09:30~10:50 (80분)

※ 시험과 관련하여 법률·규정 등을 적용하여 정답을 구하여야 하는 문제는 시험시행일 기준으로 시행 중인 법률·규정 등을 적용하여 그 정답을 구하여야 함. (관련법령의 경우 수산물 분야는 제외)

합격기준

1차시험	각 과목 100점 만점으로 하여 매 과목 40점 이상, 전 과목 평균 60점 이상 득점한 자
2차시험	시험 100점 만점에 60점 이상인 자

시험일정

구분	접수기간	시험일정	최종합격자발표일
1차시험	02.19~02.23	04.06	05.08
2차시험	06.03~06.07	07.13	09.04~11.02

응시수수료

- 1차: 22,000원
- 2차: 33,000원

> **TIP**
>
> **1차 시험**
> - 시험 개요
>   농산물품질관리사 1차 시험은 총 4개의 과목으로 구성되어 있으며, 각 과목에서 25문항씩 출제된다. 총 100문항을 120분 안에 풀어야 하며, 객관식 문제로 진행된다. 비록 시간이 촉박하지는 않지만, 유통론과 관계 법령 등 다양한 과목이 출제되기 때문에 체계적인 준비가 필요하다.
> - 과목별 준비 전략
>   1차 시험의 과목들은 2차 시험과 연계되는 내용이 많아, 개념 정리를 철저히 하는 것이 중요하다. 각 과목의 준비 방법은 다음과 같다.
>   - 유통론과 관계 법령: 이 과목들은 실무적인 내용이 포함되어 있어 다소 복잡할 수 있다. 그러나 2차 시험과의 연계가 약할 수 있으므로, 최다 빈출 유형이나 핵심 개념을 중심으로 공부하는 것이 효과적이다.
>   - 원예작물학과 수확 후 품질관리론: 이 두 과목은 2차 시험과의 연계가 많이 되므로, 특히 주의하여 공부해야 한다. 개념을 명확히 하고 실습을 통해 이해도를 높이는 것이 좋다.
> - 전반적인 준비 방법
>   - 모의시험: 객관식 문제를 혼합하여 출제되는 1차 시험에 대비하기 위해, 모의시험을 활용해 전 과목을 혼합한 형태로 연습하는 것이 좋다. 시간을 정확히 맞춰 연습함으로써 시험 당일의 실력을 향상시킬 수 있다.
>   - 진도 관리: 각 과목별로 진도를 나가며 공부하되, 전체적인 과목의 혼합된 문제를 풀어보는 것도 중요하다. 이를 통해 시험의 실제 환경에 익숙해질 수 있다.
>
> **2차 시험**
> - 시험 개요
>   농산물품질관리사 2차 시험은 농산물 품질관리에 대한 실무와 등급판정에 관한 내용을 평가한다. 총 80분 동안 단답형 10문항과 서술형 10문항이 출제된다. 단답형 문제는 상대적으로 짧은 시간 내에 정확하게 답해야 하며, 서술형 문제는 깊이 있는 답변이 요구된다.
> - 단답형 문제 준비
>   - 기출문제 활용: 기출문제와 전년도 시험지를 통해 자주 출제되는 유형이나 개념을 파악하고, 단답형 문제의 출제 경향을 이해하는 것이 중요하다. 단답형 문제는 정확하고 빠르게 답변할 수 있도록 연습하는 것이 필요하다.
> - 서술형 문제 준비
>   - 답안 작성 연습: 서술형 문제는 두서 없이 작성하거나 필수 내용을 빠뜨리면 감점될 수 있다. 따라서, 사전에 답안을 작성하는 방법을 연습하여, 체계적이고 명확한 답안을

작성할 수 있도록 해야 한다.
- 정확한 내용 숙지: 서술형 문제의 경우, 답안으로 체점되는 유형이나 개념을 정확하게 알아두고, 이를 바탕으로 답변을 준비하는 것이 필요하다. 답안을 작성할 때는 핵심 내용을 빠짐없이 포함시키는 연습을 꾸준히 해야 한다.

■ 종합적인 준비 방법
- 시간 관리 연습: 2차 시험은 제한된 시간 안에 문제를 풀어야 하므로, 시간 관리 연습을 통해 시험 시간을 효과적으로 활용할 수 있도록 해야 한다. 실제 시험과 유사한 환경에서 연습하는 것이 유리하다.

이와 같은 방법으로 체계적인 준비를 통해 농산물품질관리사 자격증의 1차와 2차 시험에서 모두 좋은 성과를 거둘 수 있을 것이다.

자격증 취득 후 하는 일

1. 품질 관리 및 검사

■ **농산물 품질 검사**

농산물의 품질과 안전성을 검사하고 평가한다. 주로 농산물의 외관, 크기, 색상, 성숙도 등을 검사하며, 이물질이나 병해충의 유무를 확인한다.

■ **품질 기준 설정**

농산물의 품질 기준을 설정하고, 이를 기반으로 품질 관리를 시행한다. 국가 및 국제 기준에 부합하는 품질 규정을 작성하고 유지한다.

■ **시험 및 분석**

농산물의 화학적, 물리적, 생물학적 특성을 분석하여 품질을 평가한다. 잔류 농약, 중금속, 미생물 등의 검사를 포함한다.

2. 농산물 유통 및 관리

■ **유통 관리**

농산물의 유통 과정에서 품질을 관리하고, 적절한 저장 및 운송 조건을 유지한다. 유통 과정에서의 품질 저하를 방지하기 위해 모니터링하고 조치를 취한다.

■ **재고 관리**

농산물의 재고를 관리하고, 적절한 저장 및 보관 방법을 제안한다. 품질

저하를 방지하기 위한 재고 회전과 관리를 수행한다.

3. 컨설팅 및 교육

■ **품질 개선 컨설팅**

농산물 생산자나 유통업체에 품질 개선을 위한 컨설팅을 제공한다. 생산 및 유통 과정에서의 문제점을 분석하고 개선 방안을 제시한다.

■ **교육 및 훈련**

농산물 품질 관리에 관련된 교육과 훈련을 제공한다. 농산물의 품질 기준, 검사 방법, 유통 관리 등에 대해 교육한다.

4. 정부 및 연구 기관

■ **정부 기관**

농산물 품질 관련 정부 기관에서 정책 수립, 품질 기준 설정, 검토 및 감독 업무를 수행한다. 관련 법령의 집행과 품질 규제 강화를 위한 업무를 맡을 수 있다.

■ **연구 및 개발**

농산물 품질 향상을 위한 연구 및 개발 프로젝트에 참여한다. 새로운 품질 관리 기술이나 방법론을 연구하고 개발한다.

5. 기업 및 산업체

■ **기업 품질 부서**

대형 농산물 생산업체나 유통업체의 품질 관리 부서에서 일한다. 농산물의 품질 보증, 품질 검사, 고객 불만 처리 등을 담당한다.

■ **식품 안전 및 품질 보증**

식품 제조업체에서 농산물의 품질과 안전성을 보장하는 업무를 수행한다. 품질 보증 시스템을 구축하고 관리한다.

6. 독립적인 사업

■ **자영업 및 창업**

농산물 품질 관리 관련 자문 및 컨설팅 회사를 창업하거나 자영업을 통해 독립적으로 활동할 수 있다.

농산물품질관리사 전망

1. 농산물 품질 및 안전성에 대한 수요 증가
- **소비자 요구의 변화**: 소비자들은 품질 높은 안전한 농산물에 대한 요구가 커지고 있다. 이로 인해 농산물의 품질을 보증하고 검사할 수 있는 전문가에 대한 수요가 증가하고 있다.
- **식품 안전 규제 강화**: 정부 및 국제기구의 식품 안전 관련 규제가 강화됨에 따라, 농산물 품질을 엄격하게 관리할 필요성이 커지고 있다. 이에 따라 품질 관리 및 검사 전문 인력의 필요성이 높아지고 있다.

2. 농산물 유통 및 생산 체계의 발전
- **글로벌화 및 무역 확대**: 글로벌 식품 시장의 확대와 무역 증가로 인해 다양한 농산물이 수출입되고 있다. 이를 관리하기 위한 품질 관리 전문가의 역할이 더욱 중요해지고 있다.
- **첨단 기술의 도입**: 농업과 농산물 유통에 첨단 기술이 도입됨에 따라, 품질 관리와 검사도 기술적인 전문성이 요구된다. 최신 기술을 활용한 품질 관리 및 분석 능력이 중요해지고 있다.

3. 정부 및 공공기관의 역할 증가
- **정책 및 법령 강화**: 정부는 농산물의 품질과 안전성을 보장하기 위해 다양한 정책과 법령을 강화하고 있다. 이에 따라 관련 분야에서의 전문 인력 수요가 증가하고 있다.
- **국제 기준 및 협약**: 국제적인 품질 기준 및 협약에 따라 농산물 품질 관리가 필수적이 되어가고 있다. 이로 인해 국제 기준을 이해하고 적용할 수 있는 전문가의 필요성이 증가하고 있다.

4. 산업 내 다양한 직무 기회
- **기업 및 산업체**: 대형 농산물 생산업체, 유통업체, 식품 제조업체 등에서 품질 관리 및 보증 역할을 수행하는 기회가 많다.
- **컨설팅 및 자문**: 농산물 품질 개선을 위한 컨설팅 및 자문 서비스를 제공하는 기회가 있다. 특히 품질 관리 체계 구축이나 개선을 지원하는 역할을 수행할

수 있다.
- **교육 및 연구**: 농산물 품질 관리에 관한 교육, 연구 및 개발 분야에서도 활동할 수 있다. 새로운 품질 관리 기술이나 방법론을 연구하고 교육하는 역할을 맡을 수 있다.

5. 창업 및 자영업 기회

- **자영업**: 농산물 품질 관리와 관련된 자문, 컨설팅, 검사 서비스 등을 제공하는 자영업 기회가 있다. 독립적으로 활동하거나 창업을 통해 다양한 사업 기회를 모색할 수 있다.

사회조사분석사2급

사회조사및 여론조사 등에 대한 계획을 수립하고 조사를 수행하며 그 결과를 분석, 보고서를 작성하는 전문가이다. 사회조사분석사2급은 사회 조사 및 통계 전문 인력 양성을 위해 제정된 제도이다. 자격증 취득 후 조사, 분석, 통계, 설문 설계, 관리 및 감독 등을 수행할 수 있다.

시험과목 및 방법

구분	시험과목	시험방법		
		문제형식	문항수	시험시간
필기시험	조사방법과 설계 조사관리와 자료처리 통계분석과 활용	객관식 4지 택일형	100문항	2시간30분 (150분)
실기시험	사회조사 분석 실무	복합형	-	4시간 정도 (필답형 2시간, 작업형 2시간)

사회조사분석사2급 검정 기준

- 질문지(조사표)를 체계적으로 작성할 수 있는 능력의 유무
- 조사방법에 관한 기본지식의 유무
- 회수된 조사표를 검토·분석하기 위한 자료 준비(편집·부호화·자료정선 등)를 수행할 수 있는 능력의 유무
- 통계프로그램을 활용 조사결과를 분석할 수 있는 능력의 유무
- 분석결과를 토대로 조사보고서를 작성할 수 있는 능력의 유무

합격기준

필기시험	100점을 만점으로 하여 과목당 40점 이상, 전과목 평균 60점 이상
실기시험	100점을 만점으로 하여 60점 이상

시험일정

구분	필기원서접수	필기시험	필기 합격발표	실기원서접수	실기시험	최종합격자 발표일
1회	01.23~ 01.26	02.15~ 03.07	03.13	03.26~ 03.29	04.27~ 05.17	06.18
2회	04.16~ 04.19	05.09~ 05.28	06.05	06.25~ 06.28	07.28~ 08.14	09.10
3회	06.18~ 06.21	07.05~ 07.27	08.07	09.10~ 09.13	10.19~ 11.08	12.11

응시수수료

- 필기: 19,400원
- 실기: 33,900원

TIP

필기시험

사회조사분석사 2급 필기시험은 총 3과목으로 구성되며, 각 과목별로 25문항씩 출제된다. 각 과목의 특징과 공부 방법은 다음과 같다.

- 조사방법론 1
  - 내용: 조사 설계, 조사 기법 및 조사 방법에 대한 기초 이론.
  - 공부 방법: 기출문제를 통해 자주 출제되는 내용이나 빈출 개념을 집중적으로 학습한다. 이론적인 내용이 많으므로, 핵심 개념과 용어를 명확히 이해하고 정리하는 것이 중요하다.
- 조사방법론 2
  - 내용: 조사 방법의 심화 내용, 표본 추출, 변수 분석 등.
  - 공부 방법: 조사 방법론 1에서 다룬 기초 개념을 바탕으로, 보다 전문적인 내용에 집중한다. 변수, 척도, 지수 등 복잡한 개념을 명확히 이해하고 관련 문제를 많이 풀어보는 것이 좋다.
- 사회통계
  - 내용: 기초 통계학, 확률과 통계, 교차 분석, 분산 분석, 회귀 분석 등.
  - 공부 방법: 사회통계는 수험생들이 가장 어려워하는 과목으로, 공식과 문제풀이 연습이 중요하다. 기출문제와 설명 영상을 활용해 기본 개념을 정리하고, 자주 출제되는 공식과 문제 유형을 반복적으로 연습한다. 시간이 부족할 경우, 유튜브와 같은 온라인 자료를 통해 개념을 빠르게 정리하는 것도 유용하다.

실기시험

사회조사분석사 2급 실기시험은 필답형과 작업형으로 나뉩니다. 두 시험을 각각 다른 날짜에 보며, 필답형 시험이 먼저 진행된다. 효율적인 준비 방법은 다음과 같다.
- 필답형
  - 내용: 단답형과 서술형 문항으로 구성된다.
  - 공부 방법: 단답형 문제는 빠르게 답을 떠올릴 수 있도록 연습하고, 서술형 문제는 답안을 두서 있게 작성하는 연습이 필요하다. 기출문제를 분석하여 자주 출제되는 질문 유형을 파악하고, 답안 작성 연습을 통해 시험 시간 내에 효과적으로 답할 수 있는 능력을 기른다.
- 작업형
  - 내용: SPSS와 같은 통계 분석 소프트웨어를 이용한 데이터 분석.
  - 공부 방법: 데이터 불러오기, 이상값 처리, 기술 통계 및 추론 통계 분석 등 실무적인 분석 작업을 연습한다. 작업형 시험은 특정 소프트웨어와 버전에서 수행하므로, 해당 소프트웨어를 다루는 데 익숙해져야 한다. 문제 풀이 후 데이터 삭제 및 버전 기록 등 실기 시험 절차를 숙지하는 것도 중요하다.

시험 준비 및 전략
- 시간 관리: 필기 시험과 실기 시험 모두 주어진 시간 내에 문제를 풀어야 하므로, 시간 관리 연습이 필요하다. 모의시험을 통해 실전 감각을 익히고, 시간 배분 전략을 수립한다.
- 기출문제 활용: 기출문제를 통해 시험의 경향을 파악하고, 자주 출제되는 문제 유형에 대한 이해를 높이다. 특히 사회통계 과목은 공식과 문제 풀이에 대한 연습이 중요하므로 기출문제를 적극적으로 활용한다.
- 자료 정리 및 복습: 각 과목의 핵심 개념과 공식, 방법론 등을 정리하여 시험 전 복습할 수 있도록 한다. 중요한 개념과 문제 유형을 정리한 노트를 만들면 도움이 된다.
- 시험 준비 일정: 필기시험과 실기시험의 날짜를 고려하여 효율적인 공부 계획을 세우고, 각 과목별로 충분한 준비 시간을 확보한다. 필기시험과 실기시험의 준비를 병행하면서도 각 시험의 요구 사항에 맞춰 집중적으로 공부한다.

자격증 취득 후 하는 일

1. 시장 조사 및 분석
- **업무 내용**: 소비자 행동, 시장 동향, 경쟁 분석 등을 조사하고 분석하여 기업의 마케팅 전략 수립에 기여한다.
- **예시 직무**: 시장 조사 분석가, 마케팅 데이터 분석가.

2. 사회 조사 및 연구
- **업무 내용**: 사회적 문제, 정책 효과, 여론 조사 등을 수행하여 사회적 이슈에 대한 이해를 돕고 정책 결정에 기여한다.
- **예시 직무**: 사회 조사 연구원, 정책 분석가, 여론 조사 분석가.

3. 기업 및 조직의 데이터 분석

- **업무 내용**: 기업의 운영 데이터를 분석하여 업무 개선점, 효율성 증대 방안 등을 도출한다.
- **예시 직무**: 비즈니스 인텔리전스(BI) 분석가, 데이터 분석가.

4. 정부 및 공공 기관

- **업무 내용**: 공공 정책 개발, 사회적 문제 해결을 위한 연구 및 분석 작업을 수행한다.
- **예시 직무**: 공공 정책 분석가, 공공기관 연구원.

5. 학술 연구 및 교육

- **업무 내용**: 학술 연구를 통해 새로운 이론을 제시하거나 사회 조사 및 통계 분야의 교육을 담당한다.
- **예시 직무**: 연구원, 대학 강사, 교육 컨설턴트.

6. 컨설팅 및 자문

- **업무 내용**: 기업이나 기관에 대해 조사 및 분석 결과를 바탕으로 전략적 자문을 제공한다.
- **예시 직무**: 컨설턴트, 자문가.

7. 통계 소프트웨어 활용

- **업무 내용**: SPSS, R, SAS 등의 통계 소프트웨어를 이용해 데이터 분석과 보고서를 작성한다.
- **예시 직무**: 데이터 분석 전문가, 통계 소프트웨어 사용 전문가.

8. 비영리 및 NGO

- **업무 내용**: 비영리 단체나 NGO에서 사회적 이슈에 대한 연구를 수행하고, 프로젝트 평가 및 보고서를 작성한다.
- **예시 직무**: 비영리 연구원, 프로젝트 평가 전문가.

자격증 활용 시 유의사항

- **계속적인 학습**: 사회조사 및 통계 분야는 계속 변화하는 데이터를 다루기 때문에, 최신 트렌드와 기술에 대한 지속적인 학습이 필요하다.

- **관련 자격증 취득**: 더 높은 수준의 전문성을 원할 경우, 사회조사분석사 1급 자격증 또는 관련 분야의 추가 자격증 취득을 고려할 수 있다.
- **실무 경험**: 자격증 취득 후 실제 현장에서의 경험이 중요하므로, 다양한 프로젝트에 참여하고 실무 경험을 쌓는 것이 좋다.

이와 같은 다양한 분야에서 사회조사분석사 2급 자격증을 활용할 수 있으며, 각 분야에서의 역할은 데이터와 통계적 분석을 기반으로 한 중요한 의사결정을 지원하는 데 중점을 둔다.

사회조사분석사2급 전망

1. 수요 증가
- **데이터 기반 의사결정**: 기업과 기관들이 데이터를 기반으로 의사결정을 내리는 추세가 강화되면서, 데이터 분석 전문가의 수요가 증가하고 있다. 사회조사분석사 2급 자격증은 이러한 데이터 분석을 위한 기초적인 역량을 제공한다.
- **사회적 문제 해결**: 사회적 문제와 정책 효과 분석의 필요성이 커짐에 따라, 사회조사와 분석의 중요성이 더욱 강조되고 있다. 이로 인해 사회조사분석사 2급 자격증을 가진 전문가에 대한 수요가 늘어나고 있다.

2. 직무 다양성
- **시장 조사**: 기업의 시장 조사 및 분석, 소비자 행동 분석, 경쟁 분석 등의 직무에서 요구된다.
- **사회 연구**: 공공기관, 연구기관, 비영리 단체 등에서 사회적 문제, 정책 연구, 여론 조사 등을 수행하는 데 필요하다.
- **데이터 분석**: 데이터 분석가, 비즈니스 인사이트 전문가 등 다양한 데이터 관련 직무에서 활용된다.

3. 경쟁력 있는 자격증
- **다양한 진로 선택**: 사회조사분석사 2급 자격증은 특정 분야에 국한되지 않고, 다양한 분야에서 활용할 수 있는 범용성을 가지고 있다. 이는 자격증

소지자에게 넓은 직무 선택의 기회를 제공한다.
- **전문성 강화**: 2급 자격증을 취득한 후 1급 자격증이나 관련 분야의 고급 자격증을 취득하면 전문성을 더욱 강화할 수 있다.

4. 기술 발전
- **통계 소프트웨어의 발전**: 통계 분석과 데이터 처리 기술이 발전함에 따라, 이러한 기술에 대한 이해와 활용 능력이 중요해지고 있다. 사회조사분석사 2급 자격증은 이러한 기술적 역량을 갖추는 데 도움이 된다.
- **빅데이터와 AI**: 빅데이터와 인공지능(AI)의 발전에 따라 데이터 분석의 중요성이 커지고 있다. 사회조사분석사 2급 자격증을 가진 인력은 이러한 기술을 기반으로 한 분석 업무에 적합하다.

5. 학문적 기회
- **연구 및 학술 활동**: 학술 연구, 대학 강의, 연구 프로젝트 등에서 유용하게 활용될 수 있다. 사회조사와 통계에 대한 깊이 있는 이해를 바탕으로 연구와 교육 분야에서도 기회를 갖게 된다.

6. 사회적 요구
- **정책 개발**: 정부 및 공공 기관에서 정책 개발과 평가를 위한 사회적 조사와 분석이 중요해지고 있으며, 이에 따라 사회조사분석사 2급 자격증을 가진 인력의 역할이 확대되고 있다.

공조냉동기계기능사

경제성장과 더불어 산업체에서부터 가정에 이르기까지 냉동기 및 공기조화 설비 수요가 큰 폭으로 증가하고 있다. 이에 따라 공조냉동기계와 관련된 생산, 공정, 시설, 기구의 안전관리등을 담당할 기능인력이 필요하게 되어 만들어졌다. 공조냉동기계기능사는 공조 냉동 기계 이론 및 기술 전문 인력 양성을 위해 제정된 제도이다. 자격증 취득 후 설치, 운전, 교환, 보충, 관리, 보수, 점검 등을 수행할 수 있다.

공조냉동기계분야 개편사항

공조냉동기계기능사 필기시험은 문제유형은 기존과 유사하게 출제될 예정이지만 냉각탑 법규등이 추가되기 때문에 유념하여 준비해야 하며 실기 시험은 시험시간, 유형등 변경사항이 없다.

종목	필기		실기
	변경 전	변경 후	
공조냉동기계기능사		일부 추가항목 : 냉각탑, 법규 등	현행유지 (시험기간, 유형 등 변경사항 없음)

시험과목 및 방법

구분	시험과목	시험방법		
		문제형식	문항수	시험시간
필기시험	공조냉동, 자동제어 및 안전관리	객관식 (4지 택일형)	60문항	1시간
실기시험	공조냉동 기계 실무	복합형	-	약 3시간 정도 (작업형 2시간 정도, 필답형 1시간 정도)

합격기준

필기시험	100점을 만점으로 하여 60점 이상
실기시험	100점을 만점으로 하여 60점 이상

시험일정

구분	필기원서접수	필기시험	필기 합격발표	실기원서접수	실기시험	최종합격자 발표일
1회	01.02~01.05	01.21~01.24	01.31	02.05~02.08	03.16~04.07	04.17
2회	03.12~03.15	03.31~04.04	04.17	04.23~04.26	06.01~06.16	07.03
3회	05.28~05.31	06.16~06.20	06.26	07.16~07.19	08.17~09.03	09.25
4회	08.20~08.23	09.08~09.12	09.25	09.30~10.04	11.09~11.24	12.11

응시수수료

- 필기: 14,500원
- 실기: 77,100원

TIP

필기시험
1. 공조냉동
   - 교재 및 자료: 공조냉동 관련 기본 교재를 정독하며 기초 이론을 확립해야 한다. 전문 서적, 온라인 강의, 학원 자료 등 다양한 학습 자료를 활용하는 것이 좋다.
   - 실습 문제: 실제 시험에서 자주 출제되는 문제 유형을 파악하고, 기출문제나 모의고사를 통해 실전 연습을 많이 해봐야 한다.
   - 이론과 실습 병행: 이론적인 이해도 중요하지만, 실습을 통해 공조냉동 시스템의 구조와 작동 원리를 직접 다뤄보는 것도 중요하다.
2. 자동제어
   - 기본 개념 이해: 자동제어의 기본 원리, 제어 시스템의 구성 요소, 그리고 PID 제어 등 주요 개념을 충분히 이해하는 것이 중요하다.

- 문제 풀이 연습: 제어 시스템의 동작 원리와 관련된 문제를 풀어보며 실력을 다져야 한다. 다양한 문제를 풀어보는 것이 이해도를 높이는 데 도움이 된다.
- 실습 및 시뮬레이션: 자동제어 시스템을 실습해 보거나, 시뮬레이션 프로그램을 활용하여 제어 시스템을 이해하는 것도 효과적이다.

3. 안전관리
- 안전 규정 및 법규: 관련 안전 규정과 법규를 충분히 학습하고, 이를 바탕으로 안전 관리의 중요성을 이해해야 한다.
- 위험 요소 파악: 공조냉동기계와 관련된 위험 요소를 파악하고, 이를 방지하기 위한 안전 조치와 절차를 익혀야 한다.
- 사례 연구: 실제 사례를 분석하고, 사고 예방 및 대처 방안을 학습하는 것이 도움이 된다.

실기시험
- 시험 구성: 실기시험은 작업형과 동영상, 복합형으로 이루어져 있다.
- 합격률: 필기시험과 유사하게 평균 50%의 합격률을 보이며, 난이도 역시 필기시험과 비슷한 수준으로 알려져 있다.
- 준비 방법: 실기시험은 필답형이 아닌 작업형으로, 비전공자의 경우 독학하기 어려울 수 있다. 필기시험 합격 후 실기 연습이 필요하며, 국민내일배움카드를 발급받으면 실무 과정을 무료로 교육받을 수 있다. 실기시험 준비가 어려운 경우 국민내일배움카드 신청 조건을 확인한 후, 해당 과정을 통해 실습과 교육을 받는 것이 유용한다.

자격증 취득 후 하는 일

1. 공조 및 냉동 시스템 설치와 유지보수:

공조냉동기계기능사는 공조 시스템(에어컨, 히터 등)과 냉동 시스템(냉장고, 냉동고 등)의 설치와 유지보수를 담당한다. 설치 작업과 정기적인 점검을 통해 시스템이 원활하게 작동하도록 한다.

2. 문제 진단 및 수리:

고장이나 문제 발생 시, 원인을 진단하고 수리하는 일을 한다. 전기적 문제, 기계적 문제, 누출 문제 등을 해결해야 한다.

3. 설계 및 점검:

공조 및 냉동 시스템의 설계, 점검, 조정 등을 통해 시스템의 효율성을 높이고, 에너지 소비를 줄이기 위해 노력한다.

4. 기술 지원 및 고객 상담:

고객에게 시스템 사용법을 설명하거나, 기술적인 조언을 제공하는 역할을 맡을 수도 있다.

5. 기술 관련 문서 작성:

설치 및 유지보수 작업에 대한 보고서나 기록을 작성하는 것도 중요하다. 이는 나중에 문제 발생 시 참고할 수 있는 중요한 자료가 된다.

6. 업계 표준 및 규정 준수:

공조냉동기계 관련 법규나 표준을 준수하며, 안전 기준에 맞는 작업을 해야 한다.

7. 에너지 효율 관리:

시스템의 에너지 효율성을 관리하고, 에너지 절약 방안을 제시하는 역할도 할 수 있다.

공조냉동기계기능사 전망

1. 지속적인 수요:

공조냉동기계는 상업용 건물, 산업시설, 주거용 건물 등 다양한 분야에서 필수적인 시스템이다. 따라서 이러한 시스템의 설치, 유지보수, 수리가 필요한 상황이 지속적으로 발생한다. 이로 인해 공조냉동기계기능사에 대한 수요는 계속될 것으로 보이다.

2. 기후 변화와 에너지 효율성:

기후 변화와 에너지 효율성 문제로 인해 더 효율적이고 친환경적인 공조냉동 시스템에 대한 관심이 높아지고 있다. 이에 따라 새로운 기술과 장비에 대한 수요가 증가하고, 이러한 변화에 적응할 수 있는 전문 기술자의 필요성이 커지고 있다.

3. 건설 및 부동산 산업의 성장:

건설 및 부동산 산업의 성장에 따라 공조 및 냉동 시스템의 설치와 유지보수가 증가할 것이다. 특히, 새로운 건물의 건설이나 기존 건물의 리노베이션이 활발해지면서 공조냉동기계기능사에 대한 수요가 증가할 것으로 예상된다.

4. 전문성 강화와 기술 발전:

공조냉동기계기능사는 지속적으로 새로운 기술과 장비에 대한 교육을 받으며, 전문성을 강화할 필요가 있다. 기술 발전에 따라 보다 복잡한 시스템을 다루게 되므로, 이러한 변화에 대응할 수 있는 능력이 중요하다.

5. 자격증의 가치:

공조냉동기계기능사 자격증은 업계에서 인정받는 전문 자격증으로, 이를 보유한 사람은 채용 시장에서 우대받을 수 있다. 자격증을 통해 전문성을 입증하고, 경력 발전에 도움이 될 수 있다.

6. 취업 기회와 자영업:

공조냉동기계기능사는 다양한 산업 분야에서 일할 수 있으며, 자영업으로 독립적으로 사업을 운영할 수도 있다. 특히, 자신의 기술과 노하우를 활용하여 독립적으로 작업을 수행하거나, 전문 업체를 운영할 수 있는 기회도 있다.

30 미용사(피부)

　피부미용업무는 공중위생분야로서 국민의 건강과 직결되어 있는 중요한 분야로 향후 국가의 산업구조가 제조업에서 서비스업 중심으로 전환되는 차원에서 수요가 증대되고 있다. 머리, 피부미용, 화장 등 분야별로 세분화 및 전문화되고 있는 미용의 세계적인 추세에 맞추어 제정되었다. 미용자격증 중 피부자격증이며, 피부 미용 전문 인력 양성을 위해 제정된 제도이다. 자격증 취득 후 미용실, 피부관리실 등을 수행할 수 있다.

시험과목 및 방법

구분	시험과목	시험방법		
		문제형식	문항수	시험시간
필기시험	피부미용학, 피부학. 해부생리학, 피부미용기기학, 공중위생관리학(공중보건학, 소독, 공중위생법규), 화장품학 등에 관한 사항	객관식	60문항	60분
실기시험	피부미용실무	작업형	-	2시간 15분 정도

합격기준

필기시험	100점을 만점으로 하여 60점 이상
실기시험	100점을 만점으로 하여 60점 이상

시험일정

■ 필기시험일정

회별	원서접수	필기시험
제 1 회	01.03~01.04	01.08~01.12
제 2 회	01.09~01.10	01.15~01.19
제 3 회	01.16~01.17	01.22~01.26

회별	원서접수	필기시험
제 4 회	01.23~01.24	01.29~02.02
제 5 회	01.30~01.31	02.05~02.07
제 6 회	02.14~02.15	02.20~02.23
제 7 회	02.28~02.29	03.05~03.08
제 8 회	03.50~03.06	03.11~03.15
제 9 회	03.14~03.15	03.20~03.22
제 10 회	03.19~03.20	03.25~03.29
제 11 회	03.26~03.27	04.01~04.05
제 12 회	04.02~04.03	04.08~04.09, 04.11~04.12
제 13 회	04.11~04.12	04.17~04.19
제 14 회	04.16~04.17	04.22~04.26
제 15 회	04.23~04.24	04.29~04.30, 05.02~05.03
제 16 회	05.02~05.03	05.08~05.10
제 17 회	05.16~05.17	05.22~05.24
제 18 회	05.21~05.22	05.27~05.31
제 19 회	05.28~05.29	06.03~06.05, 06.07
제 20 회	06.04~06.05	06.10~06.14
제 21 회	06.11~06.12	06.17~06.21
제 22 회	06.18~06.19	06.24~06.28
제 23 회	06.25~06.26	07.01~07.05
제 24 회	07.02~07.03	07.08~07.12
제 25 회	07.16~07.17	07.22~07.26
제 26 회	07.23~07.24	07.29~08.02
제 27 회	07.30~07.31	08.05~08.09
제 28 회	08.06~08.07	08.12~08.14
제 29 회	08.13~08.14	08.19~08.23
제 30 회	08.20~08.21	08.26~08.30
제 31 회	08.27~08.28	09.02~09.06
제 32 회	09.03~09.04	09.09~09.13
제 33 회	09.24~09.25	09.30~10.02
제 34 회	10.15~10.16	10.21~10.25
제 35 회	10.22~10.23	10.28~11.01
제 36 회	10.29~10.30	11.04~11.08

회별	원서접수	필기시험
제 37 회	11.05~11.06	11.11~11.15
제 38 회	11.12~11.13	11.18~11.22
제 39 회	11.19~11.20	11.25~11.29
제 40 회	11.26~11.26	12.02~12.06
제 41 회	12.03~12.04	12.09~12.13
제 42 회	12.10~12.11	12.16~12.20
제 43 회	12.17~12.18	12.23~12.24

■ 실기시험일정

회별	원서접수	실기시험	합격자발표	미시행일
제 1 회	01.04~01.05	01.15~01.26	02.01(목)	01.21
제 2 회	01.18~01.19	01.29~02.08	02.15(목)	02.03
제 3 회	02.01~02.02	02.19~02.29	03.07(목)	02.25
제 4 회	02.15~02.16	03.04~03.15	03.21(목)	03.09
제 5 회	03.07~03.08	03.19~03.29	04.04(목)	03.24
제 6 회	03.21~03.22	04.01~04.12	04.18(목)	04.06, 04.10
제 7 회	04.04~04.05	04.15~04.30	05.09(목)	04.21, 04.27~04.28
제 8 회	04.18~04.19	05.02~05.17	05.23(목)	05.05~05.06, 05.11~05.12, 5.15
제 9 회	05.09~05.10	05.20~05.31	06.05(수)	05.26
제 10 회	05.23~05.24	06.10~06.21	06.27(목)	06.15
제 11 회	06.13~06.14	06.24~07.05	07.11(목)	06.30
제 12 회	06.27~06.28	07.08~07.19	07.25(목)	07.13
제 13 회	07.11~07.12	07.22~08.02	08.08(목)	07.28
제 14 회	07.25~07.26	08.05~08.16	08.22(목)	08.10, 08.15
제 15 회	08.08~08.09	08.19~08.30	09.05(목)	08.25
제 16 회	08.22~08.23	09.02~09.13	09.26(목)	09.07
제 17 회	09.06~09.06	09.23~10.04	10.17(목)	09.29, 10.03
제 18 회	09.26~09.27	10.15~10.25	10.31(목)	10.19
제 19 회	10.17~10.18	10.28~11.08	11.14(목)	11.03
제 20 회	10.31~11.01	11.11~11.22	11.28(목)	11.16
제 21 회	11.14~11.15	11.25~12.06	12.12(목)	12.01
제 22 회	11.28~11.29	12.09~12.20	12.26(목)	12.14

응시수수료

- 필기: 14,500원
- 실기: 27,300원

TIP

공통
- 전문가의 시각으로 접근:
  피부미용 전문가가 된다는 가정을 하고 공부하는게 좋다. 실무적 관점에서 학습하면 이해도가 높아진다.
- 기본서 반복 학습:
  기본서 1권을 선택하여 꾸준히 반복해 이론적 토대를 확립한다. 오타나 오류가 적은 신뢰할 만한 교재를 사용하는 것이 중요하다.
- 단일 교재 반복 활용:
  여러 권의 책을 보는 것보다 한 권의 책을 여러 번 반복하여 학습하는 것이 효과적이다. 시중에 있는 책 중에는 품질이 낮은 것도 많으므로 주의가 필요하다.
- 문제 풀이 연습:
  기출문제와 모의고사 문제를 많이 풀어 보세요. 문제 유형을 파악하고 실전 감각을 익히는 데 도움이 된다.
- 필기시험 우선 합격:
  필기시험에서 먼저 합격해야 실기시험 기회를 얻다. 필기시험 합격 후 2년간 유효하므로 필기에 집중하는게 좋다.
- 실기시험 준비:
  필기시험 합격 후 실기시험까지 약 40일의 여유가 있다. 이 기간 동안 실기시험 특강을 활용하고, 모의고사를 집중적으로 실습하면 합격 가능성이 높아진다.

과목별 공부 방법
1. 피부미용학:
   60문제 중 20문제가 출제되는 과목으로, 용어와 관련된 문제가 많다. 용어에 대한 충분한 이해와 반복 학습이 필요하다.
- 피부학 및 피부생리학:
  피부와 내장기관, 피부와 영양, 피부와 광선, 피부면역, 피부노화 등 다양한 주제를 다룬다. 이론이 복잡할 수 있지만, 피부미용사로서 필수적인 상식이다.
- 피부미용기기학:
  피부미용기기와 기기사용법에 대해 공부한다. 기기의 올바른 사용법과 전기, 전류가 인체에 미치는 영향에 대한 문제가 자주 출제된다.
2. 화장품학:
   화장품개론, 화장품제조, 화장품의 종류와 기능 등으로 나뉘며, 다양한 화장품의 종류를 외워야 한다. 취업을 고려한다면 이 과목의 세심한 공부가 필요하다.
3. 공중위생관리학:
   공중보건학, 소독학, 공중위생관리법규로 나뉩니다. 미용사는 공중위생법의 영향을 많이 받기 때문에, 공중위생관리법규에 대한 이해가 중요하다. 특히 피부샵 창업을 목표로 할 경우, 이 부분의 숙지가 필수적이다.

자격증 취득 후 하는 일

1. 피부 관리 및 시술

- **피부 상태 진단**: 고객의 피부 상태를 분석하고, 적절한 관리 방법을 추천한다.
- **피부 관리 시술**: 클렌징, 각질 제거, 팩, 보습, 마사지 등 다양한 피부 관리 시술을 수행한다.
- **피부 치료**: 여드름, 주름, 기미, 색소침착 등 피부 문제에 대한 전문 치료를 제공한다.

2. 스킨케어 제품 추천 및 판매

- **제품 추천**: 고객의 피부 타입과 문제에 맞는 스킨케어 제품을 추천하고, 사용법을 안내한다.
- **제품 판매**: 미용실이나 피부 관리 센터에서 스킨케어 제품을 직접 판매하거나, 고객에게 구매를 유도한다.

3. 미용 상담

- **피부 상담**: 고객의 피부 고민과 요구 사항을 파악하고, 적절한 솔루션을 제시한다.
- **홈케어 방법 안내**: 고객이 자택에서 관리할 수 있는 스킨케어 방법과 제품 사용법을 설명한다.

4. 미용 기기 사용 및 관리

- **기기 조작**: 피부 관리에 필요한 다양한 미용 기기(예: 레이저, 초음파, 고주파 등)를 조작하고, 효과적으로 사용하는 방법을 익힌다.
- **기기 유지보수**: 사용 후 기기의 청소 및 정기적인 점검을 통해 기기의 상태를 유지한다.

5. 살롱 운영 및 관리

- **고객 관리**: 고객 예약 관리, 상담 기록 유지, 고객 피드백 수집 및 대응

등을 통해 고객 서비스를 개선한다.
- **살롱 관리**: 시설과 기기의 위생 관리, 재고 관리, 매출 관리 등 살롱의 운영 전반을 책임질 수 있다.

6. 교육 및 트레이닝
- **신규 직원 교육**: 신입 직원이나 후배 미용사에게 피부 관리 기술과 절차를 교육한다.
- **전문가 교육**: 새로운 피부 관리 기술이나 제품에 대한 교육을 받거나, 고객에게 최신 정보를 제공할 수 있다.

7. 자영업 및 창업
- **미용실 운영**: 자격증을 바탕으로 미용실이나 피부 관리 센터를 창업하여 운영할 수 있다.
- **프리랜서 활동**: 개인적으로 피부 관리 서비스를 제공하거나, 모바일 스킨케어 서비스를 제공하는 것도 가능하다.

8. 지속적인 학습과 전문성 강화
- **전문성 향상**: 새로운 기술과 트렌드에 대한 학습을 지속적으로 하여 전문성을 강화한다.
- **자격증 추가 취득**: 관련 분야의 추가 자격증을 취득하여 더 다양한 시술이나 서비스를 제공할 수 있다.

미용사(피부) 자격증을 취득하면 피부 관리와 관련된 다양한 분야에서 전문적인 일을 할 수 있으며, 고객의 피부 건강을 향상시키고 만족도를 높이는 중요한 역할을 하게 된다.

미용사(피부) 전망

1. 건강과 미용에 대한 관심 증가
- **피부 관리에 대한 수요 증가**: 현대인들이 외모와 건강에 대한 관심이 증가하면서, 피부 관리에 대한 수요도 꾸준히 늘어나고 있다. 특히, 스트레스와 환경오염으로 인해 피부 문제를 겪는 사람들이 많아지면서

전문적인 피부 관리 서비스에 대한 수요가 계속해서 증가하고 있다.

2. 고령화 사회의 도래

- **노화 방지와 피부 건강 관리**: 고령화 사회로 접어들면서 노화 방지와 피부 건강 유지에 대한 관심이 더욱 커지고 있다. 중년 및 노년층을 대상으로 한 피부 관리 서비스가 확장되고 있으며, 이러한 트렌드는 미용사(피부) 자격증 소지자에게 새로운 기회를 제공한다.

3. 다양한 전문화 기회

- **피부과 및 미용 관련 클리닉**: 피부과와 미용 클리닉에서 전문적인 피부 관리 인력을 필요로 하면서 미용사(피부) 자격증 소지자에게 다양한 취업 기회가 제공되고 있다.
- **특화된 서비스 수요 증가**: 안티에이징, 여드름 치료, 피부 미백 등 특정 문제를 해결하는 전문 피부 관리 서비스의 수요가 증가하고 있어, 이에 따른 전문화된 미용사의 필요성이 커지고 있다.

4. 창업 및 자영업 기회

- **피부 관리 샵 창업**: 미용사(피부) 자격증을 소지한 사람들이 자신만의 피부 관리 샵을 창업하는 사례가 늘어나고 있다. 창업을 통해 독립적으로 사업을 운영할 수 있는 기회가 많아지고 있으며, 모바일 피부 관리 서비스와 같은 새로운 형태의 사업 모델도 등장하고 있다.

5. 지속적인 기술 발전

- **첨단 기술 도입**: 레이저, 초음파, 고주파 등 첨단 기술을 활용한 피부 관리 기기들이 계속해서 발전하고 있다. 이러한 기술을 다룰 수 있는 전문 인력이 필요해지면서, 미용사(피부) 자격증 소지자의 역할이 중요해지고 있다.

6. 국내외 취업 기회 확대

- **해외 취업 기회**: 한국의 뷰티 산업이 국제적으로 인정을 받으면서, 미용사(피부) 자격증을 소지한 사람들이 해외에서 취업할 기회도 확대되고 있다. 특히, K-뷰티의 인기가 높은 지역에서 한국의 피부 관리 기술에 대한 수요가 많아지고 있다.

7. 안정적인 직업 선택

- **안정된 직업군**: 피부 관리 서비스는 경제 상황에 크게 영향을 받지 않는 편이어서 비교적 안정적인 직업군으로 평가된다. 개인의 외모와 건강에 대한 관심이 지속되는 한, 피부 관리 서비스에 대한 수요는 꾸준히 유지될 것이다.

31 미용사(네일)

네일미용에 관한 숙련기능을 가지고 현장업무를 수행할 수 있는 능력을 가진 전문기능인력을 양성하고자 자격제도를 제정하였다. 미용자격증 중 네일 분야는 네일아트 미용 전문 인력 양성을 위해 제정된 제도이다. 네일아트 자격증 취득 후 손톱, 발톱, 매니큐어, 광택, 정리, 정돈 등을 수행할 수 있다.

시험과목 및 방법

구분	시험과목	시험방법		
		문제형식	문항수	시험시간
필기시험	네일화장품 적용 및 네일미용관리(공중위생관리학, 피부의 이해, 화장품 분류 포함) 등에 관한 사항	객관식	60문항	60분
실기시험	네일미용 실무	작업형	-	약 2시간 30분

합격기준

필기시험	100점을 만점으로 하여 60점 이상
실기시험	100점을 만점으로 하여 60점 이상

시험일정

■ 필기시험일정

회별	원서접수	필기시험
제 1 회	01.03~01.04	01.08~01.12
제 2 회	01.09~01.10	01.15~01.19
제 3 회	01.16~01.17	01.22~01.26
제 4 회	01.23~01.24	01.29~02.02
제 5 회	01.30~01.31	02.05~02.07
제 6 회	02.14~02.15	02.20~02.23

회별	원서접수	필기시험
제 7 회	02.28~02.29	03.05~03.08
제 8 회	03.50~03.06	03.11~03.15
제 9 회	03.14~03.15	03.20~03.22
제 10 회	03.19~03.20	03.25~03.29
제 11 회	03.26~03.27	04.01~04.05
제 12 회	04.02~04.03	04.08~04.09, 04.11~04.12
제 13 회	04.11~04.12	04.17~04.19
제 14 회	04.16~04.17	04.22~04.26
제 15 회	04.23~04.24	04.29~04.30, 05.02~05.03
제 16 회	05.02~05.03	05.08~05.10
제 17 회	05.16~05.17	05.22~05.24
제 18 회	05.21~05.22	05.27~05.31
제 19 회	05.28~05.29	06.03~06.05, 06.07
제 20 회	06.04~06.05	06.10~06.14
제 21 회	06.11~06.12	06.17~06.21
제 22 회	06.18~06.19	06.24~06.28
제 23 회	06.25~06.26	07.01~07.05
제 24 회	07.02~07.03	07.08~07.12
제 25 회	07.16~07.17	07.22~07.26
제 26 회	07.23~07.24	07.29~08.02
제 27 회	07.30~07.31	08.05~08.09
제 28 회	08.06~08.07	08.12~08.14
제 29 회	08.13~08.14	08.19~08.23
제 30 회	08.20~08.21	08.26~08.30
제 31 회	08.27~08.28	09.02~09.06
제 32 회	09.03~09.04	09.09~09.13
제 33 회	09.24~09.25	09.30~10.02
제 34 회	10.15~10.16	10.21~10.25
제 35 회	10.22~10.23	10.28~11.01
제 36 회	10.29~10.30	11.04~11.08
제 37 회	11.05~11.06	11.11~11.15
제 38 회	11.12~11.13	11.18~11.22
제 39 회	11.19~11.20	11.25~11.29

회별	원서접수	필기시험
제 40 회	11.26~11.26	12.02~12.06
제 41 회	12.03~12.04	12.09~12.13
제 42 회	12.10~12.11	12.16~12.20
제 43 회	12.17~12.18	12.23~12.24

■ 실기시험일정

회별	원서접수	실기시험	합격자발표	미시행일
제 1 회	01.04~01.05	01.15~01.26	02.01(목)	01.21
제 2 회	01.18~01.19	01.29~02.08	02.15(목)	02.03
제 3 회	02.01~02.02	02.19~02.29	03.07(목)	02.25
제 4 회	02.15~02.16	03.04~03.15	03.21(목)	03.09
제 5 회	03.07~03.08	03.19~03.29	04.04(목)	03.24
제 6 회	03.21~03.22	04.01~04.12	04.18(목)	04.06, 04.10
제 7 회	04.04~04.05	04.15~04.30	05.09(목)	04.21, 04.27~04.28
제 8 회	04.18~04.19	05.02~05.17	05.23(목)	05.05~05.06, 05.11~05.12, 5.15
제 9 회	05.09~05.10	05.20~05.31	06.05(수)	05.26
제 10 회	05.23~05.24	06.10~06.21	06.27(목)	06.15
제 11 회	06.13~06.14	06.24~07.05	07.11(목)	06.30
제 12 회	06.27~06.28	07.08~07.19	07.25(목)	07.13
제 13 회	07.11~07.12	07.22~08.02	08.08(목)	07.28
제 14 회	07.25~07.26	08.05~08.16	08.22(목)	08.10, 08.15
제 15 회	08.08~08.09	08.19~08.30	09.05(목)	08.25
제 16 회	08.22~08.23	09.02~09.13	09.26(목)	09.07
제 17 회	09.06~09.06	09.23~10.04	10.17(목)	09.29, 10.03
제 18 회	09.26~09.27	10.15~10.25	10.31(목)	10.19
제 19 회	10.17~10.18	10.28~11.08	11.14(목)	11.03
제 20 회	10.31~11.01	11.11~11.22	11.28(목)	11.16
제 21 회	11.14~11.15	11.25~12.06	12.12(목)	12.01
제 22 회	11.28~11.29	12.09~12.20	12.26(목)	12.14

응시수수료

- 필기: 14,500원
- 실기: 17,200원

미용사(네일아트) 자격증을 취득하는데 얼마나 걸릴까?

　미용사 네일아트 자격증의 경우 2020년 기준 필기 합격률은 52.4%, 실기 합격률은 39.7% 수준으로 필기 시험 난이도는 큰 어려움이 없는 편이나, 기능사 치고는 시험 범위가 넓어 공부할 양이 많은 편이다. 실기 시험의 경우 합격률이 평균 이하로 독학은 네일아트 전공자가 아닌 이상 현실적으로 많은 어려움이 있으며, 뷰티아카데미와 같은 미용/뷰티 학원에서 3개월 이상의 교육과정을 수료해야 단번에 합격할 가능성이 있다. 네일아트 국가 자격증이 실기 난이도가 있는 편이라고 하더라도 학원에서 제대로 수업만 듣는다면 충분히 취득이 가능한 자격증이다.

구분	과정내용
1개월	O.T/네일개론/풀 컬러링, 그라데이션 컬러링/파일링/습식 매니큐어/내츄럴 팁 위드랩
2개월	공중위생관리학 법규, 피부학, 해부생리학/프렌치컬러링, 딥프렌치 컬러링/페디큐어/실크 익스텐션/인조네일 제거
3개월	3개월 화장품학/젤 원톤 스컬프쳐/선 마블링/부채꼴 마블링/아크릴 스컬프쳐 / 과제별 총정리 / 실전 모의고사

TIP

필기시험
- 기출문제 풀이: 기출문제를 반복적으로 풀어보며 문제와 답을 암기하는 것이 중요하다. 최소 4회분 이상 풀어보는 것을 추천하며, 오답 노트를 작성해 왜 틀렸는지 이해하는 것이 중요하다.
- 학습 방법: 시간이 부족하다면 유튜브 무료 강의를 활용하고, 시간이 여유롭다면 학원에 등록해 체계적으로 공부하는 것도 좋은 방법이다.

과목별 학습 전략:
- 네일개론: 실기와 연계된 내용이 많아 꼼꼼히 이해하고, 피부학 용어나 개념을 확실히 익히는 것이 중요하다.
- 공중위생관리학: 법규와 공중보건학을 중심으로 암기할 부분이 많다. 교재를 반복해 읽고 기출문제를 풀어 자주 틀리는 유형을 정리하는 것이 좋다.

- 네일미용기술: 실기와 연관된 이론을 배우는 과목으로, 순서와 방법에 대한 내용을 중점적으로 암기하고 반복 학습하는 것이 중요하다.
- 화장품학: 개념 확인 문제가 주류를 이루며, 실기와 연계된 이론을 반복해서 학습하는 것이 좋다.

실기시험
- 위생/청결 유지: 모든 미용 실기 시험에서 위생과 청결이 기본이다. 도구 사용 시 안전사고에 주의하며, 주어진 시간 내에 과제를 완수해야 한다.
- 시험 과제 연습:
  - 1과제(매니큐어 및 페디큐어, 60분): 그라데이션 매니큐어 연습이 중요하며, 스폰지의 재질에 따른 표현 차이도 신경 써야 한다.
  - 2과제(젤 매니큐어, 35분): 마블 매니큐어가 중심이며, 큐어링 시간과 시간 분배를 고려한 연습이 필요하다.
  - 3과제(인조 네일, 40분): 젤 타입 선택과 기포 방지, 폼지 끼우기 등 실무 능력 평가에 대비해 꾸준한 연습이 필요하다.
  - 4과제(인조 네일 제거, 15분): 인조 네일 제거 기술을 연습해야 하며, 모델과의 충분한 연습이 중요하다.

종합적인 공부 팁
필기와 실기 모두 개념 이해와 반복 학습이 중요하다.
실기시험을 먼저 준비하고 필기시험을 공부하는 것도 도움이 된다.
키워드 암기와 틀린 보기까지 암기하는 것이 좋다.

자격증 취득 후 하는 일

미용사(네일) 자격증을 취득한 후에는 다양한 직업 기회가 열리며, 아래와 같은 일을 할 수 있다.

1. 네일아티스트

- **네일살롱**: 네일아티스트로서 네일살롱에서 고객의 손톱 및 발톱을 관리하고, 네일 아트 디자인을 제공하는 일을 한다.
- **프리랜서 네일아티스트**: 독립적으로 활동하며 개인 고객을 대상으로 서비스를 제공하거나 출장 서비스를 제공한다.

2. 뷰티 살롱

네일 외에도 피부관리, 메이크업, 속눈썹 연장 등 다양한 미용 서비스를 제공하는 뷰티 살롱에서 일할 수 있다.

3. 강사 및 교육자

네일아트 관련 학원이나 뷰티 아카데미에서 강사로 활동하며, 네일아트 기술을 교육할 수 있다.

온라인 강의나 워크숍을 통해 교육 활동을 할 수도 있다.

4. 네일 아트샵 창업

자신의 네일 아트샵을 창업하여 직접 경영할 수 있다. 샵 운영 외에도 고객 관리, 마케팅, 재고 관리 등을 맡게 된다.

5. 뷰티 컨설턴트

뷰티 브랜드나 네일 제품 회사에서 제품 홍보, 컨설팅, 또는 트레이너로 일하며, 제품 사용법을 교육하거나 마케팅에 참여할 수 있다.

6. 패션 및 엔터테인먼트 업계

패션쇼, 광고 촬영, 드라마, 영화 등에서 네일아티스트로 활동하며, 모델이나 배우들의 네일을 관리하고 스타일링을 도울 수 있다.

7. 해외 취업

글로벌하게 인정받는 자격증이므로 해외에서 네일아티스트로 일할 수 있는 기회도 있다. 국제적인 경력을 쌓을 수 있으며, 다양한 문화에서 네일아트를 배울 수 있다.

8. 제품 개발 및 판매

네일 제품을 직접 개발하거나, 네일아트 도구와 제품을 판매하는 사업에 참여할 수 있다.

9. 뷰티 블로거/유튜버

네일아트 관련 콘텐츠를 제작하여 블로그나 유튜브 채널을 운영할 수 있다. 리뷰, 튜토리얼, 트렌드 소개 등을 통해 수익을 창출할 수 있다.

미용사(네일) 전망

1. 지속적인 수요 증가

- **미용과 패션의 중요성 확대**: 현대 사회에서 개인의 외모와 스타일 관리에

대한 관심이 높아지면서, 네일아트에 대한 수요도 꾸준히 증가하고 있다. 특히, 손톱을 꾸미고 관리하는 것이 일상적인 뷰티 루틴의 일부로 자리잡으면서 네일아트에 대한 수요가 지속될 것으로 예상된다.
- **남성 고객 증가**: 과거에는 주로 여성 고객이 중심이었으나, 최근에는 남성들 사이에서도 네일 관리에 대한 관심이 높아지면서 고객층이 다양화되고 있다.

2. 다양한 서비스와 전문성 요구

- **서비스의 다양화**: 기본적인 네일케어 외에도 젤네일, 아트네일, 네일 익스텐션, 손·발 마사지 등 다양한 서비스가 요구되고 있다. 이에 따라 전문적인 기술을 갖춘 네일아티스트에 대한 수요가 늘어나고 있다.
- **고급화 및 맞춤형 서비스**: 고객들은 점점 더 독창적이고 고급스러운 네일아트를 원하고 있으며, 이는 고급화된 맞춤형 서비스를 제공할 수 있는 네일아티스트의 중요성을 높이고 있다.

3. 창업 및 글로벌 진출 기회

- **소자본 창업 가능성**: 네일샵 창업은 상대적으로 소자본으로 시작할 수 있는 사업 중 하나이다. 이로 인해 많은 사람들이 네일아티스트로 활동하면서 자신의 네일샵을 운영할 기회를 갖고 있다.
- **글로벌 진출**: 한국의 네일아트 기술은 해외에서도 인정을 받고 있으며, K-뷰티의 영향력 확대로 인해 해외에서의 활동 기회도 늘어나고 있다.

4. 온라인 플랫폼과 디지털 마케팅

- **온라인 교육 및 콘텐츠 제작**: 네일아티스트들은 유튜브, 인스타그램 등의 플랫폼을 통해 자신의 기술을 공유하고, 교육 콘텐츠를 제공함으로써 추가적인 수익을 창출할 수 있다. 이러한 디지털 마케팅 전략은 네일아티스트의 개인 브랜드를 성장시키는 데 중요한 역할을 한다.
- **온라인 예약 시스템과 고객 관리**: 많은 네일샵이 온라인 예약 시스템을 도입하여 고객과의 소통을 강화하고 있으며, 이러한 디지털 전환은 효율성을 높이는 데 기여하고 있다.

5. 트렌드의 빠른 변화와 지속적인 학습 필요

- **트렌드 변화**: 네일아트는 패션과 마찬가지로 트렌드가 빠르게 변한다. 새로운 기술과 디자인 트렌드를 따라가기 위해 네일아티스트들은 지속적으로 학습하고 기술을 업데이트해야 한다.
- **전문성 강화**: 단순한 네일케어를 넘어, 고객의 개성과 스타일을 반영하는 맞춤형 디자인을 제공하는 전문성 있는 네일아티스트가 더욱 각광받을 것이다.

6. 환경 및 안전 규제 강화

- **환경친화적 제품과 안전성**: 환경과 건강에 대한 관심이 높아지면서, 안전하고 친환경적인 네일 제품에 대한 수요도 증가하고 있다. 이러한 트렌드는 네일아티스트 들이 제품 선택과 시술 과정에서 더 많은 지식과 신중함을 요구하게 한다.

경비지도사

경비지도사라 함은 경비원을 지도, 감독 및 교육하는 자를 말하며, 일반경비지도사와 기계경비지도사로 구분한다. 일반경비지도사란 경비원을 효율적으로 관리할 전문 인력 양성을 위해 제정된 제도이다. 자격증 취득 후 시설경비·호송경비·신변보호·특수경비원 지도 감독 및 교육 등을 수행할 수 있다.

경비지도사가 하는 일	
시설경비업무	경비를 필요로 하는 시설 및 장소에서의 도난·화재 그 밖의 혼잡 등으로 인한 위험발생을 방지하는 업무
호송경비업무	운반 중에 있는 현금·유가증권·귀금속·상품 그 밖의 물건에 대하여 도난·화재 등 위험발생을 방지하는 업무
신변보호업무	사람의 생명이나 신체에 대한 위해의 발생을 방지하고 그 신변을 보호하는 업무
특수경비업무	공항(항공기를 포함)등 국가중요시설의 경비 및 도난·화재 그 밖의 위험발생을 방지하는 업무
기계경비업무	경비대상시설에 설치한 기기에 의하여 감지·송신된 정보를 그 경비대상시설외의 장소에 설치한 관제시설의 기기로 수신하여 도난·화재 등 위험발생을 방지하는 업무

시험과목 및 방법

구분	과목구분	과목명	문항수	시험시간	시험방법
제1차 시험	필수	1. 법학개론 2. 민간경비론	과목 당 40문항 (총 80문항)	80분	객관식 4지택일형
제2차 시험	필수	1. 경비업법(청원경찰법 포함)	과목 당 40문항 (총 80문항)	80분	객관식 4지택일형
	선택 (택1)	1. 소방학 2. 범죄학 3. 경호학			

합격기준

1차시험	매 과목 100점을 만점으로 하여 매 과목 40점 이상, 전 과목 평균 60점 이상 득점한자
2차시험	① 선발예정인원의 범위 안에서 전 과목 평균 60점 이상을 득점한 자 중에서 고득점 순으로 결정 ② 동점자로 인하여 선발예정인원이 초과되는 대에는 동점자 모두를 합격자로 결정

시험일정

구분	필기원서접수	필기시험	최종합격자발표일
2024년 26회 1차	09.23~09.27	11.09	12.26
2024년 26회 2차	09.23~09.27	11.09	12.26

응시수수료

- 필기: 28,000원
- 실기: 28,000원

※ 제1차 시험 면제자란, 서류심사에 의한 제1차 시험 면제자 및 전(前) 회차 제1차 시험 합격에 의한 면제자를 뜻함.

TIP

1차 시험
- 법학개론: 법학개론은 법률문제와 한자어가 많아 처음 접하는 사람에게 어려울 수 있다. 법의 판례와 구조, 활용 사례를 이해하는 데 중점을 두고, 모든 개념을 암기하려고 하기보다는 개념적으로 접근하여 과락을 피하는 것이 중요하다.
- 민간경비론: 민간경비론은 일상에서 접하기 쉬운 내용과 관련 상식 문제들이 많이 출제되어 상대적으로 쉽다. 기본 개념을 이해하고, 문제풀이에 집중하면 고득점이 가능한다. 1차 시험에서는 난이도가 높은 법학개론에서 점수를 내기 어렵기 때문에, 민간경비론에서 최대한 높은 점수를 얻는 것이 중요하다.

2차 시험
- 경비업법: 경비업법은 100점을 목표로 준비해야 한다. 합격하려면 보통 90점 이상을 받아야 하므로, 실수 없이 정확하게 공부하는 것이 중요하다. 최근 문제들은 법조문 내의 중요한 내용을 상세히 다루기 때문에, 빈출문제를 중심으로 공부하면서 점차 범위를 넓혀 가는 것이 효율적이다.
- 선택과목: 자신에게 맞는 과목을 선택하는 것이 중요하며, 대부분의 수험생은 난이도가

비교적 낮은 경호학을 선택한다. 경호학은 기본 교재를 반복해서 읽고, 기출문제를 중심으로 공부하는 것이 효과적이다. 인터넷 카페와 블로그에서 관련 정보를 찾아보는 것도 유용GK다.

종합적으로: 2차 시험에서는 신규 개정된 법률과 새로운 출제 경향에 주의해야 한다. 경호학에서도 개정된 부분이 출제될 가능성이 높으므로, 이를 철저히 준비하는 것이 중요하다. 이러한 전략을 바탕으로 시험 준비를 하면 합격 가능성을 높일 수 있다.

자격증 취득 후 하는 일

1. 경비지도사로서 경비원 지도 및 관리

경비지도사는 경비업체에서 경비원을 교육하고 지도하는 역할을 수행한다. 경비원들의 직무 수행을 감독하고, 법령 준수 여부를 확인하며, 업무 수행 능력을 향상시키기 위한 교육을 진행한다.

경비 업무의 전반적인 운영과 관리를 책임지며, 경비 서비스의 질을 유지하고 개선하는 역할을 한다.

2. 경비업체 운영

일반경비지도사 자격증은 경비업체를 설립하고 운영할 수 있는 자격 요건 중 하나이다. 자격증 취득자는 경비업체를 직접 설립하거나 운영할 수 있으며, 고객과의 계약, 경비 계획 수립, 인력 관리 등을 포함한 다양한 업무를 수행한다.

3. 시설 경비 및 보안 관리

자격증 취득자는 대형 건물, 상업 시설, 공공기관 등에서 시설 경비 업무를 관리할 수 있다. 이는 경비원이 배치된 장소에서 보안과 안전을 관리하고, 경비원들이 적절하게 임무를 수행할 수 있도록 지도하는 것을 포함한다.

4. 특수 경비 업무 관리

공항, 항만, 군사시설, 발전소 등 특수 시설에서의 경비 업무를 관리하는 역할을 할 수 있다. 이러한 특수 경비 업무는 일반 경비보다 높은 수준의 보안과 경계가 요구되며, 관련 법규와 절차를 철저히 준수해야 한다.

5. 보안 컨설팅

기업이나 기관의 보안 체계를 분석하고, 개선 방안을 제시하는 보안 컨설턴트로 활동할 수 있다. 이는 보안 계획 수립, 위험 분석, 보안 장비의 설치 및 관리 등 다양한 보안 관련 업무를 포함한다.

6. 교육 및 강의 활동

경비원 교육기관이나 사설 교육 기관에서 경비원 교육을 담당하는 강사로 활동할 수 있다. 경비 관련 법규, 안전 관리, 위기 대응 등에 대한 강의를 진행하며, 경비원들의 역량 강화를 돕는다.

7. 공공기관 및 기업 보안 부서

공공기관 또는 대기업의 보안 부서에서 근무하며, 기관 내 보안 체계를 강화하고, 보안 사고를 예방하는 업무를 수행할 수 있다. 자격증을 통해 보안 책임자 또는 보안 관리자 역할을 맡을 수 있다.

8. 경력 개발 및 승진 기회

경비지도사 자격증은 경비업계에서 인정받는 자격증으로, 이를 통해 경비업체 내에서 경력 개발 및 승진의 기회를 얻을 수 있다. 자격증 취득자는 경비 관리자, 보안 책임자 등 더 높은 직책으로의 승진이 가능해진다.

9. 경찰 및 공공안전 협력

경비업체와 경찰, 소방서 등 공공안전기관 간의 협력 활동에 참여하여 지역 사회의 안전을 강화하는 역할을 수행할 수 있다. 민간 경비와 공공 안전의 협력체계를 구축하고, 비상 상황에 대비한 대응책을 마련하는 데 기여한다.

일반경비지도사 전망

1. 보안 산업의 성장

- **보안에 대한 수요 증가**: 사회적 불안 요소와 테러, 범죄 등의 위협이 증가하면서, 개인과 기업, 공공기관 모두 보안에 대한 관심이 높아지고 있다. 이에 따라 경비업체와 보안 서비스의 수요도 지속적으로 증가하고 있다.
- **기술 발전과 보안 요구 증가**: 보안 기술의 발전으로 인공지능, CCTV, 드론 등의 보안 장비가 도입되고 있지만, 이와 함께 전문적인 인력의 필요성도 증가하고 있다. 기술과 인력을 결합한 종합적인 보안 관리가 중요해지고

있어, 경비지도사의 역할이 더욱 부각되고 있다.

2. 법적 규제 강화

- **경비업 관련 법규 강화**: 정부의 법적 규제가 강화되면서 경비업체는 법적으로 요구되는 전문 인력을 필요로 하고 있다. 경비지도사는 법적으로 경비업체에 필수적인 인력으로, 자격증 소지자의 중요성이 커지고 있다.
- **경비업체의 자격 기준**: 경비업체 설립 및 운영에 있어 일반경비지도사 자격증은 필수 요건 중 하나이다. 따라서, 자격증을 소지한 인력에 대한 수요는 앞으로도 지속적으로 유지될 것이다.

3. 경비업체의 전문화

- **경비업체의 경쟁력 강화**: 경비업체들이 서비스의 질을 높이기 위해 전문성을 강화하고 있어, 경비지도사의 역할이 더욱 중요해지고 있다. 특히, 경비원의 교육, 지도, 법적 준수 여부를 관리하는 경비지도사의 역할이 경비업체의 경쟁력을 높이는 요소로 작용한다.
- **고급 경비 서비스 수요 증가**: 단순 경비에서 벗어나, 고급 경비 서비스와 맞춤형 보안 솔루션에 대한 수요가 늘어나고 있어, 경비지도사의 전문성이 요구되는 분야가 확대되고 있다.

4. 취업 기회 확대

- **다양한 직무 영역**: 경비지도사 자격증을 소지한 사람들은 경비업체뿐만 아니라, 공공기관, 대기업, 보안 컨설팅 회사 등 다양한 분야에서 경비와 보안 관련 업무를 담당할 수 있다. 이로 인해 취업 기회가 넓어지고 있다.
- **경력 개발 가능성**: 경비지도사 자격증은 경비업계에서 경력 개발에 중요한 자격증으로, 경비원에서 경비지도사, 그리고 보안 관리자 또는 보안 컨설턴트로의 승진과 경력 전환이 용이하다.

5. 사회적 인식 변화

- **보안의 중요성 인식 확대**: 사회 전반적으로 보안의 중요성에 대한 인식이 확대되면서, 경비지도사의 역할에 대한 사회적 가치와 인식도 높아지고 있다. 이는 경비지도사 직업의 안정성과 존중을 높이는 요소로 작용한다.

경매사

경매사는 농수산물유통 및 가격안정에 관한 법률에 따라, 도매시장법인의 임명을 받거나 농수산물 공판장, 민영농수산물 도매시장 개설자의 임명을 받아 상장된 농수산물의 가격평가 및 경락자 결정 등의 업무를 수행한다. 경매사란 농수산물유통 및 가격안정 전문 인력 양성을 위해 제정된 제도이다. 자격증 취득 후 경매 우선 순위 결정, 가격 평가, 경략자 결정 등을 수행할 수 있다.

시험과목 및 방법

구분	시험과목	시험방법		
		시험과목	출제문항수	시험 시간
1차 시험	1교시	유통상식	25	50분
		경매실무(경매수지도 포함)	25	
	2교시	도매시장관계법령	25	50분
		상품성 평가	25	
2차 시험	-	모의 경매진행(상품확인, 락자 결정능력, 호창·성량 및 경매태도 등)	전자식2 수지식2	-

※ 경매사 시험은 청과, 수산, 축산, 화훼, 약용, 양곡으로 구분된다.

합격기준

1차시험	100점을 만점으로 하여 과목당 40점 이상, 전과목 평균 60점 이상
2차시험	100점을 만점으로 하여 70점 이상

시험일정: 경매사(양곡)

구분	필기원서접수	시험일정	최종합격자발표일
2024년 22회 1차	01.29~02.02	03.09	04.17
2024년 22회 2차	05.27~05.31	06.29	07.24

응시수수료

- 1차: 50,000원
- 2차: 35,000원

> **TIP**
>
> **1차 시험**
> 1. 유통상식
>   - 기본 개념 이해: 유통의 기본 개념, 유통 구조, 유통 경로 등을 명확히 이해하는 것이 중요하다. 유통 관련 이론과 사례를 바탕으로 실무적인 이해를 높이는 데 집중하는게 좋다.
>   - 기출문제 풀이: 기출문제를 반복해서 풀어보면서 출제 경향을 파악하고, 자주 출제되는 개념을 중심으로 공부하세요. 문제를 풀 때는 답을 맞히는 것분만 아니라, 틀린 문제의 원인을 분석하고 보완하는 것이 중요하다.
>   - 최신 유통 트렌드 파악: 유통업계의 최신 동향과 트렌드를 파악해두는 것이 도움이 된다. 특히, 새로운 유통 방식이나 기술 발전과 관련된 내용은 주목해야 한다.
> 2. 경매실무
>   - 실무 절차 이해: 경매의 전체 절차를 이해하고, 경매 진행 시 발생할 수 있는 다양한 상황과 대처 방법을 숙지하세요. 경매의 기본 원리부터 시작해 실제 사례를 공부하면서 실무적인 감각을 키우는 것이 중요하다.
>   - 사례 학습: 다양한 경매 사례를 학습하고, 실제 경매에서 어떻게 적용되는지 분석해 보는게 좋다. 특히, 복잡한 사례일수록 문제 해결 능력을 키우는 데 도움이 된다.
>   - 문제풀이: 경매 실무와 관련된 문제를 자주 풀어보며, 실무적인 지식을 바탕으로 문제를 해결하는 연습을 한다.
> 3. 도매시장관계법령
>   - 법령의 구조 파악: 관련 법령의 기본 구조와 주요 조항을 이해하는 것이 중요하다. 법령을 공부할 때는 조문을 암기하는 것분만 아니라, 그 의미와 적용 사례를 함께 공부해야 한다.
>   - 법령 변경사항 체크: 최신 법령의 변경 사항을 주기적으로 확인하고, 개정된 부분이 시험에 나올 가능성이 크므로, 이를 집중적으로 학습한다.
>   - 기출문제 분석: 법령과 관련된 기출문제를 풀어보면서 법조문을 실제로 어떻게 적용하는지 익히고, 자주 출제되는 조항을 중심으로 학습한다.
> 4. 상품성 평가
>   - 평가 기준 이해: 다양한 상품의 품질 기준과 평가 방법을 숙지하세요. 상품의 특성과 품질 평가 기준을 이해하는 것이 핵심이다.
>   - 실제 상품 분석: 실제 상품을 분석하고 평가하는 연습을 많이 해보는게 좋다. 다양한 상품의 특성을 비교하며, 평가할 때 고려해야 할 요소들을 익히는 것이 중요하다.
>   - 시각적 자료 활용: 상품성 평가는 시각적인 요소가 중요하기 때문에, 관련 자료나 도표 등을 활용해 상품 평가 능력을 향상시킨다.
>
> **2차 시험**

경매사 실기 시험은 다음 4가지 과목을 포함한다.
모의경매 진행, 상품 확인, 경락자 결정 능력, 호창·성량 및 경매 태도
시험은 전자식 2문제와 수지식 2문제로 구성되며, 각 문제는 15초의 짧은 시간 동안 답해야 한다.

1. 공부 방법
   - **이론서 및 유튜브 활용**: 이론서나 유튜브를 통해 관련 내용을 학습한다.
   - **반복 학습**: 충분한 학습과 실습을 통해 반복적으로 공부하며 실전 감각을 익힌다.
2. 모의경매진행
   - **실전 연습**: 모의경매를 자주 진행해보는 것이 중요하다. 실제 경매 진행과 유사한 환경에서 연습을 통해 실전 감각을 익히세요. 이를 통해 시간 관리와 문제 해결 능력을 기를 수 있다.
   - **경매 절차 숙달**: 경매 진행 절차를 완벽하게 숙지하고, 각 단계에서 발생할 수 있는 문제에 대한 대처 방법을 미리 준비하는게 좋다. 경매 시작부터 종료까지의 모든 과정을 숙달하는 것이 필요하다.
   - **피드백 활용**: 모의경매 연습 후에는 자신의 진행 과정을 분석하고 피드백을 받아 개선점을 찾는다. 다른 사람의 진행 방식도 참고하여 다양한 상황에 대처할 수 있는 능력을 기르는게 좋다.
3. 일반적인 학습 전략
   - **학습 계획 수립**: 전체 학습 기간을 고려해, 각 과목별로 학습 계획을 세워야 한다. 일정에 따라 체계적으로 공부하며, 주기적으로 복습 시간을 확보하는게 좋다.
   - **스터디 그룹 참여**: 스터디 그룹을 통해 다른 수험생들과 함께 공부하면, 서로의 지식을 공유하고 어려운 부분을 보완할 수 있다.
   - **실전 모의고사**: 시험 전 모의고사를 통해 자신의 실력을 점검하고, 시험 환경에 익숙해지도록 한다. 실전 감각을 기르기 위해 시간을 엄수하면서 문제를 풀어봐야 한다.

자격증 취득 후 하는 일

1. 경매 진행

- **경매 주관**: 경매사 자격증을 소지하면 경매를 주관할 수 있다. 이는 경매가 원활하게 진행되도록 하는 역할을 포함하며, 경매의 모든 절차를 관리한다.
- **경매 집행**: 경매의 전반적인 집행을 담당하며, 경매 시작부터 종료까지의 과정을 총괄한다. 이를 통해 경매가 공정하고 투명하게 진행되도록 한다.

2. 경매 자문 및 컨설팅

- **자산 평가**: 경매에 출품될 자산의 평가를 수행한다. 자산의 가치를 정확히 평가하여 경매에 적절한 시작 가격을 설정하는 역할을 한다.
- **경매 전략 조언**: 경매를 진행하거나 참여하려는 개인 또는 기업에 대해

전략적 조언을 제공한다. 이는 경매에서 최상의 결과를 얻기 위한 전략을 수립하는 데 도움을 준다.

3. 경매 관련 서류 작업

- **서류 작성**: 경매와 관련된 각종 서류를 작성하고 관리한다. 이는 경매 공고문, 계약서, 경매 결과 보고서 등을 포함한다.
- **문서 검토 및 관리**: 경매 진행에 필요한 모든 문서를 검토하고 관리한다. 문서의 정확성과 적법성을 확인하는 것이 중요하다.

4. 경매 교육 및 강의

- **교육 진행**: 경매 관련 교육 프로그램이나 세미나에서 강사로 활동하며, 경매 절차, 법규, 전략 등을 교육한다.
- **전문가 양성**: 예비 경매사나 관련 분야의 전문가를 양성하기 위한 교육을 제공한다.

5. 경매 관련 법규 준수

- **법규 검토 및 적용**: 경매 진행 시 관련 법규와 규정을 철저히 준수한다. 법적인 문제를 사전에 예방하고, 경매 과정에서 발생할 수 있는 법적 이슈를 해결한다.
- **법률 자문**: 경매와 관련된 법적 자문을 제공하며, 법적인 문제에 대응한다.

6. 고객 서비스

- **고객 상담**: 경매에 참여하는 고객에게 상담을 제공하고, 경매 절차와 관련된 모든 문의에 답변한다.
- **문제 해결**: 경매 진행 중 발생할 수 있는 다양한 문제를 해결하며, 고객의 요구를 만족시키기 위해 노력한다.

7. 경매 관련 마케팅

- **경매 홍보**: 경매를 홍보하고, 경매 참여자를 모집하는 역할을 한다. 이는 광고, 홍보 자료 제작, 마케팅 전략 수립 등을 포함한다.
- **네트워킹**: 경매 관련 업계의 인맥을 넓히고, 경매 참여자와의 네트워킹을 통해 경매의 성공적인 진행을 도모한다.

8. 경매 전문 기업 운영

- **자체 경매사 설립**: 자격증을 바탕으로 경매 전문 기업을 설립하거나 운영할 수 있다. 이를 통해 독립적으로 경매 서비스를 제공하며 사업을 확장할 수 있다.

경매사 전망

1. 시장 성장 및 확대

- **부동산 경매 증가**: 부동산 시장의 불안정성과 투자자의 관심 증가로 인해 부동산 경매는 지속적으로 증가할 것으로 예상된다. 특히, 부동산의 매매나 임대에서 경매는 중요한 역할을 하며, 이에 따른 경매사에 대한 수요도 증가하고 있다.
- **재산 경매의 다양화**: 부동산 외에도 기업 자산, 고급 자동차, 예술품 등 다양한 분야에서 경매가 이루어지고 있다. 이러한 자산들의 경매가 활발해짐에 따라, 경매사의 활동 범위와 기회가 확대되고 있다.

2. 법적 규제와 절차 강화

- **법규 준수의 중요성**: 경매 과정에서 법적 규제와 절차의 중요성이 강조되면서, 전문적인 경매사에 대한 수요가 증가하고 있다. 법적 준수를 철저히 하고, 경매 절차를 정확히 이해하는 경매사의 역할이 더욱 중요해지고 있다.
- **법규 개정 및 강화**: 법규가 강화됨에 따라, 새로운 법규에 대한 이해와 적용 능력을 갖춘 경매사가 필요하다. 이는 경매사의 전문성을 높이는 요소로 작용한다.

3. 디지털 기술과 혁신

- **온라인 경매의 확산**: 디지털 기술의 발전으로 온라인 경매가 급속히 확산되고 있다. 경매사는 온라인 플랫폼을 활용하여 경매를 진행하고, 디지털 기술을 이용한 경매 관리 능력이 중요해지고 있다.
- **기술적 변화**: 경매에서 블록체인, 인공지능(AI) 등의 신기술이 도입되면서, 이러한 기술을 활용한 경매사의 역할이 증가할 것으로 보인다.

4. 전문성 및 경력 개발

- **전문 분야의 세분화**: 경매사로서 특정 분야(예: 부동산, 예술품, 고급 자동차 등)에 특화된 전문성을 갖추면, 더 높은 가치와 기회를 창출할 수 있다. 특정 분야에 대한 깊은 이해와 경험은 경매사의 경쟁력을 높이는 요소가 된다.
- **경력 전환 기회**: 경매사 자격증을 통해 다양한 분야로의 경력 전환이 가능하며, 예를 들어 경매 컨설팅, 법적 자문, 경매 교육 등 다양한 직무로 확대할 수 있다.

5. 글로벌화와 국제 경매

- **글로벌 경매 시장**: 글로벌화로 인해 국제적인 경매 시장이 확대되고 있으며, 국제 경매에서 활동할 기회가 늘어나고 있다. 해외 경매나 국제 자산 경매에 참여할 수 있는 기회가 제공될 수 있다.
- **다국적 거래**: 다양한 국가와 지역에서 경매가 이루어짐에 따라, 다국적 거래와 국제 규정을 이해하는 경매사의 필요성이 커지고 있다.

6. 사회적 가치와 인식

- **공정성 및 투명성 강조**: 경매는 공정성과 투명성이 중요한 분야로, 사회적으로 신뢰를 얻는 경매사의 역할이 강조되고 있다. 이러한 사회적 가치와 신뢰는 경매사의 중요성을 높이는 요소로 작용한다.
- **전문가로서의 인정**: 경매 분야에서의 전문성과 윤리적 접근이 인정받아, 경매사로서의 사회적 위치와 인식이 긍정적으로 변화하고 있다.

수산물품질관리사

수산물의 적절한 품질관리를 통하여 안정성을 확보하고, 상품성을 향상하며 공정하고, 투명한 거래를 유도하기 위한 전문인력을 확보하기 위해서 제정되었다. 수산물품질관리사는 수산물품질 전문 인력 양성을 위해 제정된 제도이다. 자격증 취득 후 품질관리, 상품 및 브랜드 개발, 물류 효율화, 판촉 관리 등을 수행할 수 있다.

시험과목 및 방법

구분	시험과목	시험방법		
		문제형식	문항수	시험시간
1차 시험	수산물품질관리 관련법령 수산물유통론 수확후 품질관리론 수산일반	객관식 4지 선택형	100문항	120분
2차 시험	수산물품질관리실무 수산물등급판정실무	단답형 서술형	단답형 20문항 서술형 10문항 총 30문항	100분

합격기준

1차 시험	각 과목 100점 만점 기준 각 과목 40점 이상의 점수를 획득한 사람 중 평균점수가 60점 이상을 획득한 자
2차 시험	1차 시험에 합격한 자 대상으로 100점 만점으로 60점 이상 획득한 자

시험일정

구분	접수기간	시험일정	합격자 발표기간
2024년 10회 1차	04.01~04.05	05.11	06.19
2024년 10회 2차	07.22~07.26	09.07	10.16

응시수수료

- 필기: 20,000원
- 실기: 33,000원

> **TIP**
>
> **1차 시험**
> - 전반적인 접근: 처음에는 모든 과목을 골고루 공부하여 중요 과목을 파악한다. 이후 주요 기출영역에 집중하여 효율적으로 공부한다.
> - 오답 노트 활용: 문제를 풀면서 틀린 문제를 정리하고, 오답 노트를 작성하여 이론과 함께 복습한다.
> - '지우개 공부법': 2차 시험을 대비해 폭넓은 이해를 바탕으로 정확하게 외운다.
> - 모의고사 활용: 모의고사를 풀어보며 시간 안에 답을 작성하는 연습을 한다.
> 1. 수산물품질관리 관련법령
>   - 법령 암기: 법령을 꼼꼼히 암기하여 실무에서의 법적 준수 중요성을 이해한다.
> 2. 수산물유통론
>   - 이론 반복 학습: 자주 반복해서 읽고, 강의를 통해 출제 유형과 틀리는 부분을 확인한다.
> 3. 수확 후 품질관리론
>   - 실무 연계 학습: 실무 시험과 연계된 내용이므로 전체 내용을 충분히 숙지하고 교재를 반복 학습한다.
> 4. 수산일반
>   - 암기와 이해: 생소한 용어와 개념이 많으므로 기출 문제를 반복 풀고, 오답 노트를 활용하여 내용을 점검한다.
>
> **2차 시험**
> 1. 수산물품질관리실무
>   - 실무 내용 숙지: 표준 규격, 법령, 이력 추적 관리, 검정 방법 등 실무 내용을 철저히 학습한다. 기출 문제를 5회 이상 풀어 익히는 것이 효과적이다.
> 2. 수산물등급판정실무
>   - 심화 학습: 1차 과목의 내용을 심화 학습하며, 기출 문제를 통해 자주 출제되는 유형과 오답률 높은 문항을 정리한다.

자격증 취득 후 하는 일

1. 수산물 품질 관리

- **품질 검사 및 평가**: 수산물의 품질을 검사하고 평가하여, 적합한 품질 기준을 유지하도록 한다. 이는 신선도, 위생 상태, 포장 및 표시 사항 등을 포함한다.
- **표준 규격 준수**: 수산물의 표준 규격에 맞는지 확인하고, 품질 기준을

충족하도록 관리한다.

2. 수산물 유통 관리

- **유통 과정 모니터링**: 수산물이 유통되는 과정에서 품질이 유지되도록 모니터링하고, 유통 과정의 문제를 해결한다.
- **이력 추적 관리**: 수산물의 이력을 추적하고, 문제가 발생했을 경우 신속하게 대응할 수 있는 시스템을 운영한다.

3. 법적 규제 준수

- **법규 준수**: 수산물과 관련된 법적 규제를 준수하며, 법규에 따른 업무를 수행한다.
- **문서 작성 및 관리**: 품질 관리와 관련된 법적 문서를 작성하고 관리한다.

4. 품질 개선 및 관리 시스템 개발

- **품질 관리 시스템 구축**: 품질 향상을 위한 관리 시스템을 개발하고, 이를 효과적으로 운영한다.
- **문제 해결 및 개선**: 품질 문제를 발견하고, 이를 해결하기 위한 개선 방안을 제시한다.

5. 교육 및 컨설팅

- **직원 교육**: 수산물 품질 관리와 관련된 교육을 실시하여 직원들의 품질 관리 역량을 강화한다.
- **컨설팅**: 수산물 품질 관리와 관련된 전문적인 자문을 제공하며, 기업이나 기관의 품질 관리 체계를 개선한다.

6. 연구 및 개발

- **신기술 연구**: 수산물 품질 향상을 위한 새로운 기술이나 방법을 연구하고 개발한다.
- **품질 평가 방법 개발**: 새로운 품질 평가 방법을 개발하고, 이를 현장에 적용한다.

7. 안전 관리 및 위기 대응

- **위기 대응**: 품질 문제나 안전 사고 발생 시 신속하게 대응하며, 관련 조치를

취한다.
- **안전 관리**: 수산물의 안전성을 유지하고, 소비자에게 안전한 제품이 공급될 수 있도록 관리한다.

8. 정부 및 공공기관 업무
- **정부 및 공공기관 협력**: 정부 및 공공기관과 협력하여 품질 관리와 관련된 정책을 수립하고 시행한다.
- **검사 및 인증 업무**: 정부나 공공기관에서 요구하는 검사 및 인증 업무를 수행한다.

수산물품질관리사 전망

1. 수산물 수요 증가
- **세계적 수산물 소비 증가**: 전 세계적으로 수산물 소비가 증가하고 있다. 이에 따라 수산물의 품질 관리와 안전성 보장이 중요해지며, 수산물품질관리사에 대한 수요도 함께 증가할 것으로 예상된다.
- **건강 및 웰빙 트렌드**: 건강 및 웰빙을 중시하는 트렌드로 인해, 신선하고 안전한 수산물에 대한 수요가 높아지고 있다.

2. 규제 강화 및 법적 요구
- **엄격한 품질 기준**: 수산물의 품질과 안전성을 보장하기 위해 각국의 규제와 기준이 강화되고 있다. 이에 따라 법적 규제를 준수하고 품질을 관리할 수 있는 전문 인력의 필요성이 커지고 있다.
- **국제 규정 준수**: 국제적인 품질 기준과 규정을 준수해야 하는 요구가 높아짐에 따라, 수산물품질관리사의 역할이 더욱 중요해지고 있다.

3. 기술 발전과 혁신
- **디지털 기술의 도입**: 수산물 품질 관리에 디지털 기술, IoT(사물인터넷), 인공지능(AI) 등이 도입되고 있다. 이러한 기술의 발전에 따라 최신 기술을 활용할 수 있는 전문가의 수요가 증가하고 있다.
- **품질 관리 시스템의 발전**: 새로운 품질 관리 시스템과 자동화 시스템이

개발되면서, 이를 효과적으로 운용할 수 있는 전문가의 역할이 커지고 있다.

4. 산업 확장 및 전문화

- **수산물 산업의 확대**: 수산물 산업이 더욱 확장되면서, 품질 관리와 관련된 다양한 역할이 필요해지고 있다. 특히, 특수한 품목이나 분야에 대한 전문화가 이루어지고 있다.
- **전문 분야의 세분화**: 수산물 품질 관리 분야의 세분화가 진행되고 있으며, 특정 분야에 대한 전문성을 갖춘 경력자에 대한 수요가 높아지고 있다.

5. 글로벌화와 해외 진출

- **글로벌 시장 확대**: 글로벌화로 인해 수산물의 국제 거래가 증가하고 있으며, 해외 시장 진출을 위한 품질 관리 전문가의 필요성이 높아지고 있다.
- **국제 인증 및 표준**: 국제 인증 및 품질 표준을 충족하기 위한 전문가의 역할이 중요해지고 있다.

6. 소비자 인식 변화

- **소비자 요구 증가**: 소비자들이 수산물의 품질과 안전성에 대한 요구가 증가하고 있다. 이에 따라 품질 관리의 중요성이 더욱 부각되고 있다.
- **투명한 정보 제공**: 소비자에게 투명한 정보 제공과 신뢰성을 보장하는 역할을 하는 수산물품질관리사의 중요성이 커지고 있다.

7. 사회적 책임 및 윤리

- **지속 가능한 관리**: 환경 보호와 지속 가능한 수산물 관리에 대한 사회적 관심이 증가하고 있다. 수산물품질관리사는 이러한 요구에 부응하는 품질 관리와 환경 보호 활동을 수행해야 한다.
- **윤리적 접근**: 윤리적이고 투명한 품질 관리가 강조되며, 이를 준수할 수 있는 전문가에 대한 수요가 높아지고 있다.

35. 관광통역안내사

관광도 하나의 산업으로서 국가경제에 미치는 영향이 크다고 판단되어 문화체육관광부에서 실시하는 통역분야의 유일한 국가공인자격증으로서 외국인 관광객의 국내여행 안내와 한국의 문화를 소개한다. 관광통역안내사는 외국인 관광객 통역 전문 인력 양성을 위해 제정된 제도이다. 자격증 취득 후 일정표 작성, 환전 및 숙박의 편의 제공, 여행 안내 등을 수행할 수 있다.

시험과목 및 방법

구분	시험과목	시험방법		
		문제형식	문항수	시험시간
1차 시험	국사(근현대사 포함) 관광자원해설	객관식 4지택일형	25문항	50분
	관광법규 관광학개론	객관식 4지택일형	25문항	50분
	외국어시험	※외국어시험은 공인외국어성적으로 대체		
2차 시험	국가관, 사명감 등 정신자세 전문지식과 응용능력 예의, 품행 및 성실성 의사발표의 정확성과 논리성	면접	-	1인당 10~15분 내외

관광통역안내사 공인어학성적 기준

언어	어학시험명	기준점수
영어	토플(TOEFL) PBT	584점 이상
	토플(TOEFL) IBT	81점 이상
	토익(TOEIC)	760점 이상
	텝스(TEPS)	372점 이상
	지텔프(G-TELP)	레벨2 74점 이상
	플렉스(FLEX)	776점 이상
	아이엘츠(IELTS)	5점 이상

언어	어학시험명	기준점수
일본어	일본어능력시험(JPT)	740점 이상
	일본어검정시험(NIKKEN)	750점 이상
	플렉스(FLEX)	776점 이상
	일본어능력시험(JLPT)	N1 이상
중국어	한어수평고시(HSK)	5급 이상
	플렉스(FLEX)	776점 이상
	실용중국어시험(BCT) (B)	181점 이상
	실용중국어시험(BCT) (B)L&R	601점 이상
	중국어실용능력시험(CPT)	750점 이상
	대만중국어능력시험(TOCFL)	5급(流利精通級) 이상
프랑스어	플렉스(FLEX)	776점 이상
	델프/달프(DELF/DALF)	델프(DELF) B2 이상
독일어	플렉스(FLEX)	776점 이상
	괴테어학검정시험(GoetheZertifikat)	B1(ZD) 이상
스페인어	플렉스(FLEX)	776점 이상
	델레(DELE)	B2 이상
러시아어	플렉스(FLEX)	776점 이상
	토르플(TORFL)	1단계 이상
이탈리아어	칠스(CILS)	레벨2-B2(Livello Due-B2) 이상
	첼리(CELI)	첼리(CELI) 3 이상
태국어, 베트남어, 말레이·인도네시아어, 아랍어	플렉스(FLEX)	600점 이상

※ 시험은 정기시험만 인정하며 응시원서접수 마감일 기준 2년 이내에 시행된 시험에서 취득한 점수에 한함
※ FLEX는 듣기, 읽기 영역만 포함

합격기준

1차 시험	매 과목 4할 이상이고 전 과목 점수가 배점 비율로 환산하여 6할 이상
2차 시험	총점의 6할 이상을 득점한 자

시험일정

구분	접수기간	시험일정	합격자 발표기간
2024년 24회 필기	07.01~07.05	10.23	10.23
2024년 24회 면접	07.01~07.05	11.23~2024.11.24	12.18

응시수수료

- 1, 2차 통합: 20,000원

TIP

1차 시험
- 기출 문제 활용: 기출 문제와 자주 등장하는 개념, 이론 중심으로 공부하면 독학으로도 합격 가능하다.
- 국사: 중요한 과목으로 배점이 40%를 차지함. 세부적인 부분까지 꼼꼼히 학습하고, 국사에서 높은 점수를 받으면 다른 과목에서 최소 점수만 받아도 합격할 수 있다.
- 관광자원해설: 복잡하고 암기 위주의 공부 필요. 주요 개념과 과거 기출문제를 통해 자주 출제되는 내용을 집중적으로 학습하는게 좋다.
- 관광법규: 개정된 법이 있는지 확인하고, 법규와 관련된 숫자는 정확히 암기. 최신 법령 기준으로 학습하고 문제 풀이 후 오답 정리해야 한다.
- 관광학개론: 관광법규와 중복되는 부분이 있으므로 연계하여 공부. 혼동되지 않도록 주의한다.
- 외국어: 공인 어학 시험으로 대체됨. 외국어와 한국어 모두로 진행되는 면접 준비 필요. 예측하기 어려운 문제에 대비하기 위해 그룹스터디나 원어민 화상 회화 활용이 좋다.
- 면접: 외국어와 한국어로 질의응답. 전문 지식 40%, 태도 60%로 평가됨. 태도와 응답 준비가 중요하다.

2차 시험
- 외국어 질의응답 준비: 예상 질문에 대해 4-5문장으로 답변 준비. 대답이 너무 짧거나 길어지지 않도록 연습한다.
- 태도: 전문 지식뿐만 아니라 국가관, 사명감, 밝은 표정, 기본 매너, 발표의 정확성과 논리성 등이 평가됨. 전문 지식과 태도 모두 중요하다.

과목별 공부
- 관광국사: 범위가 넓으므로 큰 흐름 위주로 공부. 관광자원해설과의 연계성을 고려하여 집중적으로 학습한다.
- 관광자원해설: 과년도 기출문제를 통해 자주 출제되는 내용을 파악하고, 40점 커트라인을 목표로 학습한다.
- 관광법규: 관광진흥법 파트의 출제 비중이 높음. 최신 개정 법령 기준으로 학습하고, 개념의 정의, 목적, 대상, 기간, 금액 등을 집중적으로 암기한다.

- 관광학개론: 기본 이론을 암기하고, 문체부, 한국관광공사 등에서 진행하는 정책, 이슈, 동향에 신경 쓰기.
- 효율적인 학습 방법으로 기출 문제와 오답 노트를 활용하고, 각 과목의 중요 개념을 꼼꼼히 암기하며, 면접 준비를 철저히 하는 것이 합격의 키포인트이다.

자격증 취득 후 하는 일

1. 관광 가이드
- **관광객 안내**: 관광지, 문화유산, 역사적 장소 등을 안내하며 관광객에게 지역의 역사와 문화를 설명한다.
- **여행 일정 조정**: 여행 일정을 조정하고, 관광객의 요구에 맞춰 맞춤형 관광 코스를 제공할 수 있다.

2. 통역 서비스 제공
- **외국어 통역**: 외국어를 사용하는 관광객에게 현지 언어나 영어로 통역 서비스를 제공한다.
- **문화적 이해 제공**: 문화적 차이를 이해하고 이를 관광객에게 잘 전달하여 원활한 소통을 돕는다.

3. 관광 컨설팅
- **관광지 추천**: 관광지나 레스토랑, 숙박 시설 등에 대한 정보를 제공하고 추천한다.
- **여행 계획 수립**: 관광객의 요구에 맞춰 여행 계획을 수립하고, 맞춤형 여행 경험을 제공한다.

4. 관광 관련 사업체 운영
- **자영업**: 자영업으로 관광 가이드나 투어 서비스를 운영할 수 있다.
- **투어 가이드 회사**: 관광 가이드 회사에 고용되어 일할 수도 있으며, 투어 패키지나 여행 상품을 개발하는 업무를 맡을 수 있다.

5. 교육 및 훈련
- **관광 관련 교육**: 관광학 관련 강의를 하거나 관광 통역 가이드를 양성하는

교육 과정에 참여할 수 있다.
- **워크숍 및 세미나**: 관광 및 통역 관련 워크숍이나 세미나에 참여하거나 강연을 할 수 있다.

6. 관광 정책 개발

- **관광 정책 연구**: 정부 기관이나 관광 관련 기관에서 관광 정책 연구 및 개발에 참여할 수 있다.
- **관광 개발 프로젝트**: 관광지 개발이나 개선 프로젝트에 참여하여 관광 산업의 발전에 기여할 수 있다.

7. 국제 교류 및 협력

- **국제 행사 지원**: 국제 행사나 박람회에서 통역 서비스를 제공하고, 외국인 관광객을 맞이하는 역할을 할 수 있다.
- **해외 관광**: 해외 관광객을 대상으로 한 투어 서비스나 국제 관광 교류 활동에 참여할 수 있다.

관광통역안내사는 관광업계에서 중요한 역할을 맡고 있으며, 관광 산업의 발전과 관광객의 원활한 여행 경험을 지원하는 데 중요한 기여를 한다.

관광통역안내사 전망

1. 관광 산업의 성장

- **국제 관광 회복**: 코로나19 팬데믹 이후 국제 관광이 회복되고 있으며, 관광통역안내사의 수요가 증가하고 있다. 특히, 국제 관광객을 맞이할 준비를 하고 있는 지역에서 높은 수요가 예상된다.
- **관광지 개발**: 새로운 관광지와 관광 자원이 개발되면서 관광통역안내사의 필요성이 높아지고 있다. 지역별 관광자원의 다양화와 개발이 활발히 이루어지고 있다.

2. 글로벌화와 다문화 사회

- **외국어 능력의 중요성**: 글로벌화가 진행됨에 따라 다양한 외국어 능력을 가진 관광통역안내사에 대한 수요가 증가하고 있다. 외국어 능력과 문화적

이해를 바탕으로 관광객과의 원활한 소통이 중요해지고 있다.
- **다문화 사회**: 다문화 사회로의 변화는 다양한 문화적 배경을 가진 관광객이 증가하는 것을 의미하며, 이는 관광통역안내사에게 새로운 기회를 제공한다.

3. 기술 발전
- **디지털 기술의 활용**: AR(증강 현실), VR(가상 현실), 모바일 앱 등 최신 기술이 관광 산업에 도입되면서, 이러한 기술을 활용한 가이드 서비스나 통역 서비스가 증가할 것으로 예상된다.
- **온라인 투어**: 코로나19 이후 온라인 투어의 수요가 증가하며, 이는 새로운 형태의 관광 통역 서비스로 이어질 수 있다.

4. 정부 정책과 지원
- **관광 산업 지원**: 정부의 관광 산업 지원 정책 및 투자 확대는 관광통역안내사에게 긍정적인 영향을 미친다. 정부의 관광 진흥 정책에 따라 관광 산업이 활성화될 수 있다.
- **자격증의 중요성**: 관광통역안내사 자격증은 관광 산업의 공인된 자격증으로, 이 자격증을 소지한 인력에 대한 수요가 계속 증가할 것이다.

5. 직업 안정성과 발전 가능성
- **경력 개발**: 관광통역안내사는 경력을 쌓으면서 전문 가이드, 관광 컨설턴트, 교육 강사 등으로 커리어를 확장할 수 있다.
- **자영업 기회**: 자영업으로 투어 가이드 서비스를 운영하거나 관광 관련 사업을 시작할 수 있는 기회도 있으며, 창의적인 사업 아이디어와 전문성을 활용할 수 있다.

36. 보세사

보세란, 관세의 부과가 보류되는 일을 뜻한다. 관세 부과가 보류되어 있는 화물을 취급하는 전문직이 바로 '보세사'이다. 보세사는 보세화물관리 전문 인력 양성을 위해 제정된 제도이다. 자격증 취득 후 물품 반입 및 반출 확인, 출입자 관리 감독, 세관봉인대 시봉 및 관리, 컨터이너 적·출입 감독 등을 수행할 수 있다.

시험과목 및 방법

구분	시험과목	시험방법		
		문제형식	문항수	시험시간
필기시험	1. 수출입통관절차 2. 보세구역관리 3. 화물관리 4. 수출입안전관리 5. 자율관리 및 관세벌칙	객관식	125문항	135분

※ 1. 수출입통관절차(관세법일반, 수출입통관절차 전반), 2. 보세구역관리(보세구역관리 전반), 3. 화물관리(보세화물관리전반, 수출입환적화물관리, 보세운송제도전반, 관세법상 운수기관, 화물운송주선업자 포함), 4. 수출입안전관리(국경감시제도, AEO제도), 5. 자율관리 및 관세벌칙(자율관리보세구역제도 전반, 보세사제도, 자유무역지역제도, 관세법상 벌칙 및 조사와 처분)
※ 법률·규정 등을 적용하여 정답을 구하여야 하는 문제는 "시험 시행 공고일" 현재 시행 중인 법률·규정 등을 적용함

합격기준

필기시험	시험과목별 필기시험에서 매과목 100점을 만점으로 하여 매과목 40점이상, 전과목 평균 60점 이상 득점

시험일정

구분	접수기간	시험일정	합격자 발표기간
2024년	04.08~04.19	07.06	08.13

응시수수료

- 필기: 60,000원

> **TIP**
>
> 1. **수출입통관절차**
>   - 중요성: 수출입통관절차는 보세사 시험의 기본 과목으로, 전반적인 통관 절차와 법령을 이해하는 데 필수적이다. 이 과목은 관세사 및 원산지 관리사 시험에서도 공통적으로 등장하는 내용이므로, 보세사 시험 준비의 첫 단계로 삼는 것이 좋다.
>   - 공부 방법:
>   - 기본 법령 이해: 수출입통관절차와 관련된 법령, 조세법 규정, 관세법 고시 내용을 중점적으로 학습한다.
>   - 빈출 법률 조항 암기: 자주 출제되는 법률 조항과 규정을 반복 학습하여 암기한다.
>   - 방대한 내용: 내용이 방대하므로, 주요 개념과 조항을 중심으로 요약 정리하여 학습한다.
> 2. **보세구역관리**
>   - 중요성: 보세구역 관리의 주요 내용은 보세구역의 종류와 특징, 자격 요건, 관리 절차를 이해하는 것이다.
>   - 공부 방법:
>   - 기본 규정 숙지: 관세법, 관세법 시행령, 관세법 시행규칙 등에서 규정한 내용에 집중하여 학습한다.
>   - 절차와 흐름 파악: 보세구역의 운영 절차와 흐름을 정확히 이해한다.
> 3. **화물관리**
>   - 중요성: 화물관리 과목은 보세구역 관리와 연결되어 있으며, 관세법을 중심으로 학습한다.
>   - 공부 방법:
>   - 연계 학습: 보세구역 관리 과목을 학습한 후, 화물관리 과목을 이어서 공부한다.
>   - 문제 풀이: 문제 자체는 대체로 쉽지만, 암기할 양이 많으므로 자주 출제되는 문제 유형에 대한 감을 잡아야 한다.
> 4. **수출입안전관리**
>   - 중요성: 수출입안전관리는 양이 많고 내용이 복잡하여 상대적으로 어렵게 느껴질 수 있다.
>   - 공부 방법:
>   - 중점 학습: 자주 출제되는 부분, 특히 보세구역운영인과 보세운송업자 관련 내용을 집중적으로 학습한다.
>   - 기출문제 활용: 기출문제를 통해 자주 출제되는 부분을 파악하고 해당 부분을 집중적으로 공부한다.
> 5. **자율관리 및 관세벌칙**
>   - 중요성: 자율관리 및 관세벌칙 과목은 주로 암기 위주의 내용으로 구성되어 있다.
>   - 공부 방법:
>   - 암기 중심: 암기할 분량이 많지 않지만, 모든 내용을 효과적으로 암기하기 위해 기출문제를 활용하여 학습한다.
>   - 문제풀이: 자주 출제되는 문제를 정리하고 반복적으로 풀어보면서 암기한다.
>   - 종합적인 공부 전략

- 기본 개념과 이론 이해: 각 과목의 기본 개념과 이론을 충분히 이해하고 암기한다.
- 기출문제 활용: 기출문제를 반복적으로 풀어보며 시험의 출제 경향을 파악하고, 자주 출제되는 문제 유형에 익숙해집니다.
- 오답노트 작성: 틀린 문제를 오답노트에 정리하고, 해당 이론과 개념을 복습한다.
- 시간 관리: 시험 준비 시간을 효율적으로 관리하여 각 과목별로 충분한 학습 시간을 확보한다.

이러한 방법을 통해 보세사 자격증 시험에 효율적으로 대비하고, 높은 합격률을 목표로 삼는 것이 중요하다.

자격증 취득 후 하는 일

1. 보세구역 관리

- **보세구역 운영 및 관리**: 보세구역 내에서의 물품 저장과 관리를 책임지며, 보세구역의 적법한 운영을 감독한다.
- **서류 및 기록 유지**: 보세구역에서 발생하는 모든 서류와 기록을 정확히 관리하고, 법적 요구사항에 맞게 보관한다.

2. 통관 절차 지원

- **통관 서류 작성 및 검토**: 수출입 관련 서류를 작성하고 검토하여 통관 절차가 원활히 진행되도록 지원한다.
- **통관 절차 상담**: 수출입 기업이나 개인 고객에게 통관 절차와 관련된 상담을 제공한다.

3. 화물 관리

- **화물 검수**: 수입 및 수출 화물의 품목과 수량, 상태 등을 확인하고 기록한다.
- **화물 통제**: 화물의 안전한 이동을 보장하고, 필요한 경우 추가 조치를 취한다.

4. 수출입안전관리

- **안전관리 규정 준수**: 수출입과 관련된 안전관리 규정을 준수하며, 위험물질 등의 취급과 관련된 규정을 지킨다.
- **AEO 인증 관리**: 수출입 안전관리 우수기업(AEO) 인증을 받은 기업의 인증 유지와 관리 업무를 수행한다.

5. 자율관리 및 법적 준수

- **자율관리 시스템 운영**: 자율적인 품질 관리와 법적 요구 사항을 충족시키기 위한 내부 관리 시스템을 운영한다.
- **법적 조치 및 벌칙 대응**: 관세법과 관련된 위반 사항을 관리하고, 필요한 경우 법적 조치에 대응한다.

6. 컨설팅 및 교육

- **기업 컨설팅**: 수출입 관련 법규와 절차에 대해 기업에 컨설팅을 제공하고, 비즈니스 프로세스를 개선할 수 있도록 지원한다.
- **직원 교육**: 기업의 직원들에게 보세구역 관리와 통관 절차에 대한 교육을 실시한다.

7. 규제 및 법규 준수

- **법규 모니터링**: 최신 법규 및 규제 변화를 모니터링하고, 이를 기업 운영에 반영하여 법적 위험을 줄인다.
- **보고 및 문서화**: 규제 준수 상태를 보고하고, 필요한 문서화 작업을 수행한다.

8. 기타 업무

- **국제 협력**: 해외 파트너 및 기관과의 협력 및 소통을 통해 글로벌 통관 및 보세 관리 업무를 지원한다.
- **문제 해결**: 통관 과정에서 발생할 수 있는 문제를 해결하고, 필요한 조치를 취한다.

보세사는 이와 같은 다양한 업무를 통해 국제 무역과 통관 절차를 원활하게 진행하고, 기업의 법적 준수와 효율적인 운영을 지원한다.

보세사 전망

1. 글로벌 무역 성장

- **무역 확대**: 세계 경제의 글로벌화에 따라 국제 무역이 증가하고 있으며, 이는 보세사에 대한 수요를 증가시키는 요인이다. 무역의 복잡성이

증가함에 따라 전문적인 보세 관리와 통관 서비스의 필요성이 커진다.
- **자유무역협정(FTA)**: FTA의 확산은 새로운 무역 기회를 창출하며, 보세사는 이러한 변화를 효과적으로 관리하는 데 중요한 역할을 한다.

2. 법규 및 규제 강화

- **관세법 및 규제 변화**: 각국의 관세법과 규제가 지속적으로 변화하고 있다. 보세사는 이러한 법규에 대한 깊은 이해와 적절한 대응이 필요하며, 법규 준수와 관련된 전문성이 중요한 직무가 된다.
- **안전 관리 및 규제**: 수출입 안전 관리와 관련된 규제 강화는 보세사의 역할을 더욱 중요하게 만듭니다. 특히 위험물질, 보안 규정 등 다양한 규제에 대한 대응이 요구된다.

3. 기술 발전

- **전자 통관 시스템**: 디지털화와 자동화가 진행됨에 따라, 전자 통관 시스템 및 데이터 분석 기술의 활용이 증가하고 있다. 보세사는 이러한 기술을 활용하여 업무의 효율성을 높이고, 새로운 기술에 대한 이해와 적용 능력이 중요하다.
- **정보 기술**: IT 기술의 발전은 보세사의 업무 처리 방식에 큰 영향을 미치며, 데이터 관리와 시스템 통합의 중요성이 증가하고 있다.

4. 산업 및 직무 변화

- **통합 서비스 제공**: 보세사는 통관, 물류, 화물 관리 등 다양한 분야에서 통합된 서비스를 제공하게 된다. 이는 보세사의 역할을 더욱 다양화하고 전문화시킨다.
- **컨설팅 및 교육**: 보세사는 기업 컨설팅과 직원 교육 등의 추가적인 역할을 수행할 수 있으며, 이는 전문성을 강화하고 경력 발전의 기회를 제공한다.

5. 취업 기회 및 전망

- **기업 내 수요 증가**: 대기업, 중소기업 및 물류 회사에서 보세사에 대한 수요가 증가하고 있다. 특히, 국제 무역을 활발히 수행하는 기업에서는 보세사의 전문성을 필요로 한다.
- **정부 및 공공기관**: 정부기관 및 공공기관에서도 보세사 자격을 가진

전문가를 요구할 수 있으며, 공공 부문에서의 직무 기회도 존재한다.

6. 경쟁과 자격 개발

- **경쟁 심화**: 보세사 자격증을 가진 인력의 수가 증가하면서 경쟁이 심화될 수 있다. 따라서 지속적인 전문 지식 업데이트와 실무 경험이 중요하다.
- **전문성 강화**: 관련 분야에서 추가 자격증 취득이나 학습을 통해 전문성을 강화하는 것이 경력 개발에 도움이 된다.

생활스포츠지도사2급

2급 생활스포츠지도사는 체육활동 수요 증가에 따른 지도 전문 인력 양성을 위해 제정된 제도이다. 자격증 취득 후 운동 종목·강도빈도 처방, 체육지도자 등을 수행할 수 있다.

시험과목 및 방법

구분	시험과목	시험방법		
		문제형식	문항수	시험시간
2급 생활스포츠지도사	(7과목 중 5과목 선택) ① 스포츠교육학 ② 스포츠사회학 ③ 스포츠심리학 ④ 스포츠윤리 ⑤ 운동생리학 ⑥ 운동역학 ⑦ 한국체육사	객관식 4지 택일형	과목 당 20문항	100분

합격기준

실기·구술	각각 만점의 70% 이상 득점
필기시험	과목마다 만점의 40%이상 득점하고 전 과목 총점 60%이상 득점
연수	연수과정의 100분의 90 이상을 참여하고, 연수태도·체육지도·현장실습에 대한 평가점수 각각 만점의 100분의 60 이상

▶ 필기시험 면제 : 하계 필기시험 또는 동계 실기·구술시험에 합격한 사람에 대해 합격한 해의 다음 해에 실시되는 해당 시험 1회 면제

응시자격

응시자격	취득절차	제출서류
① 만 18세 이상인 사람	• 필기 • 실기 • 구술 • 연수(90)	-

응시자격	취득절차	제출서류
② 2급 생활스포츠지도사 자격을 가지고 보유한 자격 종목이 아닌 다른 종목의 자격을 취득하려는 사람 　* 폭력예방교육 : 　　스포츠윤리센터의 성폭력 등 폭력 예방교육(3시간)	• 실기 • 구술 • 폭력예방 　교육	-
③ 해당 자격종목의 유소년 또는 노인 스포츠지도사 자격을 가지고 동일한 종목의 자격을 취득하려는 사람	• 구술 • 연수(40)	-
④ 2급 장애인스포츠지도사 자격을 가지고 보유한 자격 종목이 아닌 다른 종목(국민체육진흥법시행령 별표1 제3호의 비고에서 다른 종목으로 보는 경우를 포함)의 자격을 취득하려는 사람	• 실기-구술 • 연수(40)	-
⑤ 유소년 또는 노인스포츠지도사 자격을 가지고 보유한 자격 종목이 아닌 다른 종목의 자격을 취득하려는 사람	• 실기-구술 • 연수(40)	-

※ 각 요건 중 어느 하나에 해당되는 자격 구비 및 서류 제출
※ 동계종목(스키)의 경우 실기시험 및 구술시험 합격자만 필기시험에 응시할 수 있다.

시험일정

■ 필기시험

구분	원서접수	수수료납부	시험일	합격자발표
일반과정	03.28~04.01	03.28~04.01	04.27	05.17

■ 실기·구술 시험 - 동계(설상)

구분	원서접수	수수료납부	검정일	합격자발표
일반과정	02.02~02.07	02.02~02.07	02.13~03.10	03.13
추가취득	02.02~02.07	02.02~02.07	02.13~03.10	03.13
특별과정	02.02~02.07	02.02~02.07	02.13~03.10	03.13

■ 실기·구술 시험 - 하계/동계(빙상)

구분	원서접수	수수료납부	검정일	합격자발표
일반과정	05.30~06.05	05.30~06.05	06.08~7.05	07.15
추가취득	05.30~06.05	05.30~06.05	06.08~7.05	07.15
특별과정	05.30~06.05	05.30~06.05	06.08~7.05	07.15

■ 연수

※ 체육지도자 자격 연수일정은 각 연수기관 사정에 따라 변경될 수 있다.

구분	연수등록	연수비납부	일반수업	현장실습
일반과정	07.25~07.29	07.25~07.29	08.03~10.20	08.03~10.20
추가취득	~	~	~	~
특별과정	07.25~07.29	07.25~07.29	08.03~10.20	08.03~10.20

■ 최종 합격자 발표 및 자격증발급(예정)

최종 합격자 발표
12.6 14:00 (금)

응시수수료

자격구분	필기시험	실기·구술시험	연수
일반과정	18,000	30,000	200,000
추가취득	-	30,000	-
특별과정	-	30,000	150,000

TIP

필기시험

1. 스포츠교육학
   - 핵심 개념 학습: 스포츠 교육의 이론과 실제, 교육적 접근법에 대해 이해한다. 교육학적 접근과 스포츠 교육의 기본 개념을 숙지해야 한다.
   - 교재 활용: 관련 교재를 통해 주요 이론과 사례를 학습하고, 중요한 개념을 요약하여 반복적으로 복습한다.
2. 스포츠사회학
   - 사회적 맥락 이해: 스포츠가 사회에 미치는 영향, 스포츠와 사회적 이슈(예: 젠더, 인종, 계급 등)에 대한 이해를 높인다.
   - 사례 분석: 다양한 스포츠 사회적 사례를 분석하고, 이를 통해 이론과 현실을 연결시킨다.
3. 스포츠심리학
   - 심리적 요인: 운동 선수의 심리적 상태, 동기 부여, 스트레스 관리 등을 학습한다.
   - 심리적 기법 연습: 심리적 기법과 기법의 실제 적용 방법을 익히고, 이론을 실무에 연결할 수 있도록 연습한다.
4. 스포츠윤리
   - 윤리적 문제: 스포츠에서의 윤리적 문제와 이론, 윤리적 결정 과정 등을 공부한다.
   - 사례 연구: 윤리적 딜레마와 사례를 분석하여 윤리적 사고 능력을 배양한다.
5. 운동생리학
   - 생리적 반응 이해: 운동이 신체에 미치는 생리적 반응, 운동 처방의 원리를 학습한다.

- 기초 이론 반복: 기본 이론을 충분히 숙지하고, 운동 생리학의 핵심 개념을 반복 학습한다.
6. 운동역학
    - 동작 분석: 운동 동작의 물리적 원리와 메커니즘을 이해한다. 운동의 효율성과 기술적 측면을 분석한다.
    - 문제 풀이: 다양한 문제를 풀어보며 동작 분석과 관련된 계산 및 이론을 연습한다.
7. 한국체육사
    - 역사적 흐름: 한국 체육의 역사적 배경과 주요 사건, 인물에 대해 학습한다.
    - 연표 활용: 중요한 사건과 인물을 연표로 정리하고, 한국 체육사의 흐름을 이해한다.

일반적인 필기시험 준비 방법
- 기출문제 풀이: 기출문제를 통해 출제 유형을 익히고, 자주 나오는 문제를 중심으로 공부한다.
- 이론 정리: 각 과목의 핵심 이론을 정리하고, 요약집을 만들어 반복적으로 복습한다.
- 시간 관리 연습: 모의 시험을 통해 시간 관리 연습을 하여 시험 시간 내에 문제를 풀 수 있는 능력을 기릅니다.

실기시험
- 실기시험 내용 이해
    - 운동 시범 및 지도: 주어진 운동 동작이나 프로그램을 정확하게 시연하고, 지도 능력을 평가한다.
    - 운동 프로그램 설계: 특정 상황에 맞는 운동 프로그램을 설계하고, 이를 구체적으로 설명할 수 있어야 한다.
- 실기 연습 방법
    - 기본 동작 연습: 다양한 운동 동작을 정확하게 시연할 수 있도록 반복 연습한다. 동작의 정확성과 안정성을 중요시한다.
    - 프로그램 설계 연습: 다양한 운동 프로그램을 설계하고, 이를 실제로 시연해보는 연습을 통해 실전 감각을 익힌다.
    - 비디오 분석: 자신의 동작을 비디오로 촬영하여 분석하고, 부족한 점을 보완한다.
- 실기 시험 준비
    - 상황 연습: 시험장에서 주어진 상황에 적절히 대응할 수 있도록 상황별 연습을 한다.
    - 건강 관리: 시험 전에는 건강 관리를 철저히 하고, 시험 당일 컨디션이 좋을 수 있도록 한다.
    - 시험 당일 준비: 필요한 장비나 운동복 등을 미리 준비하고, 시험 시간과 장소를 확인하여 준비 상태를 체크한다.
- 종합적인 준비 팁
    - 체계적인 계획 세우기: 필기와 실기 모두에 대해 체계적인 학습 계획을 세우고, 이를 지속적으로 실천한다.
    - 피드백 받기: 학습 과정에서 피드백을 받고, 필요한 부분을 보완해 나가는 것이 중요하다.
    - 건강 관리 및 스트레스 관리: 건강을 유지하고, 시험 준비 기간 동안 스트레스를 관리하는 것도 중요하다.

자격증 취득 후 하는 일

1. 스포츠 지도 및 교육
- **스포츠 강사**: 학교, 체육관, 스포츠 클럽 등에서 스포츠 강사로 활동하며, 다양한 연령층을 대상으로 운동 기술과 체력 단련을 지도한다.
- **체육 교사**: 초중고등학교에서 체육 교육을 담당하며, 학생들에게 운동의 중요성을 알리고 건강한 생활습관을 형성하도록 돕는다.
- **스포츠 교육 프로그램 개발**: 스포츠 클럽이나 체육관에서 맞춤형 운동 프로그램을 개발하고, 참여자들에게 효과적인 운동 방법을 지도한다.

2. 스포츠 클럽 및 체육관 운영
- **체육관 및 스포츠 클럽 운영**: 체육관이나 스포츠 클럽에서 운영 및 관리 업무를 담당하며, 시설 관리, 회원 관리, 프로그램 기획 및 운영 등을 맡는다.
- **운동 프로그램 기획**: 다양한 연령대와 능력 수준에 맞춘 운동 프로그램을 기획하고, 프로그램의 효과를 모니터링하여 개선한다.

3. 공공기관 및 비영리단체 활동
- **커뮤니티 스포츠 프로그램**: 지방자치단체나 비영리단체에서 지역 사회를 위한 스포츠 및 운동 프로그램을 운영하며, 지역 주민의 건강 증진을 도모한다.
- **스포츠 캠프 운영**: 청소년, 성인, 노인 등을 위한 스포츠 캠프를 운영하며, 참가자들에게 다양한 스포츠 활동을 제공하고 건강한 생활습관을 전파한다.

4. 운동 및 체력 관리
- **운동 처방사**: 개인의 체력 수준과 건강 상태에 맞는 운동 처방을 제공하고, 운동 계획을 수립하여 건강 목표 달성을 돕다.
- **체력 측정 및 분석**: 체력 측정과 분석을 통해 개인의 운동 능력을 평가하고, 맞춤형 운동 프로그램을 제안한다.

5. 연구 및 자문
- **스포츠 연구**: 스포츠와 관련된 연구를 수행하거나, 학술 연구에 참여하여 새로운 운동 기술이나 방법론을 개발한다.

- **전문가 자문**: 스포츠 관련 분야에서 전문가로서 자문을 제공하며, 운동과 관련된 문제에 대한 해결책을 제안한다.

6. 홍보 및 마케팅
- **스포츠 마케팅**: 스포츠 관련 제품이나 서비스를 홍보하고 마케팅 전략을 수립한다.
- **스포츠 이벤트 기획**: 스포츠 대회나 이벤트를 기획하고 운영하며, 참여자와 관중의 경험을 향상시키기 위한 노력을 기울이다.

생활스포츠지도사2급 전망

1. 건강과 웰빙에 대한 관심 증가
- **건강 관리의 중요성**: 현대 사회에서 건강과 웰빙에 대한 관심이 높아지면서, 체육 활동과 운동의 중요성이 부각되고 있다. 이에 따라 생활스포츠지도사에 대한 수요도 증가하고 있다.
- **예방적 건강 관리**: 운동을 통한 예방적 건강 관리가 강조되면서, 생활스포츠지도사는 건강한 라이프스타일을 유지하는 데 중요한 역할을 하고 있다.

2. 다양한 직무 기회
- **스포츠 강사 및 지도자**: 초중고등학교, 체육관, 스포츠 클럽 등에서 스포츠 강사 및 지도자로 활동할 수 있는 기회가 많다.
- **체육 교육 프로그램 개발**: 지역 사회 및 공공기관에서 다양한 운동 프로그램을 기획하고 운영할 수 있다.
- **커뮤니티 프로그램**: 지방자치단체나 비영리단체에서 지역 주민을 위한 스포츠 프로그램을 운영하는 기회도 있다.

3. 스포츠 산업의 성장
- **스포츠 클럽 및 체육관의 증가**: 체육관과 스포츠 클럽의 수가 증가하면서, 이에 따른 지도사와 강사의 수요도 높아지고 있다.
- **스포츠 마케팅과 이벤트**: 스포츠 관련 마케팅, 이벤트 기획 등의 분야에서도

전문 인력에 대한 수요가 계속 증가하고 있다.

4. 정책 지원과 정부의 관심

- **정부 정책**: 정부가 건강 증진 및 스포츠 활성화를 위해 다양한 정책을 추진하면서 생활스포츠지도사에 대한 지원과 관심이 커지고 있다.
- **체육 인프라 투자**: 체육 시설 및 인프라에 대한 투자가 증가하면서 관련 직종에 대한 기회도 확대되고 있다.

5. 전문성 강화와 경력 발전

- **전문성 강화**: 생활스포츠지도사 자격증을 취득하고 관련 경험을 쌓으면, 전문성을 강화하여 경력 발전에 유리한 상황을 만들 수 있다.
- **추가 자격증과 교육**: 추가적인 자격증이나 교육을 통해 경력을 다각화하고, 다양한 분야로의 확장이 가능한다.

6. 노인 및 청소년 프로그램

- **노인 체육 프로그램**: 노인의 건강과 체력을 관리하는 프로그램에 대한 수요가 증가하면서, 이 분야에서 활동할 수 있는 기회가 확대되고 있다.
- **청소년 스포츠 활동**: 청소년의 체력 단련과 스포츠 활동을 지도하는 분야에서도 기회가 많아지고 있다.

38 운전학과강사

도로교통법 제106조(전문학원의 강사), 제107조(기능검정원)에 따라 자동차 운전전문학원의 강사 또는 기능검정원이 되려는 사람은 자격시험에 합격하고 한국도로교통공단의 관련 연수교육을 수료하여야 한다.

시험과목 및 방법

구분	교시	학과강사
필기시험 과목	1교시(60분)	교통안전수칙
	2교시(60분)	전문학원관계법령
	3교시(60분)	학과교육 실시요령

각 과목당 50문제, 60분간 시험, 매 과목 100점 만점으로 전체 평균 70점 이상 득점 시 합격
※ 기능강사·학과강사·기능검정원 중 어느 하나의 자격증을 보유 중일 경우, 1,2교시 필기시험 과목 면제

■ 실기시험 안내

제1종보통 운전면허 도로주행시험과 동일한 과정이며, 85점 이상 득점 시 합격

필기시험 합격자에 한하여 합격일로부터 1년 이내에 2번의 응시 기회가 부여된다. (단, 시험장장이 지정한 날에만 응시 가능)

시험일정

구분	1차 필기시험		
	회차	접수기간	시험일자
학과강사	1회	03.26(화)~03.28(목)	04.02(화) / 04.16(화)
	2회	06.25(화)~06.27(목)	07.02(화) / 07.16(화)
	3회	09.24(화)~09.26(목)	10.08(화) / 10.22(화)

응시자격

- 실기시험 응시일까지 도로교통법 제83조 제2항에 규정된 제1종보통 운전면허 도로주행 시험용 차량(1톤 화물자동차)을 운전할 수 있는 운전면허(연습면허 제외) 소지자
  ※ 제2종보통 '수동' 면허 소지자도 도로교통법상 적재 중량 4톤 이하의 화물자동차를 운전할 수 있으므로 응시가 가능한다.(자동변속기 면허 제외)

응시수수료

- 필기: 15,000원
- 실기: 30,000원

TIP

1. 교통안전수칙

교통안전수칙은 도로 교통 상황에서의 안전 운전 원칙과 관련된 내용을 다룬다. 운전학과강사로서 학습자에게 안전 운전의 중요성과 실천 방법을 교육해야 하므로, 이 과목에 대한 깊은 이해가 필요하다.

- 교재 및 자료 활용: 도로교통공단에서 발간한 교통안전 관련 교재나 공식 지침서를 활용해 학습하는 것이 좋다. 교통안전수칙에 대한 내용을 체계적으로 정리하고 있는 교재를 선택하여 학습하는게 좋다.
- 주요 내용 암기: 교통사고 예방을 위한 안전 수칙, 운전 시 주의해야 할 사항, 보행자와 차량의 안전 확보를 위한 규칙 등을 암기한다. 특히, 신호 체계, 표지판 의미, 교차로 통행 방법 등의 기본적인 안전 수칙은 반드시 숙지해야 한다.
- 실제 사례 분석: 교통사고 통계나 실제 사례를 통해 교통안전수칙이 왜 중요한지 이해하고, 이를 기반으로 이론적 지식을 강화한다. 사고 원인 분석을 통해 어떤 안전수칙이 잘 지켜지지 않았는지 파악하는 것이 유익하다.
- 모의시험과 기출문제 풀기: 실제 시험과 유사한 모의시험이나 기출문제를 풀어보는 것은 매우 효과적이다. 이를 통해 시험의 출제 경향을 파악하고, 자주 출제되는 안전수칙을 중심으로 반복 학습해야 한다.

2. 전문학원관계법령

전문학원관계법령은 운전 학원의 운영 및 관리에 관한 법률, 규정, 제도를 다룬다. 운전학과강사로서 법적 기준에 맞는 교육을 제공하고, 학원의 운영을 이해하는 것이 필수적이다.

- 관련 법령 숙지: 운전 전문 학원의 설립 기준, 운영 규정, 교습자의 자격 요건 등 법률 내용을 숙지해야 한다. 도로교통공단이나 교통안전 관련 기관의 공식 사이트에서 제공하는 법령 자료를 참고하는게 좋다.

- 법률 용어 이해: 법률 문서에서 자주 사용하는 용어와 표현을 이해하는 것이 중요하다. 용어집을 만들거나, 이해가 어려운 부분은 별도로 정리하여 반복 학습해야 한다.
- 실무 적용 사례 학습: 학원 운영과 관련된 실제 사례를 통해 법령이 어떻게 적용되는지 학습한다. 예를 들어, 학원 운영 시 발생할 수 있는 법적 문제와 그 해결 방안을 사례 중심으로 공부해야 한다.
- 법령 개정 사항 파악: 법령은 시간이 지나면서 개정될 수 있으므로, 최신 개정 내용을 항상 업데이트하여 학습한다. 최근의 개정 사항이나 법령 변경 사항을 정리해두는 것이 좋다.

3. 학과교육 실시요령

학과교육 실시요령은 이론 교육을 효과적으로 수행하는 방법과 교육 내용에 대한 지침을 제공한다. 운전학과강사는 이론 교육을 통해 학습자에게 운전 지식을 전달하는 역할을 하므로, 교육 방법에 대한 이해가 필수적이다.

- 교육 목표와 내용 파악: 학과 교육의 목표가 무엇인지, 각 주제별로 다루어야 할 핵심 내용이 무엇인지 파악한다. 학과교육 실시요령에 명시된 교육 목표를 중심으로 공부 계획을 세워야 한다.
- 교수법 학습: 학습자에게 효과적으로 내용을 전달하기 위한 교수법을 학습한다. 다양한 교육 방법(예: 시청각 자료 활용, 질의응답, 토론 등)을 이해하고, 이를 실제 교육에 어떻게 적용할 수 있을지 고민하는게 좋다.
- 교육 자료 제작 연습: 교육 자료(프레젠테이션, 교재, 시청각 자료 등)를 직접 제작해보는 것이 유익하다. 이를 통해 교육 내용을 체계적으로 정리하고, 학습자에게 쉽게 전달할 수 있는 방법을 터득할 수 있다.
- 모의 수업 진행: 친구나 동료를 대상으로 모의 수업을 진행해보는 것도 좋은 방법이다. 모의 수업을 통해 자신의 교육 방법을 점검하고, 피드백을 통해 개선점을 찾을 수 있다.
- 실제 교육 현장 방문: 가능한 경우, 운전 학원의 실제 교육 현장을 방문하여 현직 강사의 수업을 관찰하고, 학습 환경을 직접 체험해보는 것도 도움이 된다. 이를 통해 이론과 실제의 차이를 이해할 수 있다.

추가적인 학습 팁

- 계획적 학습: 각 과목에 대해 일정한 학습 계획을 세우고, 매일 일정 시간을 투자하여 꾸준히 공부하는 것이 중요하다. 과목별로 목표를 설정하고, 그에 따라 학습 진도를 체크하는게 좋다.
- 스터디 그룹 활용: 다른 지원자들과 함께 스터디 그룹을 형성하여 서로의 지식을 공유하고, 어려운 부분에 대해 토론하는 것도 효과적인 학습 방법이다.
- 실제 운전 경험 활용: 본인의 운전 경험을 바탕으로 학습 내용을 연결시켜 이해하는 것이 중요하다. 이론을 실제 상황과 연계하여 이해하면, 기억에 오래 남고 실전에서도 활용할 수 있다.
- 휴식과 체력 관리: 충분한 휴식을 취하고 체력을 관리하는 것도 중요하다. 집중력과 학습 효율을 높이기 위해 규칙적인 휴식과 운동을 병행해야 한다.

자격증 취득 후 하는 일

1. 운전 학원에서의 이론 교육

- **교통 법규 교육**: 운전학과강사는 학습자들에게 도로교통법, 신호 체계, 교통 표지판의 의미 등 운전에 필수적인 교통 법규를 교육한다. 이를 통해 학습자들이 법규를 정확히 이해하고 준수할 수 있도록 돕는다.
- **안전 운전 원칙 교육**: 안전 운전의 중요성과 기본적인 안전 수칙을 가르친다. 이는 학습자가 실제 도로에서 안전하게 운전할 수 있는 능력을 키우는 데 중점을 둔다. 예를 들어, 안전거리 유지, 속도 조절, 비상 상황 대처 방법 등을 교육한다.
- **위험 상황 대처법**: 다양한 도로 상황에서 발생할 수 있는 위험에 대처하는 방법을 가르친다. 여기에는 미끄러운 도로, 갑작스러운 제동, 시야 확보 등 다양한 상황에서의 대처법이 포함된다.

2. 운전 학원에서의 실기 교육

- **기본 운전 기술 지도**: 운전학과강사는 학습자에게 기본적인 차량 조작 기술을 가르친다. 여기에는 차량의 출발과 정지, 차선 변경, 주차, 후진, 코너링 등의 기술이 포함된다. 실습 차량에 동승하여 학습자의 운전 능력을 직접 평가하고 피드백을 제공한다.
- **실전 주행 교육**: 학습자가 실제 도로에서 운전할 수 있도록 주행 연습을 지도한다. 다양한 도로 환경(예: 도시, 고속도로, 좁은 골목길 등)에서 주행 연습을 실시하여 학습자가 실제 운전 상황에 적응할 수 있도록 한다.
- **모의 주행 테스트**: 운전면허 시험을 준비하는 학습자들을 위해 모의 주행 테스트를 실시한다. 이를 통해 학습자는 실제 시험 상황을 미리 경험하고, 부족한 부분을 개선할 수 있다.

3. 운전면허 시험 준비 지원

- **시험 요령 지도**: 운전면허 시험의 합격을 위해 필요한 요령과 팁을 제공한다. 학습자에게 시험 절차와 주의할 점을 설명하고, 시험장에서의 긴장을 완화할 수 있도록 도와준다.
- **시험용 차량 관리**: 시험에 사용되는 차량의 상태를 점검하고 관리하는 것도

중요한 업무 중 하나이다. 차량이 안전하고 시험에 적합한 상태를 유지하도록 정기적인 점검과 관리를 수행한다.

4. 교육 프로그램 개발 및 개선

- **교육 자료 개발**: 운전학과강사는 교육 효과를 높이기 위해 다양한 교육 자료를 개발한다. 프레젠테이션, 시청각 자료, 교재 등을 제작하여 학습자가 쉽게 이해할 수 있도록 돕는다.
- **교육 과정 개선**: 교육 과정을 정기적으로 평가하고, 학습자들의 피드백을 반영하여 교육 내용을 개선한다. 최신 교통 법규 변화나 새로운 교육 방법을 도입하여 교육의 질을 높이는 것이 중요하다.

5. 학습자 상담 및 피드백 제공

- **개별 학습자 상담**: 학습자의 운전 실력과 학습 진도를 평가하고, 부족한 부분에 대해 개별 상담을 진행한다. 학습자가 자신의 문제점을 인식하고 개선할 수 있도록 구체적인 피드백을 제공한다.
- **맞춤형 교육 계획 수립**: 학습자의 개별 특성과 필요에 따라 맞춤형 교육 계획을 수립한다. 예를 들어, 특정 기술이 부족한 학습자에게는 집중적인 훈련을 제공하여 빠르게 실력을 향상시킬 수 있도록 돕는다.

6. 안전 교육 캠페인 및 홍보 활동

- **교통 안전 캠페인 참여**: 운전학과강사는 교통 안전 의식을 높이기 위한 다양한 캠페인에 참여할 수 있다. 지역 사회나 학교, 기업 등을 대상으로 교통 안전 교육을 실시하여 교통사고 예방에 기여할 수 있다.
- **홍보 활동**: 운전 학원의 프로그램과 교육의 중요성을 홍보하고, 더 많은 학습자들이 참여할 수 있도록 마케팅 활동을 지원한다.

7. 지속적인 자기 계발과 전문성 강화

- **계속 교육 참여**: 운전학과강사는 변화하는 교통 법규와 새로운 교육 방법을 익히기 위해 계속 교육에 참여한다. 도로교통공단이나 관련 기관에서 제공하는 교육 프로그램에 참여하여 최신 정보를 습득하고, 이를 교육에 반영한다.
- **자격증과 교육 인증 갱신**: 자격증의 유효 기간이 만료되기 전에 갱신해야

하며, 이를 위해 필요한 교육과 시험을 주기적으로 이수해야 한다.

> **운전학과강사 전망**

1. 교통안전 의식의 증가

- **사회적 관심 확대**: 교통사고 예방과 안전 운전의 중요성에 대한 사회적 관심이 증가하고 있다. 이는 운전학과강사의 역할이 점점 더 중요해짐을 의미하며, 교통 안전 교육의 수요가 계속해서 증가할 것으로 예상된다.
- **교통사고 감소 목표**: 많은 나라에서는 교통사고를 줄이기 위한 다양한 정책과 프로그램을 추진하고 있다. 이러한 노력의 일환으로 운전학과강사의 역할이 강화될 것이며, 이에 따라 관련 교육 프로그램과 강사의 수요도 증가할 것이다.

2. 고령화 사회와 운전 교육

- **고령 운전자의 증가**: 고령화 사회로 인해 고령 운전자가 늘어나면서 이들에 대한 특별한 교육과 안전 운전 지원이 필요하다. 운전학과강사는 이러한 고령 운전자를 위한 맞춤형 교육을 제공함으로써, 더 넓은 범위의 학습자들에게 서비스를 제공할 수 있다.
- **맞춤형 교육 프로그램**: 고령 운전자를 위한 안전 교육과 같은 맞춤형 프로그램 개발은 운전학과강사의 역할을 확대하고, 새로운 교육 기회를 창출할 수 있다.

3. 기술 발전과 교육 변화

- **첨단 기술의 도입**: 자동차 기술의 발전, 특히 자율주행차와 같은 혁신적인 기술의 도입은 운전 교육의 내용을 변화시키고 있다. 운전학과강사는 새로운 기술과 관련된 교육을 제공해야 하며, 이에 따라 기술적 지식과 교육 방법의 변화에 적응해야 한다.
- **온라인 교육의 확대**: COVID-19 팬데믹 이후 온라인 교육의 수요가 증가하였고, 이는 운전 교육에도 영향을 미친다. 온라인과 오프라인 교육을 혼합한 하이브리드 교육 모델이 도입될 가능성이 있으며, 이는 운전학과강사의 역할과 교육 방법에 변화를 가져올 수 있다.

4. 법규 및 정책 변화

- **교통 법규 개정**: 교통 법규는 지속적으로 변화하고 개정된다. 운전학과강사는 최신 법규를 항상 숙지하고 교육에 반영해야 하며, 이에 따라 지속적인 학습과 전문성 강화를 통해 변화하는 법규에 적응해야 한다.
- **정책 지원**: 정부나 지방 자치단체의 교통 안전 정책에 따라 운전 교육에 대한 지원과 규제가 강화될 수 있다. 이러한 정책 변화는 운전학과강사에게 새로운 기회와 도전을 제공할 것이다.

5. 전문성 강화와 자격 인증

- **지속적인 전문성 강화**: 운전학과강사는 지속적인 전문성 강화를 통해 교육의 질을 높여야 한다. 새로운 교육 방법, 최신 교통 안전 기술, 효과적인 교육 자료 개발 등을 통해 경쟁력을 유지할 수 있다.
- **자격 인증 갱신**: 자격증과 인증의 갱신을 통해 최신 정보를 유지하고, 교육의 질을 보장해야 한다. 이를 통해 지속적인 경력 개발과 전문성 강화를 이룰 수 있다.

6. 경쟁과 취업 기회

- **경쟁 심화**: 운전학과강사 자격증을 가진 인력의 수가 증가하면서 경쟁이 심화될 수 있다. 따라서, 특화된 분야의 교육, 우수한 교육 성과, 현장 경험 등을 통해 차별화된 경쟁력을 갖추는 것이 중요하다.
- **다양한 취업 기회**: 운전학과강사는 운전 학원 외에도 기업, 공공기관, 교통 안전 기관 등 다양한 분야에서 활동할 수 있다. 특히, 교통 안전 관련 기업이나 연구 기관에서의 교육 역할도 고려할 수 있다.

손해사정사

손해사정사는 금융감독원으로부터 보험개발원이 위탁받아 시행한다. 손해사정사는 보험사고 발생시 손해액 및 보험금의 산정업무를 전문적으로 수행하는 자로서 보험금지급의 객관성과 공정성을 확보하여 보험계약자나 피해자의 권익을 침해하지 않도록 해주는 일, 즉 보험사고발생시 손해액 및 보험금을 객관적이고 공정하게 산정하는 일을 한다.

시험과목 및 방법

구분	시험과목	시험방법		
		문제형식	문항수	시험시간
1차 시험	• 재물 : 보험업법, 보험계약법 (상법 중 보험편). 손해사정이론, 영어 (공인시험으로 대체) • 차량 : 보험업법,보험계약법 (상법 중 보험편) 손해사정이론 • 신체 : 보험업법,보험계약법 (상법 중 보험편) 손해사정이론	객관식 4지 택일형	-	-
2차 시험	• 재물 : 회계원리, 해상보험의 이론과 실무(상법 해상편 포함), 책임 화재 기술보험 등의 이론과 실무 • 차량 : 자동차보험의 이론과 실무(대물배상 및 차량손해), 자동차 구조 및 정비이론과 실무 • 신체 : 의학이론 책임보험 근로자재해보상보험의 이론과 실무, 제3보험의 이론과 실무, 자동차보험의 이론과 실무(대인배상 및 자기신체손해)	논문형 (약술형 또는 주관식 풀이형)	-	-

합격기준

실기·구술	각각 만점의 70% 이상 득점
1차 시험	제1차 시험 합격자를 결정할 때에는 영어 과목을 제외한 나머지 과목에 대하여 매 과목 100점을 만점으로 하여 매 과목 40점 이상. 전 과목 평균 60점 이상 득점한 사람을 합격자로 결정한다. (※ 한 과목이라도 과락이 발생하면 합격할 수 없다.)

2차 시험	매 과목 100점을 만점으로 하여 매 과목 40점 이상, 전 과목 평균 60점 이상 득점한 사람을 합격자로 한다. 절대평가에 의해 합격자를 결정하며, 절대평가에 의한 합격자가 최소선발예정인원에 미달하는 경우 미달인원에 대하여 상대평가에 의해 합격자를 결정한다.

▶ 필기시험 면제 : 하계 필기시험 또는 동계 실기·구술시험에 합격한 사람에 대해 합격한 해의 다음 해에 실시되는 해당 시험 1회 면제

응시자격

- 1차 시험: 학력, 성별, 연령, 경력, 국적 등의 제한이 없음
- 2차 시험
  - 당해년도 및 직전년도 해당분야 손해사정사 제1차시험에 합격한 자 ('95년 이전 제1차 시험 합격자 포함)
  - 보험업법시행규칙 제47조의 규정에 의한 기관(금융감독원, 보험회사, 보험협회, 보험요율산출기관(보험개발원), 농업협동조합중앙회)에서 해당분야의 손해사정업무에 5년이상 종사한 경력이 있는 자 (※ 경력산출은 접수일 초일로 함)
  - 종목의 손해사정사 자격을 취득한 자 (재물, 차량, 신체) (다만, 차량손해사정사 또는 신체손해사정사가 재물손해사정사 시험에 응시하려는 경우 제2차 시험 접수 전에 영어시험 성적표 제출)
  - 종전 규정에 따른 손해사정사 (1종~ 4종)

시험일정

구분	영어 성적 등록기간 (인터넷)	응시원서 접수기간	시험일	접수 방법
1차시험	01.05~02.16	02.20~02.23	04.14	인터넷, 서면(우편)
2차시험	05.01~05.31	06.11~06.14	07.28	인터넷, 서면(우편)

응시수수료

- 1차: 30,495원(계좌이체)/ 30,000원(신용카드)
- 2차: 50,825원(계좌이체)/ 50,000원(신용카드)

TIP

1차 시험
- 재물: 보험업법, 보험계약법 (상법 중 보험편), 손해사정이론, 영어
- 보험업법, 보험계약법 (상법 중 보험편):
- 법령 이해:
  보험업법과 보험계약법의 법령을 자세히 이해하고, 자주 출제되는 조항을 중심으로 암기한다. 법률 문제는 세부적인 부분이 출제되므로 반복 학습과 기출문제 풀이가 효과적이다.
  - 기출문제 분석: 기출문제를 분석하여 자주 출제되는 문제 유형과 법 조항을 파악하고, 주요 내용은 오답 노트를 작성하여 반복적으로 복습한다.
- 손해사정이론:
  - 기초 개념 이해: 손해사정의 기본 개념과 절차를 충분히 이해하고, 이론서에서 중요한 부분을 정리하여 암기한다.
  - 기출문제 연습: 기출문제를 통해 문제의 유형을 익히고, 주요 개념과 이론의 응용 능력을 키운다.
- 영어 (공인시험으로 대체):
  - 공인 영어 시험 준비: TOEIC, TOEFL 등 공인 영어 시험의 준비를 철저히 한다. 실력에 맞는 영어 시험을 선택하여 적절한 준비 전략을 수립한다.
- 차량: 보험업법, 보험계약법 (상법 중 보험편), 손해사정이론
- 보험업법, 보험계약법 (상법 중 보험편):
  - 법령 중심 학습: 법령의 중요한 조항과 최근 개정 내용을 정확히 암기한다. 자주 출제되는 조항을 중심으로 집중 학습한다.
- 손해사정이론:
  - 이론서와 기출문제: 손해사정이론에 대한 개념을 충분히 이해하고, 기출문제를 반복적으로 풀어보면서 시험 준비를 한다.
  - 신체: 보험업법, 보험계약법 (상법 중 보험편), 손해사정이론
- 보험업법, 보험계약법 (상법 중 보험편):
  - 법령과 조항: 법령의 주요 조항을 정확히 암기하고, 법에 대한 이해도를 높인다.
- 손해사정이론:
  - 기초 개념 학습: 손해사정의 기초 이론을 확실히 이해하고, 기출문제를 통해 개념의 적용 능력을 키운다.

2차 시험
- 재물: 회계원리, 해상보험의 이론과 실무(상법 해상편 포함), 책임 화재 기술보험 등의 이론과 실무
- 회계원리:
  - 기초 회계 학습: 회계의 기본 원리를 정확히 이해하고, 재무제표 분석 및 회계 처리에 대한 연습을 충분히 한다.
- 해상보험의 이론과 실무:
  - 이론과 실무 연계: 해상보험의 기본 이론과 실무를 함께 학습하여, 실제 상황에서의 적용 능력을 키운다.
  - 상법 해상편: 상법 해상편의 중요한 조항과 실무 적용 사례를 숙지한다.
- 책임 화재 기술보험 등의 이론과 실무:

- 이론과 실무 병행: 화재와 기술보험의 이론과 실무를 충분히 학습하고, 사례 문제를 통해 실무 능력을 강화한다.
- 차량: 자동차보험의 이론과 실무(대물배상 및 차량손해), 자동차 구조 및 정비이론과 실무
- 자동차보험의 이론과 실무:
  - 대물배상 및 차량손해: 자동차보험의 이론과 실무를 학습하며, 대물배상과 차량손해에 대한 주요 사항을 집중적으로 공부한다.
- 자동차 구조 및 정비이론과 실무:
  - 자동차 구조 이해: 자동차의 구조와 정비 이론을 정확히 이해하고, 실무 능력을 키운다.
  - 신체: 의학이론, 책임보험, 근로자재해보상보험의 이론과 실무, 제3보험의 이론과 실무, 자동차보험의 이론과 실무(대인배상 및 자기신체손해)
- 의학이론:
  - 기초 의학 학습: 인체의 기본 구조와 기능에 대한 의학 이론을 충분히 이해하고, 관련 사례를 학습한다.
  - 책임보험, 근로자재해보상보험, 제3보험:
  - 이론과 실무: 각 보험의 이론과 실무를 체계적으로 학습하고, 실무 적용 사례를 통해 이해도를 높인다.
- 자동차보험의 이론과 실무 (대인배상 및 자기신체손해):
  - 대인배상 및 자기신체손해: 자동차보험의 대인배상과 자기신체손해에 대한 이론과 실무를 충분히 학습한다.
- 종합적인 팁
  - 체계적인 학습 계획: 각 과목의 학습 계획을 세우고, 우선순위를 정하여 체계적으로 공부한다.
  - 기출문제와 모의시험: 기출문제를 반복적으로 풀어보며, 모의시험을 통해 시험 준비 상태를 점검한다.
  - 이론과 실무 병행: 이론과 실무를 병행하여 학습하며, 실제 적용 능력을 강화한다.
  - 관련 자료 활용: 최신 자료와 참고서를 활용하여 최신 경향과 개정된 내용을 반영한다.
  - 스터디 그룹: 스터디 그룹이나 온라인 커뮤니티에서 정보를 공유하고, 서로의 문제를 해결하는 것도 도움이 된다.

자격증 취득 후 하는 일

1. 보험사 및 손해사정사무소 근무

- **보험사**: 손해사정사는 보험회사에서 일하며, 보험사고 발생 시 손해를 평가하고 보상금액을 결정한다. 고객의 보험 청구를 검토하고, 보험금 지급 여부를 판단하는 업무를 수행한다.
- **손해사정사무소**: 독립적인 손해사정사무소에서 근무할 수도 있으며, 여러 보험사의 의뢰를 받아 손해를 평가하고 보상 관련 자문을 제공한다.

2. 독립 손해사정사

- **프리랜서**: 독립적으로 활동하며, 보험사 또는 개인 고객으로부터 의뢰를 받아 손해사정을 수행한다. 다양한 사건과 클레임을 다루면서 폭넓은 경험을 쌓을 수 있다.
- **전문 컨설턴트**: 특정 분야(예: 자동차, 화재, 재물 등)에서 전문 컨설턴트로 활동할 수 있다. 특정 분야의 손해사정에 대한 깊은 지식을 바탕으로 전문적인 자문을 제공한다.

3. 자문 및 교육

- **법률 자문**: 보험사고와 관련된 법률 자문을 제공하거나, 손해사정과 관련된 법적 문제에 대한 상담을 할 수 있다.
- **교육 및 강의**: 손해사정사 교육기관이나 기업에서 손해사정사 교육과정을 강의하거나, 관련 워크숍과 세미나를 진행할 수 있다.

4. 보험 관련 기관 및 협회 활동

- **보험 관련 협회**: 손해사정사 협회나 관련 기관에서 활동하며, 업계 표준과 정책 개발에 기여할 수 있다. 협회에서의 역할로는 회원 관리, 교육 프로그램 운영, 정책 제안 등이 포함될 수 있다.
- **규제 기관**: 보험 관련 규제 기관에서 손해사정사로서 규제 및 감독 업무를 수행할 수 있다.

5. 리서치 및 분석

- **손해 분석 리서치**: 손해사정과 관련된 데이터와 정보를 분석하여 연구 보고서를 작성하거나, 보험사의 리스크 관리 및 손해 예측에 기여할 수 있다.
- **업계 트렌드 분석**: 보험업계의 최신 트렌드와 변화에 대한 분석을 수행하고, 이를 바탕으로 보험사나 손해사정 관련 기관에 보고서를 제출할 수 있다.

> **손해사정사 전망**

1. 보험 시장의 성장

- **보험 가입 증가**: 보험 가입자의 증가와 보험 상품의 다양화는 손해사정사의

수요를 더욱 촉진시키고 있다. 특히, 건강보험, 자동차보험, 재산보험 등 다양한 보험 분야에서 손해사정사의 역할이 중요하다.
- **새로운 보험 상품**: 새로운 유형의 보험 상품이 개발됨에 따라, 이에 따른 손해사정의 필요성도 증가한다. 예를 들어, 디지털 자산이나 환경 리스크를 포함한 보험 상품의 경우 전문적인 손해사정이 필요하다.

2. 법적 및 규제 환경의 변화
- **법률 개정**: 보험 관련 법률 및 규제의 변경은 손해사정사에게 새로운 도전과 기회를 제공한다. 법적 변화에 대응하기 위해서는 최신 법령과 규제에 대한 이해가 필요하며, 이에 따라 지속적인 교육과 학습이 요구된다.
- **규제 강화**: 보험사고의 신뢰성과 공정성을 보장하기 위한 규제 강화가 이루어질 경우, 손해사정사의 역할이 더욱 중요해질 수 있다.

3. 기술 발전과 자동화
- **디지털 기술의 도입**: 보험업계에서 디지털 기술이 도입되면서, 손해사정 분야에서도 AI와 데이터 분석을 활용한 자동화가 진행되고 있다. 이로 인해 일부 반복적인 업무는 자동화될 수 있지만, 여전히 인간의 판단이 중요한 복잡한 사고 분석과 조정이 필요한 경우 손해사정사의 역할은 계속된다.
- **빅데이터와 AI**: 빅데이터와 AI를 활용한 분석은 손해사정의 정확성을 높이는 데 기여할 수 있으며, 이는 손해사정사에게 새로운 도구와 기술을 활용할 수 있는 기회를 제공한다.

4. 전문성 및 전문 분야의 확대
- **전문 분야의 세분화**: 손해사정사는 자동차, 화재, 재물, 건강 등 여러 전문 분야로 나뉘어 있다. 각 분야의 전문성이 더욱 중요해지면서, 특정 분야에 대한 심화 학습과 경험이 필요하다.
- **전문 컨설팅**: 복잡한 사고나 고액 손해 사건의 경우 전문적인 조언과 컨설팅이 필요하며, 이는 손해사정사의 전문성을 더욱 부각시키는 요소이다.

5. 국제화 및 글로벌 시장
- **글로벌 보험 시장**: 국제적으로 보험 시장이 확대되면서, 해외에서 활동할

기회가 늘어날 수 있다. 국제 기준에 따른 손해사정과 글로벌 보험 상품에 대한 이해가 요구될 수 있다.
- **해외 진출**: 해외 보험사와 협력하거나 국제 손해사정사로 활동할 기회도 증가할 수 있다.

6. 인력 수요와 경쟁

- **인력 부족**: 손해사정사의 전문성과 경험을 갖춘 인력은 부족할 수 있으며, 이는 경력과 능력을 갖춘 손해사정사에 대한 수요를 증가시킬 수 있다.
- **경쟁 심화**: 반면, 손해사정사 자격증을 취득한 인력의 수가 증가함에 따라, 경쟁이 심화될 수 있다. 따라서 지속적인 자기 개발과 전문성 향상이 필요하다.

평생교육사

평생교육사 자격증은 이러한 평생교육 관련업무의 전문적인 수행을 위해 일정한 자격을 갖춘 사람에게 부여하는 국가자격증이다. 평생교육사 자격증은 평생교육 실무 전문 인력 양성을 위해 제정된 제도이다. 자격증 취득 후 요구 분석 및 기획, 운영, 강의, 학습 정보 상담 등을 수행할 수 있다.

평생교육사 자격 요건에서 규정한 1호/2호/3호의 차이는?

평생교육사 자격은 다양한 방식을 통해 취득할 수 있기 때문에 어떤 방식으로 평생교육사 자격 취득에 필요한 요건을 충족했는지에 따라 급수와는 별도로 1호· 2호· 3호의 구분이 생긴다.

급수	이수기관	호별 대상자
2급	대학원	1호 : 대학원 재학생
	대학 및 학점은행기관	2호 : 대학재학생 혹은 학점은행제 학위과정 수강생 3호 : 대학(원)졸업생 및 동등이상의 학력이 인정되는 자
3급	대학 및 학점은행기관	1호 : 대학 재학생 및 학점은행제 학위과정 수강생 2호 : 대학(원)졸업생 및 동등이상의 학력이 인정되는 자

평생교육실습이란 무엇일까?

평생교육사 자격 취득을 위해서는 반드시 주 이상의 현장실습을 포함한 평생교육실습을 완료해야 한다. 평생교육실습이란 그동안 학습한 이론적 개념들을 평생교육현장에 실제로 적용해보며 실무 능력을 함양하는 과정이다. 평생교육실습을 하기 위해서는 대학/학점은행기관에서는 필수 4과목, 대학원에서는 필수 3과목 이상의 선수과목을 이수하고 실습과목OT도 수강해야 한다. 규정된 필수 실습시간은 4주 20일, 160시간 이상이며 평생교육사 자격관리 홈페이지에서 실습생 모집 정보를 검색할 수 있다.

응시자격

평생교육사 1급	평생교육사 2급 자격증을 취득한 후 평생교육 관련업무 5년 이상 종사한 경력이 있는 자로서 국가평생교육진흥원이 운영하는 1급 승급과정을 이수한 자(2급 자격취득 이후 경력만 인정)
평생교육사 2급	(1호) 대학원에서 필수과목 15학점 이상 이수하고 석사 또는 박사학위를 취득한 자 (2호) 대학 또는 학점은행기관에서 평생교육 관련과목을 30학점 이수하고 학위를 취득한 자 (3호) 대학을 졸업한 자로서 대학 또는 학점은행기관에서 평생교육 관련과목을 30학점 이수한 자 평생교육사 3급 자격증을 보유하고 평생교육 관련업무에 3년 이상 종사한 경력이 있는 자로서 국가평생교육진흥원이 운영하는 2급 승급과정을 이수한 자(3급 자격취득 이전/이후 경력 모두 인정)
평생교육사 3급	(1호) 대학 또는 학점은행기관에서 평생교육 관련과목을 21학점 이상 이수하고 학위를 취득한 자 (2호) 대학을 졸업한 자로서 대학 또는 학점은행기관에서 평생교육 관련과목을 21학점 이수한 자

시험과목 및 방법

구분	대상자		이수과정(학점)	이수기관
1급	평생교육사 2급 취득 후 평생교육 관련업무 5년 이상 경력자		1급 승급과정	국가평생교육진흥원
2급	학위과정	대학원 재학생	15학점(필수5) + 석/박사 학위 취득	대학원(석/박사과정 이수 과목에 한함)
		(전문)대학 재학생	30학점(필수5/선택5) + 문학사 이상 학위 취득	(전문)대학
		학점은행제 학위과정 수강생		학점은행기관
	비학위과정	(전문)대학 졸업생	30학점(필수5/선택5)	(전문)대학(시간제등록 포함), 학점은행기관
		평생교육사 3급을 보유하고, 평생교육 관련업무 3년 이상 경력자	2급 승급과정	국가평생교육진흥원
3급	학위과정	(전문)대학 재학생	21학점(필수5/선택2) + 문학사 이상 학위 취득	(전문)대학
		학점은행제 학위과정 수강생		학점은행기관
	비학위과정	(전문)대학 졸업생	21학점(필수5/선택2)	(전문)대학(시간제등록 포함), 학점은행기관

평생교육 관련 과목

구분	필수과목	선택과목	
필수 + 선택	평생교육론, 평생교육방법론, 평생교육경영론, 평생교육프로그램개발론, 평생교육실습(4주, 160시간 이상 현장실습 포함)	실천 영역	노인교육론, 문자해득교육론, 성인학습및상담, 시민교육론, 아동교육론, 여성교육론, 청소년교육론, 특수교육론
		방법 영역	교수설계, 교육공학, 교육복지론, 교육사회학, 교육조사방법론, 기업교육론, 문화예술교육론, 상담심리학, 원격(이러닝,사이버)교육론, 인적자원개발론, 지역사회교육론, 직업·진로설계, 환경교육론

평생교육실습

선수과목 이수	대학/학점은행기관 : 평생교육실습 과목을 제외한 필수과목 4과목 이수 대학원 : 평생교육실습 과목을 제외한 필수과목 3과목 이상 이수
이수(양성) 기관	평생교육실습 교과목으로 편성된 실습오리엔테이션을 이수한 학생에 한하여 현장실습 실시 현장실습 시행계획 수립, 실습기관 선정, 평가 등 현장실습 전반에 대한 관리 수행
실습시간	4주간(20일, 160시간 이상)
실습기관	실습기관은 평생교육을 주된 목적으로 하는 기관 및 시설이어야 하며, 자격요건을 갖춘 실습지도자가 학생관리 및 실습지도 등을 실시

TIP

평생교육사 자격증은 다른 자격증과는 달리 시험을 통해 취득하는 것이 아니라, 관련 교육과정을 이수함으로써 자격을 취득할 수 있는 자격증이다. 평생교육사 자격증은 1급, 2급, 3급으로 구분되며, 이수 방법에 따라 크게 승급과정과 양성과정으로 나뉜다.

1. 승급과정

승급과정은 이미 평생교육사 자격증을 소지한 사람을 대상으로, 상위 급수로 승급하기 위한 과정이다. 승급과정은 현장에서 일정 기간 이상 근무한 경력이 있어야 하며, 자격요건을 충족한 후 연수를 통해 상위 급수로 승급할 수 있다. 이 과정은 주로 2급 평생교육사가 1급으로 승급할 때 적용되며, 3급에서 2급으로 승급하는 경우도 포함된다.

- 1급 승급과정: 2급 평생교육사 자격증을 소지하고, 일정 기간(일반적으로 5년 이상의 경력)이 경과한 후, 교육부가 인정한 연수를 이수하면 1급 자격을 취득할 수 있다. 1급 평생교육사는 평생교육 기관의 장으로서의 역할을 수행할 수 있는 자격을 부여받으며, 교육 프로그램 개발 및 정책 수립에 참여할 수 있는 기회가 확대된다.
- 2급 승급과정: 3급 평생교육사 자격증을 소지하고, 일정 경력(일반적으로 3년 이상)을 충족한 후 연수를 이수하면 2급 자격을 취득할 수 있다. 2급 자격증은 보다 넓은 범위의 평생교육 활동을 수행할 수 있는 자격을 부여받으며, 직무의 범위와 책임이 확대된다.

2. **양성과정**

   양성과정은 평생교육사가 되기 위한 기본 과정으로, 평생교육사 자격증을 처음 취득하고자 하는 사람을 대상으로 한다. 이 과정은 주로 대학이나 학점은행제 기관 등에서 제공되며, 관련 과목을 이수하고 일정 학점을 취득함으로써 자격증을 받을 수 있다.
   - 2급 평생교육사 양성과정: 2급 평생교육사 자격증은 대학에서 관련 학과를 전공하거나, 학점은행제를 통해 일정 학점을 이수함으로써 취득할 수 있다. 이 과정에서는 평생교육의 이론과 실제, 교육 방법론, 프로그램 개발 및 평가, 교육 행정 등의 과목을 이수하게 된다. 2급 자격증을 취득한 후에는 다양한 평생교육 기관에서 평생교육 프로그램을 기획하고 운영할 수 있다.
   - 3급 평생교육사 양성과정: 3급 평생교육사 자격증은 평생교육사 자격증 중 가장 기본적인 급수로, 평생교육에 대한 기본적인 지식과 실무 능력을 갖추기 위한 과정이다. 이 과정은 대학의 전공과목이나 학점은행제를 통해 이수할 수 있으며, 평생교육 관련 기초 과목들을 학습하게 된다. 3급 자격증을 취득한 후에는 평생교육 프로그램의 기초적 운영과 지원 업무를 담당할 수 있다.

3. **이수 방법의 특징**

   평생교육사 자격증 취득 과정은 학문적 이론과 실무적 역량을 모두 갖추는 것을 목표로 한다. 각 과정은 자격증의 급수에 따라 학습 내용이 다르며, 실무 경험이 쌓인 이후에는 상위 자격증으로 승급할 수 있는 기회가 주어진다.
   - 대학과 학점은행제 활용: 대학에서 평생교육 관련 전공을 선택하거나, 학점은행제를 통해 필요한 과목을 이수하는 방법이 대표적이다. 학점은행제는 시간과 장소의 제약 없이 학점을 취득할 수 있는 장점이 있으며, 자격증 취득에 필요한 과목들을 선택적으로 이수할 수 있다.
   - 연수 및 경력 관리: 승급을 목표로 하는 경우, 평생교육 관련 경력을 쌓는 것이 중요하다. 경력이 쌓이면 연수 과정을 통해 상위 급수로 승급할 수 있으므로, 실무 경험을 충실히 쌓는 것이 필요하다. 또한, 정기적으로 연수를 통해 최신 교육 이론과 실무 기술을 학습하는 것이 중요하다.

자격증 취득 후 하는 일

1. 평생교육 프로그램 기획 및 운영

- **프로그램 개발**: 평생교육사는 다양한 학습자들의 요구를 분석하고, 그에 맞는 교육 프로그램을 기획한다. 이러한 프로그램은 직업 교육, 취미 생활, 사회적 기술 개발 등 다양한 분야를 포함하며, 학습자의 삶의 질을 향상시키는 데 중점을 둔다.

- **교육 과정 운영**: 기획된 프로그램을 효과적으로 운영하며, 학습자들이 목표를 달성할 수 있도록 지원한다. 프로그램의 진행 상황을 모니터링하고, 필요한 경우 교육 과정을 조정하여 학습자의 참여와 성취를 극대화한다.

2. 교육 상담 및 지원

- **학습 상담**: 학습자들에게 적합한 교육 프로그램을 추천하고, 학습 과정에서 겪는 어려움을 상담해주는 역할을 한다. 개인별 학습 계획을 세우고, 학습 목표 달성을 위해 지속적으로 지원한다.
- **교육 자료 제공**: 학습자들에게 필요한 학습 자료나 정보 제공을 통해 학습을 지원한다. 다양한 학습 자료를 제작하거나, 기존 자료를 효과적으로 활용할 수 있도록 조언한다.

3. 교육 행정 및 관리

- **교육 기관 관리**: 평생교육기관에서 프로그램의 기획과 운영뿐만 아니라, 예산 관리, 인사 관리, 시설 운영 등 전반적인 행정 업무를 수행한다. 또한, 교육 과정의 질을 유지하고 향상시키기 위해 평가와 피드백을 관리한다.
- **교육 정책 수립 및 자문**: 지역사회나 국가 단위의 교육 정책을 수립하는 과정에서 자문 역할을 할 수 있다. 평생교육의 필요성과 방향을 제시하며, 교육 프로그램이 정책적 목표에 부합하도록 지원한다.

4. 지역사회 평생교육 활성화

- **지역 평생교육 프로그램 운영**: 지역 주민들을 위한 평생교육 프로그램을 개발하고, 이를 통해 지역사회의 교육 수준을 향상시키는 데 기여한다. 예를 들어, 지역 도서관이나 주민센터에서 다양한 교육 활동을 기획하고 운영할 수 있다.
- **커뮤니티 연계**: 지역사회 내 다양한 기관과 협력하여 평생교육 네트워크를 구축하고, 공동 프로그램을 운영한다. 이를 통해 지역사회의 다양한 학습 욕구를 충족시키고, 교육 기회를 확대한다.

5. 기업 및 공공기관에서의 역할

- **직원 교육 및 연수 프로그램 운영**: 기업이나 공공기관에서 직원들의 직무 능력 향상과 역량 개발을 위한 교육 프로그램을 기획하고 운영할 수 있다. 이를 통해 조직의 성과를 높이고, 직원들의 만족도를 향상시킬 수 있다.
- **HRD(인적 자원 개발) 전문가로 활동**: 평생교육사는 HRD 전문가로서 기업의 교육 프로그램을 설계하고, 직원들의 지속적인 학습과 성장을 지원할 수 있다. 이러한 역할은 조직의 경쟁력을 강화하는 데 기여할 수 있다.

6. 연구 및 강의

- **평생교육 연구**: 평생교육 분야에서 새로운 이론과 방법론을 개발하고, 이를 실무에 적용할 수 있는 연구 활동을 수행할 수 있다. 연구 결과를 바탕으로 교육 프로그램을 개선하고, 평생교육의 발전에 기여한다.
- **교육 강의**: 대학이나 교육기관에서 평생교육과 관련된 강의를 담당하며, 예비 평생교육사나 관련 분야의 전문가를 양성할 수 있다. 이를 통해 평생교육의 중요성을 널리 알리고, 후속 세대를 교육하는 역할을 수행한다.

7. 평생교육 관련 자문 및 컨설팅

- **교육 컨설팅**: 기업, 공공기관, 비영리 단체 등에서 평생교육 프로그램을 효과적으로 운영할 수 있도록 자문과 컨설팅을 제공한다. 이를 통해 조직이 필요로 하는 교육 프로그램을 맞춤형으로 설계하고 실행할 수 있도록 지원한다.
- **정책 자문**: 정부나 지방자치단체에서 평생교육 정책을 개발하고 실행하는 과정에서 전문가로서 자문을 제공할 수 있다. 이를 통해 사회적 요구에 부응하는 평생교육 정책을 수립하는 데 기여할 수 있다.

8. 자영업 및 창업

- **평생교육 관련 사업 창업**: 평생교육사 자격증을 활용하여 교육 관련 창업을 할 수 있다. 예를 들어, 평생교육 프로그램을 제공하는 학원, 온라인 교육 플랫폼, 교육 컨설팅 회사 등을 운영할 수 있다.
- **개인 교육기관 운영**: 독립적으로 평생교육기관을 설립하여, 특정 분야의 전문 교육 프로그램을 제공할 수 있다. 이를 통해 자신의 교육 철학과 비전을 반영한 교육 환경을 구축할 수 있다.

평생교육사 전망

1. 수요 증가

- **고령화 사회**: 인구 고령화로 인해 중·장년층을 대상으로 하는 재취업 교육, 건강 관리 교육 등의 필요성이 커지고 있다.
- **지속적인 학습 필요성**: 기술의 빠른 발전과 변화로 인해 직장인들이

지속적으로 새로운 기술과 지식을 습득해야 한다. 이로 인해 성인교육, 직업교육 등의 수요가 늘고 있다.
- **자기계발 트렌드**: 개인의 자기계발에 대한 관심이 높아짐에 따라, 다양한 분야에서의 평생교육 프로그램이 필요하게 된다.

2. 다양한 취업 기회

- **공공기관**: 정부와 지방자치단체에서 운영하는 평생교육원, 문화센터, 도서관 등에서 평생교육사들이 활동할 수 있다.
- **민간기업**: 기업의 인재 개발과 직원 교육 프로그램을 기획하고 운영하는 역할을 맡을 수 있다.
- **비영리단체 및 사회단체**: 사회적 가치를 실현하는 비영리단체에서 평생교육 프로그램을 운영할 수 있다.
- **교육 관련 스타트업**: 온라인 학습 플랫폼, 교육 컨설팅 회사 등에서 일할 수 있는 기회도 늘어나고 있다.

3. 온라인 교육의 확대

- 최근 몇 년 동안 온라인 교육의 수요가 급증하면서, 온라인 플랫폼에서의 평생교육 프로그램 기획 및 운영 능력이 중요해졌다. 이러한 변화는 평생교육사에게 새로운 기회와 도전을 제공한다.

4. 정책적 지원

한국 정부는 평생교육을 중요 정책으로 강조하고 있으며, 이에 따라 평생교육 관련 법규 및 정책이 강화되고 있다. 이는 평생교육사의 역할과 활동 범위를 확대하는 데 긍정적인 영향을 미친다.

5. 직무 전문성 향상

평생교육사 자격증 취득 후에도 지속적인 학습과 직무 전문성 개발이 요구된다. 평생교육 프로그램의 질을 높이기 위해 교육학, 심리학, 경영학 등 다양한 분야에 대한 지식을 쌓는 것이 중요하다.

41 한국어교원 자격증

재외동포를 대상으로 외국어로서의 한국어를 가르칠 수 있는 자격을 가진 사람에게 발급하는 자격증으로, 한국어 교원이 되고자 하는 사람이 국어기본법에서 정하고 있는 소정의 요건을 갖춘 경우 국가에서 부여하는 국가전문자격이다. 한국어교육능력검정시험은 취득 후 한국어 전문 지도, 부교재나 워크북 제작 등을 수행할 수 있다.

시험과목 및 방법

구분	시험과목	배점	문항수	시험방법
필기 (1차)	한국어학	90점	60문항	객관식 4지 택일형 및 주관식
	일반언어학 및 응용언어학	30점	20문항	
	한국문화	30점	20문항	
	외국어로서의 한국어 교육론	150점	93문항 (주관식 1문제)	
면접 (2차)	전문지식의 응용능력, 한국어능력, 교사의 적성 및 교직관, 인성 및 소양			면접

합격기준

필기시험	각 영역의 40퍼센트 이상, 그리고 전 영역 총점(300점)의 60퍼센트(180점) 이상을 득점한 자
면접시험	면접위원별 점수의 합계를 100점 만점으로 환산하여 60점 이상 득점한 자

시험일정

구분	접수기간	시험일정	최종정답 발표기간	최종합격자 발표일
2024년 19회 필기	07.15~07.19	08.17		10.02~
2024년 19회 면접	10.21~10.25	11.09~11.10		11.27~

응시수수료

- 1차: 45,000원
- 2차: 25,000원

TIP

필기시험
1. 한국어학
 한국어학은 한국어교육능력검정시험에서 가장 기초적이고 중요한 과목 중 하나로, 기본기를 탄탄하게 다지는 것이 필수적이다. 이 과목은 한국어의 구조와 원리에 대한 이해를 요구하므로, 개념을 명확히 익히고 이를 응용하는 연습이 필요하다. 한국어 문법, 음운론, 형태론, 통사론 등 다양한 하위 분야가 포함되어 있으며, 특히 음운현상과 맞춤법 같은 세부적인 내용에서 문제가 출제될 가능성이 높다.
- 기본 개념 학습: 한국어 문법의 기본 개념을 탄탄히 익히는 것이 중요하다. 이는 음운론(예: 모음 조화, 자음군 단순화 등), 형태론(어간과 어미의 결합 규칙), 통사론(문장 구조와 문법적 관계) 등 다양한 분야에 걸쳐 있다.
- 예시와 응용: 개념을 단순히 암기하는 것에 그치지 않고, 예시를 통해 어떻게 적용되는지 이해해야 한다. 다양한 문장을 분석하고, 직접 문장을 만들어 보면서 개념의 실제 적용을 연습하는 것이 도움이 된다.
- 단어 정리와 개인 사전 만들기: 시험 준비 과정에서 만나는 중요한 용어나 개념을 정리해 두고, 개인적인 사전을 만들어 활용하는 것도 좋은 방법이다. 이를 통해 암기와 이해를 동시에 높일 수 있다.

2. 일반언어학 및 응용언어학
 일반언어학과 응용언어학은 상대적으로 문제 수가 적고 암기에 중점을 두고 있어 비교적 쉽게 접근할 수 있는 과목이다. 하지만 암기 과목이기 때문에 흥미를 느끼기 어려울 수 있으며, 쉽게 해이해질 수 있다.
- 기본서와 기출문제 철저히 학습: 기본서를 통해 주요 개념을 학습하고, 기출문제를 반복적으로 풀어 보는 것이 중요하다. 시험의 패턴을 파악하고, 자주 출제되는 주제에 대한 이해를 높일 수 있다.
- 암기 팁 활용: 암기할 내용이 많기 때문에 암기 방법을 활용하는 것이 도움이 된다. 예를 들어, 키워드를 사용한 기억법, 연상법 등을 통해 암기 효율을 높일 수 있다.
- 집중력 유지: 이 과목은 시험의 중간에 배치되는 경우가 많아 자칫하면 집중력이 떨어질 수 있다. 시험 전 휴식을 통해 몸과 마음을 준비하고, 시험 중에도 집중력을 잃지 않도록 주의해야 한다.

3. 한국문화
 한국문화 과목은 한국의 정치, 경제, 문화, 사회, 음식, 건축, 풍속 등 다양한 주제에서 문제가 출제되기 때문에 방대하고 다양하게 공부해야 한다. 한국인임에도 불구하고 모르는 내용이 많을 수 있으며, 많은 수험생이 예상 외로 이 과목에서 어려움을 겪는다.
- 광범위한 주제 학습: 한국문화는 주제가 매우 광범위하므로 교재만으로는 부족할 수 있다. 다양한 자료를 활용하여 한국의 여러 분야에 대한 지식을 쌓아야 한다. 예를 들어, 최신 뉴스, 다큐멘터리, 문화 관련 서적 등을 참고하는 것이 좋다.

- 실제 사례 학습: 최근 시험에서 영화 '기생충', 김치 등의 구체적인 사례가 출제된 것처럼, 실생활에서 접할 수 있는 한국문화의 예시를 통해 학습하는 것이 도움이 된다. 이를 통해 더 깊이 있고 실질적인 이해를 할 수 있다.
- 기출문제 활용: 기출문제는 과락을 면하는 데 도움이 되는 기본적인 내용을 제공하지만, 더 높은 점수를 위해서는 기출문제 외의 추가적인 공부가 필요하다. 평소에 다양한 한국문화 관련 정보를 접하고, 이를 정리하는 습관을 들이는 것이 유리하다.

4. 외국어로서의 한국어교육론

외국어로서의 한국어교육론은 이론뿐만 아니라 실무적 능력을 평가하는 과목으로, 특히 수업 지도안을 작성하는 서술형 문제가 큰 비중을 차지한다. 이 과목은 다른 과목에 비해 다소 실용적인 성격을 띠며, 교육자로서의 역량을 평가하는 중요한 부분이다.

- 수업 지도안 작성 연습: '도입-제시-설명-연습-평가'라는 5가지 단계 중 2가지 단계에 대한 지도안을 작성하는 연습이 필요하다. 다양한 주제에 대해 지도안을 작성하고, 이를 실제 수업에 적용해 보는 연습이 중요하다.
- 다양한 상황 대비: 시험에서 어떤 부분이 출제될지 예측하기 어렵기 때문에, 다양한 상황에 대비할 수 있도록 전반적인 수업 지도안을 미리 작성해 보는 것이 좋다. 실전 연습을 통해 어떤 질문이 나와도 당황하지 않고 답변할 수 있도록 준비해야 한다.
- 객관식 문제 준비: 이 과목에서도 객관식 문제가 출제되며, 비교적 쉽게 출제되는 경향이 있으므로 빈출 포인트를 잘 정리해 두고 암기하는 것이 좋다.

면접시험

면접은 한국어 교사로서의 태도, 적성, 교직관, 인격, 소양, 그리고 한국어능력 등을 종합적으로 평가하는 자리이다. 면접 시간은 평균적으로 10분 정도이며, 3~4개의 질문이 주어진다. 평가가 주관적으로 이루어지기 때문에, 질문에 대해 정확하고 논리적인 답변을 통해 긍정적인 인상을 주는 것이 중요하다.

- 자신의 가치관 및 교육관 정리: 면접 질문의 대부분이 지원자의 가치관과 교육관에 대한 것이므로, 평소 자신의 생각을 명확히 정리하고 표현하는 연습이 필요하다. 정답이 없는 질문에 대해서는 본인의 신념과 철학을 잘 전달하는 것이 중요하다.
- 한국어교육 지식 준비: 최소한 한 개의 질문은 한국어교육 지식에 관련된 내용일 수 있다. 이 경우, 자신의 의견보다는 정확한 문법적 지식과 교육 이론에 기반한 답변을 준비해야 한다. 이를 위해 한국어교육 관련 이론과 개념을 철저히 숙지하고 있어야 한다.
- 모의 면접 연습: 시중의 면접 기출문제집을 활용하여 예상 질문과 모범 답안을 연습하고, 인터넷 카페나 스터디 모임을 통해 다른 사람들과의 모의 면접을 통해 피드백을 받는 것이 도움이 된다. 이를 통해 다양한 질문에 대한 대응 능력을 기를 수 있다.

이와 같은 방법을 통해 한국어교육능력검정시험을 효율적으로 준비할 수 있으며, 시험과 면접에서 좋은 결과를 얻을 수 있을 것이다.

자격증 취득 후 하는 일

1. 국내 한국어 교육 기관에서의 교사 활동

- **대학 부설 한국어학당**: 한국 내 여러 대학에서는 외국인 유학생들을 위해

한국어교육 프로그램을 운영한다. 한국어교육능력검정시험 자격증을 소지한 교사는 이러한 학당에서 외국인 학생들을 대상으로 한국어를 가르치는 역할을 맡을 수 있다.
- **어학원 및 학원**: 다양한 사설 어학원에서도 한국어를 배우려는 외국인을 대상으로 수업을 제공한다. 이러한 곳에서 한국어 교사로 일할 수 있다.
- **이민자 지원 센터 및 다문화 가족 지원센터**: 한국 내에서 거주하는 이민자와 다문화 가정을 대상으로 한국어를 교육하는 기관에서도 교사로 활동할 수 있다. 이들은 한국 사회에 적응하는 데 필수적인 언어 능력을 키울 수 있도록 지원한다.

2. 해외 한국어 교육 기관에서의 교사 활동
- **해외 한국학교 및 문화원**: 전 세계 여러 나라에서 한국어와 한국 문화를 알리는 한국학교나 세종학당에서 한국어 교사로 활동할 수 있다. 이들 기관은 현지인을 대상으로 한국어를 가르치며, 한국 문화와 언어를 전파하는 중요한 역할을 한다.
- **해외 대학의 한국어 프로그램**: 일부 해외 대학에서는 한국어를 전공하거나 선택 과목으로 제공하고 있다. 이러한 대학의 한국어 프로그램에서 강사로 일할 수 있는 기회가 있다.
- **온라인 한국어 교육**: 온라인 플랫폼을 통해 전 세계의 학생들에게 한국어를 가르치는 활동도 가능하다. 인터넷의 발전으로 온라인 강의와 개인 과외가 활성화되었으며, 이는 시간과 장소의 제약을 받지 않고 수업을 진행할 수 있는 장점이 있다.

3. 공공기관 및 비영리단체에서의 활동
- **국립국어원 및 한국교육과정평가원**: 이러한 기관에서는 한국어 교육 정책 개발, 교재 연구 및 개발, 한국어 교육과 관련된 자료 제작 등을 진행한다. 자격증 소지자는 연구원이나 컨설턴트로 참여할 수 있다.
- **비영리단체(NGO)**: 국내외에서 한국어 교육과 문화 교류를 지원하는 비영리단체에서 한국어 교사로 활동하거나, 교육 프로그램을 기획하고 운영하는 역할을 맡을 수 있다.

4. 교재 개발 및 콘텐츠 제작
- **교재 개발**: 한국어 교재나 학습 자료를 개발하는 출판사에서 교재 개발자로

일할 수 있다. 이들은 학습자의 수준과 목적에 맞는 교재를 기획하고 작성하는 역할을 한다.
- **콘텐츠 제작**: 한국어 교육 관련 동영상, 팟캐스트, 애플리케이션 등의 디지털 콘텐츠를 제작하는 일을 할 수 있다. 이는 온라인 학습이 점점 중요해짐에 따라 수요가 증가하는 분야이다.

5. 연구 및 학술 활동
- **한국어 교육 연구**: 대학원에 진학하여 한국어 교육학, 응용언어학 등의 분야에서 연구를 계속할 수 있다. 연구자로서 논문을 발표하고 학술지에 기고하며, 한국어 교육의 이론과 실무를 발전시키는 데 기여할 수 있다.
- **세미나 및 워크숍 개최**: 한국어 교육에 대한 세미나나 워크숍을 기획하고 진행하며, 교육자들 간의 지식과 경험을 공유하는 역할을 할 수 있다.

6. 프리랜서 한국어 교사
- **개인 과외**: 개인적으로 한국어를 배우고자 하는 사람들을 대상으로 과외를 할 수 있다. 이는 유연한 시간 관리가 가능하며, 수업 내용을 학습자의 필요에 맞춰 조정할 수 있는 장점이 있다.
- **프리랜서 강의**: 기업이나 기관에서 요청하는 특강, 워크숍 등에서 강사로 활동할 수 있다. 한국어 뿐만 아니라 한국 문화, 비즈니스 매너 등에 대한 교육도 포함될 수 있다.

7. 통번역 및 관련 업무
- **통번역 업무**: 한국어 교육을 전공한 경험을 바탕으로 통역이나 번역 업무를 수행할 수 있다. 특히, 교육 자료나 학술 논문을 번역하는 데 특화될 수 있다.
- **한국어 능력시험(TOPIK) 평가자**: 한국어 능력시험의 평가자로 활동하거나, 시험 준비 과정을 돕는 강사로 일할 수 있다.

한국어교육능력검정시험 자격증은 한국어 교육자로서의 경력을 시작하는 데 중요한 발판이 될 수 있다. 자격증 취득 후 다양한 교육 환경에서 활동하며, 한국어와 한국 문화를 널리 알리는 데 기여할 수 있는 기회가 많이 열려 있다.

한국어교원 자격증 전망

1. 한류의 확산과 글로벌 인지도 증가
- **한류의 전 세계적 인기**: K-팝, K-드라마, 한국 영화, 그리고 한국 음식에 대한 관심이 높아지면서 한국어를 배우고자 하는 외국인의 수가 급증하고 있다. 특히, BTS, 블랙핑크 등의 글로벌 아티스트의 인기로 인해 젊은 세대에서 한국어를 배우고자 하는 열기가 높아지고 있다.
- **글로벌 인지도 상승**: 한국이 경제적, 문화적 강국으로 떠오르면서, 비즈니스 목적으로 한국어를 배우려는 외국 기업인과 전문가들도 증가하고 있다. 이로 인해 한국어 교육에 대한 수요가 전 세계적으로 늘어나고 있으며, 자격증 소지자들에게 많은 기회를 제공한다.

2. 정부의 적극적인 지원
- **세종학당 설립 확대**: 한국 정부는 전 세계에 세종학당을 설립하여 한국어와 한국 문화를 전파하고 있다. 이러한 학당에서 한국어를 가르칠 수 있는 자격을 가진 교사의 수요가 증가하고 있으며, 자격증 소지자는 이러한 프로그램에서 활동할 수 있는 기회가 많아집니다.
- **다문화 사회의 발전**: 한국 내에서 다문화 가정이 증가함에 따라, 이들을 대상으로 한 한국어 교육 프로그램의 필요성이 커지고 있다. 정부와 지방자치단체는 다문화 가정을 위한 한국어 교육을 지원하고 있으며, 이에 따라 자격증을 가진 한국어 교사에 대한 수요가 증가하고 있다.

3. 한국어 능력시험(TOPIK) 응시자 증가
- **TOPIK 응시자 수의 증가**: 한국어 능력시험(TOPIK)의 응시자 수가 꾸준히 증가하고 있다. 이는 한국어 교육에 대한 관심이 높아지고 있음을 반영하며, 이를 준비하는 수험생들을 대상으로 한 교육 프로그램의 수요도 함께 늘어나고 있다.
- **교육의 질 향상 요구**: TOPIK 시험을 준비하는 학생들을 위한 체계적이고 전문적인 교육이 요구됨에 따라, 한국어교육능력검정시험 자격증을 가진 교사들의 역할이 중요해지고 있다.

4. 온라인 교육 시장의 성장

- **비대면 교육의 확대**: 코로나19 팬데믹 이후 온라인 교육이 일상화되면서, 한국어 교육 또한 온라인 플랫폼을 통해 활발히 이루어지고 있다. 이는 시간과 장소에 구애받지 않고 한국어를 배우려는 전 세계 학습자들에게 접근할 수 있는 기회를 제공한다.
- **디지털 콘텐츠 개발의 필요성**: 한국어 교육에 필요한 다양한 디지털 콘텐츠와 학습 자료의 개발이 필요하며, 이는 자격증 소지자들이 새로운 형태의 교육 콘텐츠 제작에 참여할 수 있는 기회를 제공한다.

5. 취업 기회의 다양화

- **교육 분야의 확대**: 전통적인 교육기관 뿐만 아니라, 사설 교육기관, 기업의 언어 교육 프로그램, 정부 및 공공기관에서의 한국어 교육 관련 직무 등 다양한 분야에서 한국어 교사로 활동할 수 있다.
- **글로벌 기업과의 협력**: 한국어를 공식 언어로 사용하는 글로벌 기업들이 늘어나면서, 이러한 기업 내에서 한국어 교육을 담당할 수 있는 기회가 많아지고 있다. 자격증 소지자들은 이러한 기업에서 한국어 교육 프로그램을 개발하고 운영하는 역할을 수행할 수 있다.

6. 한국어 교육의 전문성 강화

- **교육의 질적 향상**: 한국어 교육이 단순한 언어 전달에서 벗어나, 문화적 이해와 실용적 의사소통 능력을 포함하는 종합적인 교육으로 발전하고 있다. 이를 위해 자격증을 소지한 전문 교사의 역할이 강조되고 있으며, 한국어 교육의 질적 향상을 위해 자격증 취득이 필수적이 되고 있다.
- **연구 및 개발 기회**: 한국어 교육에 대한 연구와 개발이 활발히 이루어지고 있으며, 자격증 소지자는 이 분야에서 연구자로 활동하거나 교육 프로그램 개발에 참여할 수 있는 기회를 가질 수 있다.

7. 다문화 교육의 중요성 증가

- **다문화 사회로의 전환**: 한국 내에서도 다문화 가정과 외국인 거주자의 증가로 인해 다문화 교육의 필요성이 커지고 있다. 다문화 가정을 위한 한국어 교육 프로그램은 사회 통합을 위한 중요한 역할을 하며, 자격증 소지자는 이 분야에서 전문성을 발휘할 수 있다.

인생 2막 자격증 44선

민간자격증

42 색채심리상담사
43 장애인재활상담사2급
44 노인심리상담사

인생 2막 자격증 44선

42 색채심리상담사

색채심리상담사는 색채와 관련된 심리적 반응을 분석하고, 심리 상태를 파악하여 상담하는 전문가이다. 색채는 인간의 감정과 깊은 연관이 있으며, 색채심리상담사는 이러한 색채의 심리적 영향을 활용해 상담자의 감정과 심리를 이해하고, 문제 해결에 도움을 준다. 색채심리상담사는 색채와 심리학에 대한 이론을 바탕으로 다양한 색상과 색채 조합이 사람의 정서와 행동에 미치는 영향을 분석한다.

시험과목 및 방법

색채심리상담사 교육 과정은 일반적으로 온라인 및 오프라인으로 제공되며, 교육 기간은 과정에 따라 다를 수 있지만 기본적으로 한 달에서 수개월 정도 소요됩니다. 교육을 마친 후 자격증 시험에 합격하면 색채심리상담사로서 활동할 수 있으며, 심리 상담, 교육, 워크숍, 치유 프로그램 등 다양한 분야에서 활동이 가능합니다.

합격기준

교육 기관별로 상이

응시수수료

교육 기관에 따라 다릅니다.

TIP

1. **이론 교육**
   색채심리상담사 교육 과정의 첫 단계는 이론 교육입니다. 이 단계에서는 색채와 심리학에 대한 기초 이론부터 시작해, 색채가 사람의 감정과 행동에 미치는 영향에 대한 심층적인 학습이 이루어집니다. 주요 교육 내용은 다음과 같습니다.
   - 색채심리학 이론: 색채의 기본 원리와 색채가 인간 심리에 미치는 영향에 대해 배웁니다. 각 색상의 특성과 의미, 색의 심리적 효과 등을 학습하며, 다양한 색이 인간의 감정

과 행동에 미치는 영향을 분석합니다.
- 심리학 기초: 심리학의 기초적인 이론과 상담에 필요한 심리적 원리를 학습합니다. 인간의 감정, 인지, 행동에 대한 이해를 높이고, 색채심리와 일반 심리학의 연관성을 탐구합니다.
- 색채 심리 분석: 내담자가 색상에 대해 어떻게 반응하는지를 파악하고, 이를 통해 심리 상태를 분석하는 방법을 배웁니다. 색깔에 대한 선택과 반응을 바탕으로 내담자의 감정 상태, 성격, 스트레스 등을 분석하는 방법을 학습합니다.
- 색채의 상징성 및 문화적 차이: 다양한 색채가 문화적 배경에 따라 어떻게 다르게 인식되고 해석되는지를 배우며, 색채 상담에 있어 이를 고려하는 방법을 익힙니다.

2. 실습 교육

이론 교육을 바탕으로 실제 상담에서 색채를 어떻게 활용할 수 있는지에 대한 실습 교육이 이루어집니다. 실습 교육은 상담 기법을 직접적으로 경험하고 적용하는 단계입니다.
- 상담 기법 실습: 색채를 활용한 상담 기법을 실습합니다. 내담자의 감정 상태를 파악하기 위해 다양한 색채를 사용해 보고, 이를 바탕으로 상담을 진행하는 방법을 연습합니다.
- 색채 테스트 및 해석: 다양한 색채 테스트 도구를 활용해 내담자의 감정 상태와 심리적 특성을 진단하는 방법을 익힙니다. 예를 들어, 색채 카드나 그림 등을 사용해 내담자가 선택한 색상과 그에 따른 심리적 의미를 분석하는 기법을 학습합니다.
- 사례 연구 및 분석: 실제 상담 사례를 바탕으로 색채심리 기법을 어떻게 적용할 수 있는지 연구합니다. 상담 세션을 시뮬레이션하거나 사례를 통해 문제 해결 방안을 모색하는 과정을 거칩니다.

3. 상담 실무 교육

색채심리상담사가 실제 상담 업무를 수행할 수 있도록 실무 중심의 교육이 제공됩니다. 이는 내담자와의 상담 과정에서 발생할 수 있는 다양한 상황을 효과적으로 대처하는 데 필요한 능력을 개발하는 과정입니다.
- 내담자와의 소통 기술: 내담자와 원활하게 소통하고, 내담자의 요구와 감정을 잘 이해하는 능력을 배웁니다. 상담 중 내담자가 표현하는 언어적, 비언어적 신호를 파악하고 이를 상담 과정에 반영하는 방법을 학습합니다.
- 색채를 활용한 상담 프로그램 기획: 색채를 활용한 심리 상담 프로그램을 기획하고 구성하는 방법을 배웁니다. 내담자의 문제 유형에 맞춰 맞춤형 프로그램을 설계하고, 색채를 통해 정서적, 심리적 치유를 돕는 방법을 학습합니다.
- 심리 상담 윤리: 상담 과정에서 필요한 윤리적 기준과 절차를 배웁니다. 내담자의 개인 정보를 보호하고, 상담 과정에서 발생할 수 있는 윤리적 문제에 대해 대비하는 방법을 익힙니다.

4. 색채심리 관련 도구 사용법

색채심리 상담에서 사용하는 다양한 도구와 기법에 대해 배우게 됩니다. 이를 통해 내담자의 감정 상태를 더 정확하게 파악하고 상담에 적용할 수 있습니다.
- 색채 진단 도구: 내담자의 감정 상태와 성격 유형을 진단하기 위한 색채 테스트 도구 사용법을 익힙니다. 예를 들어, 컬러 카드, 색채 그림, 색채 미로 등의 도구를 사용하여 내담자의 심리 상태를 분석합니다.
- 미술치료 기법과의 통합: 색채심리 상담은 미술치료와 통합하여 사용할 수 있습니다. 색채와 미술의 결합을 통해 내담자의 감정을 표현하고 심리적 치유를 돕는 방법을 학습합니다.

5. 자격 시험 준비

색채심리상담사 자격증을 취득하기 위해 자격시험 준비 과정도 포함됩니다. 자격시험에서는 이론적인 지식과 실무적인 상담 능력이 모두 요구되며, 교육 과정에서 이를 철저히 대비할 수 있도록 합니다.
- 시험 대비 문제 풀이: 시험에 대비해 모의고사를 치르거나 기출 문제를 풀어보며 실전 감각을 익힙니다. 이를 통해 자격시험에서 필요한 지식을 체계적으로 정리할 수 있습니다.
- 자격증 발급 요건: 색채심리상담사 자격증을 취득하기 위한 요건과 절차에 대해 학습하고, 이를 위한 준비 과정을 밟습니다.

자격증 취득 후 하는 일

색채심리상담사 자격증을 취득한 후에는 색채와 심리학을 결합한 다양한 분야에서 활동할 수 있습니다. 색채는 인간의 감정과 깊은 연관이 있기 때문에, 색채심리상담사는 개인의 심리적 상태를 진단하고 치유하는 일을 주로 하게 됩니다. 자격증 취득 후 할 수 있는 주요 활동을 자세히 설명하면 다음과 같습니다.

1. 개인 및 그룹 상담

- **심리 상담소 및 치료센터**: 색채심리상담사는 상담소나 치료센터에서 내담자에게 색채를 활용한 심리 상담을 제공할 수 있습니다. 색채심리상담은 우울증, 불안, 스트레스와 같은 심리적 문제를 겪는 사람들을 대상으로 하며, 내담자의 심리 상태를 색채 반응을 통해 분석하고 해결책을 제시합니다.
- **집단 상담**: 색채심리 상담 기법을 이용해 그룹 상담도 가능합니다. 여러 명이 참여하는 색채 워크숍이나 그룹 세션을 통해 참가자들이 자신의 감정을 표현하고 다른 사람들과 소통하며, 치유 과정을 경험할 수 있습니다.

2. 교육 및 강연

- **색채심리 교육 및 강연**: 색채심리학에 대한 관심이 높아짐에 따라 색채심리상담사는 교육 기관이나 커뮤니티에서 색채심리학과 색채 활용법에 대한 강연을 진행할 수 있습니다. 또한 색채심리 이론과 실습을 배우려는 학생들을 대상으로 강의를 할 수도 있습니다.
- **워크숍 진행**: 색채를 활용한 워크숍을 열어 참가자들이 자신의 감정을

색깔로 표현하고, 이를 통해 내면을 들여다보는 기회를 제공할 수 있습니다. 이는 자기 탐색과 스트레스 완화에 매우 효과적입니다.

3. 병원 및 치료 센터

- **정신과 병원 및 심리치료 클리닉**: 색채심리상담사는 정신과 병원이나 심리치료 클리닉에서 의사, 심리치료사와 협력하여 환자의 심리 치료에 색채를 활용할 수 있습니다. 예를 들어, 색을 이용한 심리치료 기법은 불안장애, 공황장애, 트라우마 환자들에게 도움을 줄 수 있습니다.
- **예술치료와 통합**: 예술치료와 색채심리상담을 통합한 치료법을 제공할 수 있습니다. 미술치료와 색채심리학을 결합하여 환자들이 그림을 그리거나 색을 사용해 감정을 표현하도록 돕습니다.

4. 색채 컨설팅

- **기업 및 마케팅 분야**: 색채심리상담사는 색채가 사람들의 감정과 의사 결정에 미치는 영향을 연구하여 기업의 마케팅 전략, 제품 디자인, 브랜딩에 색채 심리를 적용하는 역할을 할 수 있습니다. 특히, 색깔이 소비자들의 구매 심리에 큰 영향을 미치는 만큼, 색채심리 컨설턴트로서 브랜드 컬러를 제안하거나, 고객들이 긍정적으로 반응하는 색상을 분석하는 등의 활동을 할 수 있습니다.
- **인테리어 및 공간 디자인**: 색채심리상담사는 주거 공간이나 상업 공간의 인테리어 디자인에 색채 심리를 적용할 수 있습니다. 색이 사람의 기분과 행동에 미치는 영향을 고려해, 공간에서 적절한 색 조합을 제안하고, 긍정적인 분위기를 형성하도록 돕습니다.

5. 교육기관 및 연구 활동

- **연구 및 개발**: 색채심리학에 관심 있는 학자나 연구자는 색채심리와 관련된 연구를 진행할 수 있습니다. 이를 통해 색채가 인간의 심리에 미치는 영향을 과학적으로 분석하고, 새로운 상담 기법이나 치료법을 개발할 수 있습니다.
- **교육기관 근무**: 색채심리 관련 학과가 있는 대학이나 평생교육원에서 학생들에게 색채심리학을 가르치고 관련된 상담 기법을 전수할 수 있습니다.

6. 자기계발 및 치유 프로그램 운영

- **개인 치유 프로그램 운영**: 색채심리 상담을 바탕으로 자기계발 프로그램이나 치유 프로그램을 운영할 수 있습니다. 감정 관리를 위한 색채 치료, 색채를 활용한 자기 탐색 및 성찰 프로그램, 스트레스 관리 워크숍 등을 진행하여 많은 사람들이 자신의 내면을 들여다보고 심리적 균형을 찾을 수 있도록 돕습니다.
- 색채심리상담사는 다양한 분야에서 활동할 수 있으며, 색채가 인간 심리와 정서에 미치는 영향을 활용하여 긍정적인 변화를 유도하는 데 중요한 역할을 합니다.

색채심리상담사 전망

색채심리상담사의 전망은 긍정적인 측면이 많습니다. 심리 상담과 색채치료에 대한 관심이 높아지고 있으며, 심리학과 관련된 다양한 접근법이 발전하고 있어 색채심리상담사로서의 활동 기회가 늘어나고 있습니다. 색채가 심리적, 정서적 치유에 중요한 역할을 할 수 있다는 연구 결과와 함께 상담, 교육, 치유 분야에서 색채심리의 중요성이 점차 부각되고 있습니다. 색채심리상담사의 전망을 분야별로 자세히 살펴보면 다음과 같습니다.

1. 심리 상담 분야에서의 성장

- 심리적인 어려움을 겪는 사람들이 증가하면서 상담 수요도 함께 늘고 있습니다. 우울증, 불안장애, 스트레스 등의 문제를 겪는 사람들이 전문 상담사의 도움을 필요로 하며, 기존의 전통적인 상담 방법 외에도 새로운 심리치료 방법을 찾는 사람들이 많아지고 있습니다. 색채심리상담사는 내담자의 감정 상태를 색채를 통해 분석하고 이를 바탕으로 심리적 안정과 치료를 돕는 역할을 하기 때문에, 심리 상담 분야에서 중요한 역할을 할 가능성이 큽니다.
- **스트레스와 감정 관리의 필요성 증가**: 현대 사회의 복잡성과 스트레스가 높아지면서, 감정 관리와 정서적 치유에 대한 관심이 증가하고 있습니다. 색채심리 상담은 감정 표현이 어려운 사람들에게 감정을 색을 통해 표현하도록 도울 수 있어 큰 장점을 가지고 있습니다.

- **예술치료와의 결합**: 색채심리상담은 미술치료, 음악치료와 같은 예술치료 기법과 결합해 더 큰 효과를 발휘할 수 있습니다. 특히, 색채를 사용한 심리치료는 감정의 시각적 표현을 통해 치유 과정을 촉진할 수 있기 때문에 예술치료와 병행해 사용하는 경우가 많습니다.

2. 교육 및 강연 분야에서의 기회

- 색채심리학에 대한 관심이 높아지면서 관련 교육과 강연의 수요도 증가하고 있습니다. 색채의 심리적 효과와 치유 가능성에 대해 학습하고자 하는 사람들은 늘어나고 있으며, 이를 통해 색채심리상담사는 다양한 교육기관에서 강의를 진행하거나 워크숍을 개최할 수 있는 기회를 얻게 됩니다.
- **교육기관에서의 교사 활동**: 색채심리학에 대한 교육과정을 개설하는 대학이나 평생교육기관이 점차 늘고 있으며, 이러한 곳에서 색채심리상담을 가르치는 전문가로 활동할 수 있는 기회가 있습니다.
- **워크숍 및 세미나 개최**: 일반인들을 대상으로 한 색채심리 워크숍이나 세미나도 인기를 끌고 있으며, 색채심리상담사는 이러한 프로그램을 기획하고 진행할 수 있습니다. 이를 통해 색채가 인간의 감정과 삶에 미치는 긍정적 영향을 전달하며, 사람들이 색채를 통해 자신의 감정을 관리할 수 있도록 돕습니다.

3. 의료 및 치유 분야에서의 확장성

- 정신과 병원, 심리치료 클리닉, 재활센터 등에서도 색채심리상담사에 대한 수요가 점차 증가하고 있습니다. 색채를 활용한 심리치료는 정신적, 정서적 문제가 있는 환자들에게 효과적일 수 있으며, 색채를 통해 환자의 심리 상태를 진단하고 치료하는 방법이 적용될 수 있습니다.
- **심리치료와의 결합**: 정신건강 문제를 다루는 기관에서 색채를 활용한 상담과 치료를 진행함으로써 환자들이 보다 쉽게 감정을 표현하고 치료에 참여할 수 있도록 돕습니다. 특히, 어린이, 청소년, 노인층에서 감정 표현이 어려운 환자들에게 색채를 사용한 치료는 매우 효과적입니다.
- **재활센터 및 스트레스 관리 프로그램**: 색채심리 상담은 신체적, 정신적 재활 프로그램에서도 활용될 수 있습니다. 특히 색을 이용해 스트레스와 감정 관리에 도움을 주는 프로그램을 개발하거나 운영할 수 있습니다.

4. 기업 및 마케팅 분야에서의 기회

- 색채심리학은 단순한 심리치료뿐만 아니라 마케팅, 광고, 디자인과 같은 비즈니스 분야에서도 활용될 수 있습니다. 색채가 사람의 감정과 행동에 미치는 영향이 크기 때문에, 색채심리 상담을 기반으로 한 마케팅 전략 수립이나 브랜드 디자인 등이 가능해집니다.
- **브랜드 및 제품 컨설팅**: 색채심리상담사는 기업의 제품 개발 및 브랜딩 과정에서 색채를 활용한 컨설팅을 제공할 수 있습니다. 제품이나 브랜드가 소비자에게 긍정적인 인상을 줄 수 있는 색상을 선택하는 데 도움을 줄 수 있으며, 이를 통해 소비자의 구매 결정을 유도하는 전략을 세울 수 있습니다.
- **디자인 및 인테리어 분야**: 색채심리학은 인테리어 디자인에서도 활용될 수 있습니다. 상업 공간이나 주거 공간에서 색이 사람에게 미치는 심리적 영향을 고려해 적절한 색 조합을 제안하고, 보다 편안하고 긍정적인 환경을 조성하는 데 기여할 수 있습니다.

5. 대중적 관심과 인식 확대

- 색채가 심리에 미치는 영향에 대한 대중적 인식이 점차 확대되고 있으며, 이에 따라 색채심리상담사에 대한 수요와 관심도 계속해서 증가할 것으로 예상됩니다. 사람들이 색채를 단순한 장식이나 디자인 요소로만 인식하는 것이 아니라, 자신의 감정과 심리를 표현하고 관리하는 도구로 활용할 수 있다는 사실이 알려지면서 색채심리상담사의 중요성은 더욱 부각될 것입니다.

종합적인 전망

- **높은 성장 가능성**: 색채심리상담사의 전망은 심리상담 분야뿐만 아니라 예술치료, 교육, 마케팅, 디자인 등 다양한 분야에서 그 활용성과 필요성이 증가하고 있어 매우 밝다고 할 수 있습니다.
- **다양한 진출 기회**: 색채심리상담사는 심리 상담 분야에 국한되지 않고, 색채를 다루는 모든 분야에서 다양한 진출 기회를 가질 수 있습니다.
- **대중적 인식 확산**: 색채의 심리적 효과와 색채심리 상담의 유용성이 더 많이 알려질수록 색채심리상담사의 활동 영역과 기회는 더욱 넓어질 것으로

예상됩니다.

따라서 색채심리상담사는 심리학과 색채학에 대한 꾸준한 학습과 전문성을 바탕으로 다양한 분야에서 안정적이고 폭넓게 활동할 수 있는 유망한 직업입니다.

43 장애인재활상담사2급

장애인재활상담사는 개인의 손상이나 기능제한, 상황적 요인 등으로 개인 활동이나 사회참여에 어려움을 가지고 있는 사람들을 대상으로 진단과 평가, 재활상담과 사례관리, 전환기 서비스 및 직업재활 등의 전반적인 서비스를 지원하는 재활전문가로 장애인복지법 개정(2015.12.29.)을 통해 2017.12.30. 부터 국가자격 제도로 시행되고 있다. 장애인재활상담사는 장애인 재활 전문 인력 양성을 위해 제정된 제도이다. 자격증 취득 후 진단 및 평가 보고, 직업훈련 수립, 자립생활 수립 및 사례 관리 등을 수행할 수 있다.

장애인재활상담사 교육 이수과목

과목	이수과목명
필수과목 (10과목)	장애의 이해와 재활, 재활상담, 재활행정, 재활정책, 직업평가, 직업상담, 직업재활개론, 직무개발과 배치, 재활사례관리, 재활실습1
선택과목 (33과목)	재활의학, 상담이론과 실제, 장애영역별 특성과 재활, 직업적응훈련, 전환교육, 보호 및 지원고용, 정신장애와 재활, 산업복지, 노동환경과 고용동향, 직업재활연구, 보조공학의 이해, 중증장애인재활, 재활프로그램개발, 자립생활, 직업심리, 직업정보와 노동시장, 진로개발과 상담, 발달장애인 재활상담, 고령장애인 재활상담, 장애의 진단과 평가, 재활시설 경영과 마케팅, 재활윤리, 사회적 목적기업, 재활실습Ⅱ, 지역사회재활시설론, 노동법규와 재활, 장애인복지세미나, 장애와 인권, 재활연구방법론, 장애서비스, 긍정적행동지원, 장애인평생교육론, 장애인부모상담

- 장애인재활상담사는 위 표의 필수과목은 모두 이수하여야 하고, 그 중 재활실습Ⅰ은 150시간 이상 이수해야 한다. 다만, 「고등교육법」에 따른 대학원에서 제57조의6제1호에 따른 장애인재활 분야 학과의 석사학위를 취득한 사람은 필수과목 중 재활실습Ⅰ을 포함한 5개 과목 이상을 이수하면 된다.
- 위 표의 선택과목 중 8개 이상을 이수해야 한다. 다만, 「고등교육법」에 따른 대학원에서 제57조의6제1호에 따른 장애인재활 분야 학과의 석사학위를 취득한 사람은 선택과목 중 2개 과목 이상을 이수하면 된다.
- 위 표의 교과목명과 동일하지 아니하여도 영 제37조제2항에 따른 국가시험관리기관이 그 내용을 심사하여 위 표의 교과목과 동일하다고 인정하는 경우에는 그 교과목을 위 표의 교과목으로 본다.

시험과목 및 방법

구분	시험과목		시험방법		
			문제수	배점	문제형식
2급	1교시	① 직업재활개론 ② 재활상담 ③ 재활사례관리	69	1점/1문제 총 150점	객관식 5지선다형
	2교시	① 직업평가 ② 직무개발과 배치 ③ 재활행정 ④ 재활정책	81		

응시자격

급수	응시 자격 내용
2급 장애인 재활상담사	가. 「고등교육법」에 따른 전문대학·원격대학에서 보건복지부령으로 정하는 장애인재활 관련 교과목을 이수하고 관련 학과의 전문학사학위를 취득한 사람 나. 사회복지사 자격증을 가진 사람으로서 장애인재활 관련 기관에서 3년 이상 재직한 사람

합격기준

2급	① 시험의 합격자는 각 과목 4할 이상, 전 과목 총점의 6할 이상을 득점한 자로 한다. ② 응시자격이 없는 것으로 확인된 경우에는 합격자 발표 이후에도 합격을 취소한다.

응시수수료

■ 장애인생활상담사 1, 2, 3급: 130,000원

> **TIP**
>
> **1. 이론 교재 선택 및 학습**
> 장애인재활상담사 시험 대비를 위한 가장 권장되는 교재는 재활상담사협회에서 발행하는 교재이다. 이 교재는 이론과 문제 풀이로 구성되어 있어, 독학으로도 충분히 시험 준비가 가능하다. 교재는 총 세 권으로 나뉘며, 각각의 권에서 다루는 이론을 체계적으

로 학습하는 것이 중요하다.
- 이론 정리: 교재의 이론 부분을 꼼꼼하게 읽고, 각 장마다 핵심 내용을 요약해보는게 좋다. 요약본을 작성하면 나중에 복습할 때 매우 유용하다. 요약본을 반복해서 학습하며 이론을 확실히 숙지해야 한다.
- 문제 풀이: 이론 학습 후에는 각 장에 포함된 문제를 풀어봐야 한다. 문제를 풀면서 틀린 부분은 다시 교재의 이론 부분을 참고하여 보완하는 과정이 필요하다. 문제를 풀 때는 단순히 답을 맞히는 것에 그치지 말고, 왜 틀렸는지, 어떤 개념이 부족했는지를 분석하는게 좋다.
- 오답 정리: 틀린 문제는 별도의 오답 노트에 정리해 두세요. 오답 노트는 시험 직전에 빠르게 복습할 때 특히 유용하다. 오답을 반복적으로 복습하면서 실수를 줄이는 것이 중요하다.

2. 기출문제 풀이 및 분석

이론 학습이 어느 정도 마무리되었다면, 기출문제 풀이에 집중해야 한다. 장애인재활상담사 국가시험의 기출문제는 한국보건의료인국가시험원에서 주관하며, 문제들이 공개되어 있다. 기출문제는 시험의 출제 경향과 난이도를 파악하는 데 매우 중요한 자료이다.

- 반복 학습: 모든 기출문제를 최소 두세 번 이상 반복해서 풀어봐야한다. 반복적인 학습은 문제 유형에 익숙해지게 하고, 시간 내에 문제를 풀 수 있는 능력을 길러준다.
- 시간 관리 연습: 기출문제를 풀 때는 실제 시험과 같은 조건으로 시간을 설정하고 연습하는게 좋다. 정기 시험은 120문항을 100분 이내에 풀어야 하고, 특례 시험은 80문항을 70분 이내에 풀어야 한다. 시간 안배가 중요한 시험이므로, 시간을 재면서 문제를 푸는 연습을 통해 실전 감각을 키워야 한다.
- 오답 복습: 기출문제를 풀면서 틀린 문제는 다시 한번 이론을 확인하고, 이해가 부족한 부분을 보완해야 한다. 기출문제 풀이 후 오답 복습은 실수를 줄이고 점수를 높이는 데 결정적인 역할을 한다.

3. 시험 전략 및 시간 관리

장애인재활상담사 시험은 절대평가로 진행되며, 일정 점수 이상을 획득하면 합격할 수 있다. 따라서 모든 문제를 완벽하게 푸는 것보다는, 전략적으로 시간 관리를 하는 것이 중요하다.

- 과감한 선택: 모르는 문제가 나오면 지나치게 고민하지 말고, 과감하게 답을 선택하고 다음 문제로 넘어가는게 좋다. 시간을 효율적으로 사용해야 많은 문제를 풀 수 있기 때문에, 특히 어려운 문제에 시간을 낭비하지 않는 것이 중요하다.
- 시간 배분: 시험 도중 시간 배분이 잘 안 되면, 비교적 쉬운 문제부터 풀고 나서 어려운 문제를 다시 검토하는 방법을 사용하는 것이 좋다. 시간 관리에 신경 쓰면서 문제를 푸는 것이 합격의 열쇠이다.

4. 과목별 학습 전략

장애인재활상담사 시험의 각 과목은 중요도가 다를 수 있으며, 그에 따라 학습 전략도 달라져야 한다.

- 직업평가 과목: 특히 1급 시험에서는 대부분의 과락이 직업평가 과목에서 발생한다. 따라서 직업평가 과목에 조금 더 많은 학습 시간을 할애하는 것이 좋다. 이 과목은 깊이

있는 이해가 필요하므로, 기본 개념을 확실히 이해하고 다양한 사례를 통해 응용 능력을 키워야 한다.
- **다른 과목들**: 직업평가 외의 과목들은 과락 발생률이 낮고 평균 성적도 유사한 편이므로, 골고루 학습하는 것이 좋다. 각 과목의 기본 이론과 핵심 개념을 정리하고, 기출문제를 통해 이론을 확실히 이해해야 한다.

5. 추가 학습 방법
- **스터디 그룹**: 혼자 공부하기 어려운 부분은 스터디 그룹을 통해 보완할 수 있다. 동료들과의 토론을 통해 이해가 부족한 부분을 메꾸고, 다양한 관점에서 문제를 접근하는 연습을 하는게 좋다.
- **모의고사**: 모의고사를 통해 실전 경험을 쌓는 것도 효과적이다. 실제 시험 환경을 미리 경험함으로써 긴장감을 줄이고, 시간 관리 능력을 향상시킬 수 있다.

이러한 방법들을 통해 체계적으로 학습한다면, 장애인재활상담사 자격증 시험에서 좋은 성과를 거둘 수 있을 것이다. 체계적인 이론 학습과 기출문제 분석, 그리고 효율적인 시간 관리가 합격의 열쇠이다.

자격증 취득 후 하는 일

장애인재활상담사 자격증을 취득한 후, 다양한 분야에서 장애인과 그 가족을 지원하는 중요한 역할을 담당할 수 있다. 장애인재활상담사는 장애인들이 사회에 잘 적응하고 독립적인 생활을 할 수 있도록 돕는 전문가로, 아래와 같은 여러 활동을 수행하게 된다.

1. 장애인 재활 상담
- **개별 상담**: 장애인과 1:1 상담을 통해 개인의 신체적, 정신적, 정서적 상태를 평가하고, 재활 계획을 수립한다. 장애인의 삶의 질을 향상시키기 위해 필요한 지원을 제공하며, 장애 수용 과정에서 겪는 심리적 어려움을 극복할 수 있도록 돕는다.
- **가족 상담**: 장애인의 가족에게 상담을 제공하여, 장애인에 대한 이해를 높이고, 가정 내에서 적절한 지원이 이루어지도록 돕다. 가족 구성원들이 장애인의 재활 과정에 적극적으로 참여할 수 있도록 지원한다.

2. 직업 재활 및 취업 지원
- **직업 평가**: 장애인의 능력과 흥미를 평가하여, 그에 맞는 직업을 추천하고 직업 훈련 프로그램을 제공할 수 있다. 직업평가를 통해 장애인의 잠재력을

발견하고, 사회적 자립을 돕는 중요한 역할을 한다.
- **취업 알선 및 직업 훈련**: 장애인이 적합한 일자리를 찾을 수 있도록 지원하며, 직업 훈련을 통해 필요한 기술과 능력을 개발하도록 돕다. 또한, 직장에서 발생할 수 있는 문제를 해결하고, 고용주의 이해를 돕기 위해 상담과 조언을 제공한다.

3. 재활 프로그램 개발 및 운영
- **재활 프로그램 기획**: 장애인에게 필요한 다양한 재활 프로그램을 기획하고 운영한다. 물리치료, 작업치료, 심리치료 등의 프로그램을 개발하여 장애인의 전반적인 재활을 지원한다.
- **커뮤니티 연계 프로그램**: 지역사회와 연계하여 장애인들이 커뮤니티 활동에 참여할 수 있도록 지원하는 프로그램을 운영한다. 이를 통해 장애인들이 사회적 관계를 형성하고, 보다 적극적으로 사회에 참여할 수 있도록 돕는다.

4. 장애인 복지 기관에서의 역할
- **장애인 복지관 및 재활 센터**: 장애인 복지관, 재활 센터, 사회복지기관 등에서 장애인과 가족을 위한 재활 상담 서비스를 제공하며, 다양한 복지 프로그램을 운영한다. 기관 내에서 장애인들이 필요한 지원을 받을 수 있도록 상담과 조언을 제공한다.
- **교육 및 훈련 제공**: 장애인을 대상으로 하는 교육 프로그램을 기획하고 실행하여, 장애인의 사회적 적응력을 높이고 독립적인 생활을 지원한다. 또한, 장애인과 함께 일하는 전문가나 가족을 대상으로 교육과 훈련을 제공할 수 있다.

5. 정부 및 공공기관에서의 활동
- **정책 자문**: 정부 및 공공기관에서 장애인 관련 정책 개발에 자문 역할을 할 수 있다. 장애인 복지와 관련된 정책 및 제도 개선을 위해 의견을 제시하고, 장애인의 권리 증진을 위한 활동에 참여할 수 있다.
- **장애인 복지 정책 시행**: 장애인 복지와 재활과 관련된 정부 프로그램을 시행하고 관리하는 역할을 담당할 수 있다. 이는 장애인들의 사회적 참여를 촉진하고, 생활의 질을 향상시키는 데 중요한 역할을 한다.

6. 교육 및 연구 활동

- **교육 및 강의**: 장애인재활상담사로서 교육기관에서 강의하거나, 세미나 및 워크숍을 통해 관련 지식을 전달할 수 있다. 이를 통해 다른 상담사나 관련 분야 종사자들에게 재활 상담에 대한 전문 지식을 교육할 수 있다.
- **연구 활동**: 장애인 재활과 관련된 연구를 수행하여, 새로운 재활 방법이나 프로그램을 개발하고, 이를 현장에 적용할 수 있다. 연구 결과를 바탕으로 장애인 재활 분야의 발전에 기여할 수 있다.

7. 자영업 및 창업

- **개인 상담소 운영**: 장애인재활상담사 자격을 바탕으로 개인 상담소를 운영하며, 독립적인 상담 서비스를 제공할 수 있다. 이는 자격증을 활용한 창업의 한 형태로, 장애인과 그 가족에게 직접적인 재활 상담과 지원을 제공한다.
- **재활 관련 서비스 및 제품 개발**: 장애인 재활과 관련된 서비스나 제품을 개발하여 제공하는 사업을 운영할 수도 있다. 예를 들어, 장애인을 위한 맞춤형 재활 프로그램 개발이나, 재활 보조기구 제작 등이 있을 수 있다.

장애인재활상담사2급 전망

1. 장애인 인구 증가와 복지 수요 확대

- **장애인 인구의 증가**: 한국을 포함한 많은 나라에서 장애인 인구가 꾸준히 증가하고 있다. 고령화 사회로 접어들면서 노화로 인한 장애를 겪는 인구도 증가하고 있으며, 이러한 증가 추세는 장애인재활상담사의 역할을 더욱 중요하게 만든다.
- **복지 수요 확대**: 장애인과 그 가족을 위한 복지 서비스에 대한 수요가 늘어나고 있다. 특히, 장애인의 사회적 통합과 자립을 지원하는 프로그램이 확대되면서, 재활상담사의 역할이 더욱 부각되고 있다.

2. 정부와 사회의 적극적인 지원

- **장애인복지법 강화**: 장애인복지법을 비롯한 관련 법률이 강화되고 있으며, 장애인 권익 보호와 재활을 위한 정책적 지원이 확대되고 있다. 이러한

법적 기반은 장애인재활상담사의 활동을 촉진하고, 보다 전문적인 상담 서비스를 제공할 수 있는 환경을 조성한다.
- **복지 예산 증가**: 정부와 지자체는 장애인 복지와 관련된 예산을 지속적으로 늘리고 있으며, 이는 장애인재활상담사가 활동할 수 있는 분야와 기회를 확대하는 데 기여한다.

3. 다양한 일자리 기회

- **재활기관 및 복지시설**: 장애인재활상담사는 장애인 복지관, 재활센터, 요양원 등 다양한 기관에서 일할 수 있다. 이러한 기관에서는 장애인들의 재활과 복지를 지원하기 위한 다양한 프로그램을 운영하며, 상담사의 역할이 필수적이다.
- **교육 및 공공기관**: 장애인 관련 교육기관, 정부 및 공공기관에서도 장애인재활상담사의 수요가 증가하고 있다. 정책 자문, 교육 프로그램 개발, 복지 정책 시행 등 다양한 분야에서 활동할 수 있다.
- **자영업 및 창업**: 독립적으로 상담소를 운영하거나, 장애인 재활과 관련된 서비스 및 제품을 개발하는 등 창업의 기회도 다양한다. 이는 전문성을 살려 자신의 경력을 확장할 수 있는 좋은 기회가 될 수 있다.

4. 전문성 및 커리어 발전 가능성

- **전문성 강화**: 장애인재활상담사는 지속적인 교육과 훈련을 통해 전문성을 강화할 수 있으며, 이를 바탕으로 다양한 분야에서 경력을 쌓을 수 있다. 특히, 특정 장애 분야나 재활 기법에 대한 전문성을 개발하면 더욱 높은 수요와 보상을 기대할 수 있다.
- **커리어 발전**: 경력과 경험을 쌓아가면서 재활 상담 분야에서 관리자, 연구자, 정책 자문 등의 역할로 발전할 수 있다. 또한, 관련 학문적 연구를 통해 학계나 교육기관에서 활동할 수 있는 기회도 열려 있다.

5. 사회적 인식 변화

- **장애인 권익에 대한 인식 향상**: 사회 전반에서 장애인 권익 보호와 평등에 대한 인식이 높아지면서, 장애인에 대한 지원과 재활 상담의 중요성이 더욱 강조되고 있다. 이는 장애인재활상담사의 사회적 역할과 중요성을 크게 부각시키는 요인이다.

- **상담 서비스에 대한 수요 증가**: 장애인과 그 가족들이 전문적인 상담 서비스를 필요로 하는 경우가 많아지면서, 재활 상담사의 필요성도 함께 증가하고 있다. 이는 상담사로서의 직업적 안정성과 전망을 더욱 밝게 만든다.

44 노인심리상담사

노인심리상담사는 신체적, 정신적 장애로 사회에 적응하지 못하는 노인들과 그 가족들을 대상으로 문제를 해결하기 위해 과학적 심리측정 도구 사용하여 노인들이 마음의 안정을 찾을 수 있도록 돕는 전문가이다.

시험과목 및 방법

구분	시험과목	출제문항
필기시험 (객관식 4지 택일형)	심리학개론	25
	노인심리상담학	25
	이상심리학	25
	임상심리학	25
	노인심리상담의 이론과 실제	실무

합격기준

- 과목당 100점 만점에 과목별 40점 이상
- 전과목 평균 60점 이상

응시수수료

- 노인심리상담사 자격증은 한국직업능력개발원에 등록된 제2014-4384호 '등록민간 자격'으로 한국자격중앙협회 심리상담기술원격평생교육원, 한국심리지원협회, 한국 복지사이버대학 등을 통해 발급받을 수 있으며 응시료는 각 사이트 별로 다르다.
- 한국심리상담협회: 50,000원
- 한국자격중앙협회 심리상담기술원격평생교육원: 60,000원

TIP

　노인심리상담사는 노인 복지와 정신 건강에 대한 깊은 관심과 이해를 바탕으로 노인들에게 심리적 지원을 제공하는 중요한 역할을 담당한다. 이 자격증을 취득하기 위해서는 관련 전공자나 현업에 종사하는 사람들에게 유리하지만, 누구나 체계적인 학습과 준비를 통해 도전할 수 있다. 특히, 노인심리상담사의 필기시험을 준비할 때는 단순히 이론을 암기하는 것 이상으로, 실제 상담 상황에 적용할 수 있는 실질적인 이해가 필요하다.

　노인심리상담 자격증 시험은 이름에서 알 수 있듯이 노인심리상담학에 초점을 맞추는 것이 중요하지만, 이외에도 다양한 심리학 과목들을 폭넓게 이해하는 것이 필수적이다. 심리학개론, 이상심리학, 임상심리학에 관한 문제들도 출제되기 때문에, 각 과목에 대한 기본적인 이해와 함께 이론을 체계적으로 정리하는 것이 필요하다. 이러한 과목들은 모두 심리상담과 밀접하게 연관되어 있으므로, 이론에 대한 정확한 이해가 부족하면 학습 과정에서 혼란이 발생할 수 있다. 따라서 과목별로 학습 계획을 세워 이론을 명확히 구분하고, 각 과목의 핵심 내용을 먼저 학습하는 것이 좋다.

기과목 효율적인 공부법

　노인심리상담사 필기시험은 총 80문항으로 구성되어 있으며, 상담심리학, 노인심리상담학, 이상심리학, 임상심리학 등 다양한 분야를 다룹니다. 80분이라는 제한 시간 내에 모든 문제를 풀어야 하기 때문에, 한 문제당 약 1분의 시간이 주어진다. 따라서 문제 풀이 속도를 높이는 것이 합격의 핵심이다.

- 학습 자료 활용: 시험 준비는 독학이나 인터넷 강의를 통해 가능하다. 교재와 강의를 통해 각 과목의 이론을 체계적으로 학습하고, 중요한 개념들을 노트에 정리해두는 것이 좋다.
- 기출문제 풀이: 기출문제를 반복해서 풀어보는 것이 매우 중요하다. 기출문제는 시험의 출제 경향을 파악하는 데 큰 도움이 되며, 자주 출제되는 문제 유형에 익숙해지게 한다. 문제를 푸는 과정에서 시간을 재고, 풀이 속도를 점진적으로 향상시키는 연습을 하는게 좋다.
- 오답 노트 작성: 기출문제를 풀면서 틀린 문제는 오답 노트에 기록하고, 해당 문제의 이론을 다시 공부해 복습해야한다. 이를 통해 자신이 약한 부분을 파악하고, 반복적인 학습을 통해 실수를 줄일 수 있다.
- 심리치료 기법 학습: 다양한 심리치료 기법들이 출제되기 때문에, 각 기법의 이름과 특징을 정확히 구분할 수 있어야 한다. 이론적 이해뿐만 아니라, 실제 사례에 어떻게 적용되는지도 학습해둬야 한다.
- 상담자 태도 및 내담자 이해: 상담 과정에서 중요한 것은 내담자에 대한 깊은 이해와 상담자로서의 바람직한 태도이다. 이에 관한 문제가 출제되므로, 상담자의 역할과 책임, 윤리적 문제에 대해 잘 이해하고 있어야 한다.
- 노년기와 노인 심리: 노년기와 관련된 심리적, 사회적 특성에 대해 깊이 있는 이해가 필요하다. 노인의 삶에 영향을 미치는 다양한 요인들에 대한 이론을 체계적으로 학습하고, 이를 상담 실무에 어떻게 적용할지 고민해보는게 좋다.

　이와 같은 방법으로 체계적으로 학습한다면 노인심리상담사 자격증 시험에서 좋은 성과를 거둘 수 있을 것이다. 심리학의 이론적 기반을 탄탄히 다지고, 실제 상담 상황에서의 적용 방법을 숙지하는 것이 합격의 지름길이다.

> **자격증 취득 후 하는 일**

1. 노인 상담 서비스 제공

- **개인 상담**: 노인의 심리적 문제, 정서적 어려움, 우울증, 불안 등을 상담하고 지원한다. 상담사는 노인의 감정 상태를 이해하고, 그에 맞는 적절한 상담 기법을 통해 문제 해결을 도와준다.
- **집단 상담**: 노인 집단을 대상으로 하는 상담 프로그램을 운영할 수 있다. 집단 상담은 노인들이 서로의 경험을 공유하고, 사회적 관계를 형성하는 데 도움을 줄 수 있다.

2. 노인 복지 기관에서 근무

- **노인복지관**: 노인복지관에서 노인의 심리적 건강을 관리하고, 상담 서비스를 제공하는 역할을 할 수 있다. 또한, 심리적 문제를 가진 노인들을 위한 프로그램을 기획하고 운영할 수 있다.
- **노인 요양 시설**: 요양원이나 장기요양시설에서 노인들의 심리적 안정과 복지 향상을 위해 상담 서비스를 제공하며, 노인들의 정서적 안정을 돕는다.
- **지역사회 센터**: 지역사회 센터에서 노인들을 대상으로 심리상담 프로그램을 운영하며, 지역사회 내 노인들의 정신 건강을 지원하는 역할을 수행한다.

3. 의료기관에서의 역할

- **병원 및 정신건강의학과**: 병원이나 정신건강의학과에서 노인 환자의 심리 상담을 제공하며, 정신 건강 전문가와 협력하여 노인의 정신적 문제를 치료하는 데 기여할 수 있다.
- **노인전문병원**: 특히 노인 전문 병원에서 노인 환자들의 심리적 요구를 충족시키고, 치료와 재활 과정에서 심리적 지지를 제공한다.

4. 노인 관련 교육 및 강의

- **교육 프로그램 개발 및 운영**: 노인 심리 상담과 관련된 교육 프로그램을 개발하고, 이를 통해 다른 상담사나 관련 전문가들에게 교육을 제공할 수 있다.
- **강의 및 세미나**: 노인심리와 상담에 대한 강의를 하거나, 워크숍, 세미나

등을 통해 일반인이나 전문가들에게 지식을 전달할 수 있다.

5. 연구 및 자문 활동

- **노인 심리 연구**: 노인의 심리적 특성, 상담 효과, 정신 건강과 관련된 연구를 수행하여 학문적 기여를 할 수 있다.
- **자문 역할**: 노인복지정책이나 프로그램 개발에 자문 역할을 수행하며, 노인의 정신 건강을 개선하기 위한 정책 및 서비스 개발에 기여할 수 있다.

6. 자영업 및 창업

- **개인 상담소 운영**: 노인심리상담사로서 개인 상담소를 개업하여 독립적으로 상담 서비스를 제공할 수 있다. 이는 자격증을 활용한 창업의 한 형태이다.
- **노인심리 관련 프로그램 개발**: 노인을 대상으로 하는 심리상담 프로그램이나 제품을 개발하여 제공하는 사업을 운영할 수도 있다.

노인심리상담사 전망

1. 고령화 사회의 진전

- **노인 인구 증가**: 한국은 세계에서 가장 빠르게 고령화가 진행되는 국가 중 하나이다. 고령화 사회에서는 노인의 정신 건강 문제(우울증, 외로움, 인지장애 등)가 더욱 두드러지게 나타나며, 이를 관리하고 예방하기 위한 전문가의 필요성이 커진다.
- **정신 건강 관리의 중요성 증가**: 노인들의 삶의 질을 유지하고 향상시키기 위해 심리적, 정서적 지원이 필수적이다. 노인심리상담사는 이러한 필요를 충족시키는 데 중요한 역할을 할 것이다.

2. 정책적 지원과 제도 강화

- **복지 서비스 확대**: 정부와 지방자치단체는 노인을 위한 복지 서비스와 심리 상담 프로그램을 확대하고 있다. 이러한 정책적 지원은 노인심리상담사의 활동 범위를 넓히는 데 기여할 것이다.
- **노인정신건강 프로그램**: 노인 정신건강 문제를 예방하고 관리하기 위한 프로그램들이 늘어나고 있으며, 이에 따라 노인심리상담사의 전문성이

요구되고 있다.

3. 다양한 일자리 기회

- **노인복지기관**: 노인심리상담사는 복지관, 요양시설, 노인전문병원 등에서 일할 수 있으며, 이러한 기관에서의 수요는 꾸준히 증가할 것으로 예상된다.
- **개인 상담소 및 자영업**: 노인심리상담사 자격을 바탕으로 개인 상담소를 운영하거나 관련 서비스를 제공하는 자영업의 기회도 증가하고 있다.

4. 사회적 인식 변화

- **심리 상담에 대한 인식 변화**: 과거에 비해 심리 상담에 대한 사회적 인식이 긍정적으로 변화하고 있다. 특히 노인들은 이전보다 심리 상담의 필요성을 인식하고, 이를 적극적으로 활용하려는 경향이 있다.
- **가족 및 지역사회 지원**: 가족 구성원들이나 지역사회에서도 노인의 정신건강에 대한 관심이 높아지면서, 전문 상담사의 역할이 중요해지고 있다.

5. 전문성 및 지속적인 학습 기회

- **전문성 강화**: 노인심리상담사로서 꾸준히 학습하고 경험을 쌓으면 전문성을 더욱 강화할 수 있으며, 이는 상담사의 직업적 안정성과 성장 가능성을 높여준다.
- **연구와 교육 기회**: 노인 심리와 관련된 연구나 교육 프로그램 개발에 참여할 수 있는 기회도 많아, 지속적인 학문적 성장과 경력 개발이 가능하다.